예배학 지도 그리기

•

목회자와 예배 사역자를 위한
예배 기획 지침서

예배학 지도 그리기
목회자와 예배 사역자를 위한 예배 기획 지침서

문화랑 지음

초판 1쇄 발행   2020년 3월 7일
초판 2쇄 발행   2022년 6월 15일

발행처   도서출판 이레서원
발행인   문영이
출판신고   2005년 9월 13일 제2015-000099호

기획, 마케팅   김정태
편집   송혜숙, 오수현
총무   곽현자

경기도 고양시 일산동구 백석로71번길 46, 1층 1호
Tel. 02)402-3238, 406-3273 / Fax. 02)401-3387
E-mail: Jireh@changjisa.com
Facebook: facebook.com/jirehpub

책값은 표지에 있습니다.

ISBN 978-89-7435-527-2   03230

신저작권법에 의해 한국 내에서 보호받는 저작물이므로 저작권자의 서면 허락 없이 이 책의 어떠한 부분이라도 전자적인 혹은 기계적인 형태나 방법을 포함해서 그 어떤 형태로든 무단 전재하거나 무단 복제하는 것을 금합니다.

예배학 지도 그리기

● 목회자와 예배 사역자를 위한
  예배 기획 지침서

문화랑
지음

이레서원

목차

- 추천사 ………………………………………… 6
- 저자 서문 ……………………………………… 10

제1장 예배학 지도 그리기 ………………………… 13
: 예배학과 다른 과목과의 관계, 예배학의 연구 방법론

제2장 예배 요소와 순서에 대한 신학적 고찰 ……… 26

제3장 예배의 신학적 이해 …………………………… 40

제4장 간략하게 살펴보는 예배의 역사 …………… 56

제5장 예전과 신앙 형성의 관계 …………………… 76

제6장 예배와 기독교 윤리 …………………………… 102

제7장 세례에 대한 신학적 이해와 기획 …………… 119

제8장 성찬에 대한 신학적 이해와 기획 …………… 139

제9장 예배를 어떻게 기획할 것인가? ……………… 163

제10장 세대 통합 예배에 대한 고찰과 제언 ……… 184

| 부록 |

지적 장애인들이 성찬에 참여할 수 있을까? …… 199

• 참고 문헌 ……………………………………… 231

추천사

나는 문화랑 교수가 예전학 학계에 기여한 바에 깊이 감사하고 있다. 문 교수는 칼빈 신학교에서는 나에게 사사를 받았지만, 이제는 국제 예전학계의 동료가 되어 세계적인 예전학자로 자리매김하였다. 그는 성실하고, 신학적으로 통찰력이 있으며, 성경에 충실한 예배학자로서, 현시대의 교회가 겪는 실질적인 문제를 잘 처리할 수 있는 영적인 지혜를 가지고 있다. 또한 현대 기독교가 예배를 통해 어떻게 하나님에 대한 사랑을 이웃에 대한 사랑으로 연결해야 하는지를 잘 알고 있는 학자이다.

존 위트블리트 | 미국 칼빈 신학교 교수, 칼빈 예배학 연구소 소장

삼위 한 분 하나님은 그분의 형상으로 지음받은 사람들의 예배를 받으시기에 합당하신 분이다. 하나님께 영광과 감사를 드리지 않는다면 그분에게 불의를 저지르는 셈이다. 그러므로 하나님을 부당하게 대하지 않기 위해서는 개인의 삶과 공동체의 삶에서 바르게 예배드릴 줄 알아야 한다. 이 책은 하나님의 백성이 시간

과 공간을 정하여 모여서 하나님께 제대로, 아름답게 예배하는 내용과 방법과 역사와 정신을 잘 그려 준다. 특별히 지적 장애인들의 성찬 참여에 대한 숙고는 성찬의 의미를 잘 알지 못하는 우리의 교회 상황을 고려할 때 매우 시의적절하다. 하나님의 은혜의 통로이며 구원의 축제인 예배가 회복되고 예배를 통해 사람이 회복되는 역사가 일어나게 하는 데 이 책이 기여하기를 소망한다.

강영안 | 미국 칼빈 신학교 교수

성도라면 누구나 예배가 중요하다는 것을 안다. 그러나 정작 예배가 무엇인지를 제대로 아는 사람은 드물다. 이것이 이 시대의 모순이다. 한마디로 자기 소견에 옳은 대로 예배하고 있는 것이다. 이 책은 이런 의미에서 시의성을 가진다. 예배에 대한 무지와 혼란을 바로잡아 줄 뿐 아니라 예배가 어떤 방법과 형식으로 기획되어야 하는지를 분명하게 보여 주기 때문이다. 예배와 관련된 성경 지식에 목마른 분들은 이 책을 기본 텍스트로 삼아 공부하기를 바란다. 해갈의 기쁨을 맛보게 될 것이다.

김관성 | 행신교회 담임목사

삼위 하나님이 임재하시는 예배라는 궁전으로 들어가는 길을 안내하는 탁월한 예배학 지침이 등장했다. 공교회적 전통과 신학의 탄탄한 바탕 위에서 예배의 본질과 실제, 이론과 실천, 신학과 현장의 두 기둥을 균형 있게 세워, 진정한 예배의 청사진을 선명하게 그려 준다. 꼭 알아야 할 예배학의 핵심을 어렵지 않게, 그렇다고 가볍지도 않게 잘 녹여 내어 목회자는 물론 일반 교인들도 쉽게 읽을 수 있다. 오늘날 교회가 직면한 실제적인 문제들, 예를 들어, 지적 장애인도 성찬에 참여할 수 있는지에 대한 이해의 폭을 한층 더 넓혀 준다. 온전한 예배의 회복을 바라는 이라면 놓칠 수 없는 필독서이다.

박영돈 | 고려신학대학원 은퇴교수, 작은목자들교회 담임목사

예배가 교회의 존재 목적에 속한 주제라면 예배에 대한 신학적 정립은 다른 모든 것보다 우선성을 갖는다. 그동안 한국의 일부 교회에서는 예배에 대한 신학적 검토 없이, 유행에 편승하여 그 시대의 문화를 따라 예배를 드려 왔다. 예배를 교회의 양적 성장의 도구로, 때로 개인의 문제 해결과 감정 토로의 장으로 오용하는 경우도 있었다. 이러한 상황에서 문화랑 교수는 인간의 편에서 효용 가치가 있는 예배가 아닌, 하나님이 원하시는 참된 예배가 무엇인지를 성경적인 관점에서 살핀다. 또한 실제 목회 현장에서 매우 유익하게 사용할 수 있는, 예배 기획에 대한 여러 지침을 제시한다.

이규현 | 수영로교회 담임목사

많은 목회자(나를 포함한)가 공예배를 기획할 때 둘 중 하나의 오류에 빠진다. 실용적 목적(소위 '은혜를 받게' 한다는)을 위해, 삼위 하나님을 예배한다는 정신에 대한 이해 없이 상업적인 방식을 택하거나, 예배 전통에 대한 이해와 주해적 배경, 그리고 역사적 맥락에 대한 충분한 고찰 없이 무조건 그 전통을 답습하는 것이다. 이러한 상황에서 저자는 예배가 무엇인지, 그리고 어떻게 예배해야 하는지에 대한 역사적 반성과 신학적 고찰을 제시한다. 저자가 예배학을 모든 다른 분과의 신학을 총망라하여 이해해야 하는 '신학의 정점'이라고 제시했듯이, 이 책에서는 예배의 올바른 실행에 대한 역사신학, 교의학, 주경신학적 설명을 충분히 풀어 낸다. 특히 예배의 정의를 삼위일체적 관점에서 올바르게 제시한 제3장과 사랑의 마음을 형성하는 반복적 예전의 역할을 논한 제5장이 매우 인상적이다. 성경과 전통에 깊이 뿌리내리면서도 생생하고 역동적인 예배를 꿈꾸는 모든 사역자가 진지하게 붙잡고 씨름해야 할 책이다.

이정규 | 시광교회 담임목사

목회를 하면 할수록 예배가 얼마나 중요한지를 깨닫는다. 건강한 예배를 회복하고 싶어 하는 열망은 모든 목회자의 공통점일 것이다. 이러한 때에 국내 학자가 쓴 예배학 책이 출간되어서 참으로 반갑다. 『예배학 지도 그리기』에서는 신학적으로 예배를 어떻게 바라보아야 하는지, '예전'이 신앙 형성에 어떻게 영향을 미치는지, 그리고 세례와 성찬을 어떻게 기획해야 하는지를 잘 알려 준다. 교회 공예배에서 직책을 맡은 이들은 물론 하나님이 기뻐하시는 예배를 드리기 원하는 성도들에게 이 책을 추천한다.

이찬수 | 분당우리교회 담임목사

저자 서문

미국에서 칠 년간 예배학을 공부하고 한국에 돌아와, 오 년간 학생들을 지도하고 많은 교회에서 강의하면서 늘 아쉬웠던 점은 '한 권으로 예배학의 주요 주제들을 선명하게 설명하는 참고서'가 없다는 것이었습니다. 물론 미국의 유명 예배학자들의 책들이 번역되어 소개되고 있고, 국내 학자들의 예배학 책들도 하나둘 나오고 있지만, 조직신학과 역사신학의 한계를 뛰어넘어 예전신학적으로 예배학을 포괄적으로 다루는 책은 부족한 것이 현실입니다.

매년 학교에서 강의 평가를 받을 때면 학생들이 한목소리로 "예배학 시수가 두 시간에서 세 시간으로 늘었으면 좋겠습니다", "한 권으로 예배학을 배울 수 있는 참고서가 빨리 나왔으면 좋겠습니다"라며 저를 격려하고, 한편으로는 속히 글을 쓰도록 채찍질해 주었습니다.

저는 미국의 칼빈 신학교(Calvin Theological Seminary)에서 현재 개혁주의 예배학의 선두주자로 평가받는 존 위트블리트(Dr. John Witvliet)에게 석사 수업을 받으며 예배학의 기초를 공부했습니다. 그곳에서 이 년간 예배학 입문, 교회력과 예배 기획, 세례와 신앙 형성, 어린이의 신앙 발달과 성찬 참여 문제 등을 공부했습니다. 특히 위트블리트 교수님에게 신학적 글쓰기에 대해 배운 것이 나중에 미국의 유명 저널에 글을 실을 수 있는 좋은 원동력이 되었습니다.

이후 미국의 개릿 신학교(Garrett Evangelical Theological Seminary)에서는 어니스트 바이런 앤더슨(Dr. E. Byron Anderson)의 제자가 되어 예전신학, 성례신학, 예전적 교리 교육, 예전과 윤리 등의 과목을 배웠고, 북미 종교 교육학의 대가인 잭 시모어(Dr. Jack Seymour)에게는 기독교 교육의 역사와 신앙 발달 이론, 실천신학 방법론 등을 배웠습니다. 여류 신학자이자 찬송 작사가로 유명한 루스 덕(Dr. Ruth Duck)에게 세례신학을, 그리고 데이비드 호그(Dr. David Hogue)에게 의례신학을, 세계적인 예배 역사학자인 프랭크 센(Frank Senn)에게는 예배의 역사를 배웠습니다.

하나님께서 좋은 스승님들을 만나게 해 주신 덕분에 칠 년간의 짧은 시간이었지만 예배와 예전학을 제대로 배울 수 있었고, 이분들의 도움으로 *Worship, Christian Educational Journal, Australian Journal of Liturgy, Doxology*와 같은 저널에 논문들을 게재할 수 있었습니다.

이번에 출간하는 『예배학 지도 그리기』는 저의 십이 년간의 예배학 연구의 성과물이라 할 수 있습니다. 그동안 배우고 고민했던 내용을 한국의 후학들과 성도들과 나누고자 합니다.

이 책이 저 바다와 같이 깊은 예배학의 모든 것을 다 다룰 수는 없지만, 예배학이 무엇인지, 예배학을 어떻게 연구해야 하는지, 예배학적인 글쓰기는 무엇이며, 현장에서 발생하는 예배의 문제들을 어떻게 해결해야 하는지를 돕는, 마치 지도와 같은 역할을 하리라 확신합니다.

늘 저를 위해 기도해 주시는 양가의 부모님들과 사랑하는 아내에게 감사를 전합니다. 그리고 저를 아들처럼 사랑해 주시고 도와주신 바이런 앤더슨 교수님, 자신의 수업 자료를 사용하도록 흔쾌히 허락해 주신 존 위트블리트 교수님에게 감사를 드립니다. 수업 시간마다 날카로운 질문으로 교수인 저의 연구 욕구를 불러일으켜 주는 고려신학대학원의 제자들에게도 감사를 드립니다. 또한 그동안 저를 가르쳐 주신 여러 선생님께도 감사를 표합니다. 마지막으로, 이 원고를 멋진 책으로 만들어 주신 이레서원의 김기섭 사장님과 이혜성 편집장님, 송혜숙 과장님, 그리고 원고를 정성껏 읽어 주고 조언을 아끼지 않은 하늘샘, 황환승 강도사, Q&A를 만들어 준 유힘찬 전도사에게도 감사의 말씀을 전합니다. 이 책을 발판으로 예배학의 발전을 이끄는 귀한 후배들이 많이 나오기를 간절히 소망합니다.

천안 고려신학대학원 연구실에서
문화랑

1

예배학 지도 그리기

예배학과 다른 과목과의 관계, 예배학의 연구 방법론

우리는 흔히 목회를 종합 예술이라고 부른다. 목회자는 성경을 전문적으로 공부하고 선포할 뿐 아니라 성도들을 심방하고 상담해야 하며, 교회 음악에 조예를 가지고 예배의 전반적인 부분들을 지도할 수 있어야 하고, 성경과 교리, 교회사적인 지식을 바탕으로 교회의 실천적인 문제들에 대하여 해답을 줄 수 있어야 하기 때문이다.

예배학 역시 신학의 다양한 분과를 아우르는 신학의 정점이라고 부를 수 있다. 예배학 과목이 왜 대체적으로 신학대학원의 마지막 과정에 필수 과목으로 개설되어 있을까? 예배학은 성경신학, 교회사, 조직신학(교의학), 교육학 등의 기초를 배우고, 신학적으로 사고할 수 있어야 제대로 연구할 수 있기 때문이다.

한 가지 예를 들어 보겠다. 1970년대 후반에 북미에서는 어린이가 성찬에 참여할 수 있는지에 대해 신학적 논쟁이 일어났다. 전통적으로 개혁주의 교단에서는 어린이는 자신의 신앙을 논리적으로 설명할 수 없다고 보았고, 인지 능력(cognitive ability)이 부족하여 신앙고백을 바르게 할 수 없다고 여겨 왔다. 존 칼뱅(John Calvin)은 『기독교 강요』(Institutes of Christian Religion)에서 "성찬은 이미 유아의 시기를 지나서 딱딱한 음식을 취할 수 있는 성인들에게 베풀어진다"라고 말한다.[1] 또한 고린도전서 11:28-29을 언급하면서, "그리스도의 거룩한 몸을 올바르게 분별할 줄 아는 자들만이 성례에 합당하게 참여할 수 있다면, 우리의 유아들에게 생명을 주는 양식이 아니라 독이 되는 것을 줄 이유가 어디 있는가?"라고 주장한다.[2] 그러나 칼뱅은 11-12세쯤 되는 아이들이 사도신경과 십계명, 주기도문을 암송할 수 있고 신앙고백을 할 수 있다면 성찬의 자리에 참석할 수 있다고 여겼다.[3]

현대 북미에서 어린이 성찬 참여가 논쟁이 된 까닭은 어린이에 대한 교육학적, 심리학적 연구가 발달하여 그들이 사고하는 특성을 알게 되었고, 그들의 종교적 잠재력에 대한 인식이 고양되었기 때문이다. 또한 19세기 이후에 발전한 주일학교 제도가 어린이들을 공예배에서 분리시켰기에, 믿는 가정에서 태어난 아이들도 성례를 매우 늦게 경험하게 되었기 때문이다.

---

1 John Calvin, *Institutes of Christian Religion*, IV.xvi.30, trans. Ford Lewis Battles (Louisville: Westminster John Knox Press, 2011).
2 Calvin, *Institutes*, IV.xvi.30.
3 Rodlophe Peter, "The Geneva Primer, or Calvin's Elementary Catechism", in *Calvin Studies*, ed. John H. Leith (Davidson: Colloquium on Calvin Studies, 1990): 138.

1975년에 카이델(Christian L. Keidel)은 *Westminster Theological Journal*에 "어린이도 성찬에 참여할 수 있는가?"(Is the Lord's Supper for Children?)라는 폭탄과도 같은 글을 올린다. 카이델은 로마서 3:28, 10:13, 사도행전 2:21, 데살로니가후서 3:10을 예로 들어 고린도전서 11장의 전통적인 해석에 반박하고, 이 본문은 성찬에 대한 보편적 가르침이 아니라, 오히려 일차적으로 고린도 교회의 상황을 염두에 둔 말씀이라고 지적한다.[4]

칼빈 신학교 신약학 교수인 제프리 와이마(Jeffrey Weima)는 고린도전서 11장의 문학적 배경을 연구했는데, "무엇이 고린도 교회의 성찬을 분열로 이끌었는지 잘 알 수는 없지만, 그 문제는 사회적 차별, 그리고 가난한 동료 신자들을 무시하는 것과 관계가 있었음이 분명하다"라고 말한다.[5]

그렇다면 어린이의 성찬 참여와 같은 예배학적 논의가 교회나 교단에서 일어날 경우 예배학은 이 문제를 어떻게 다루어야 할까? 먼저 교회사를 되돌아보며, 초대교회부터 중세, 종교개혁의 시기를 거쳐 지금까지 교회가 이를 어떻게 다루어 왔는지를 살펴보아야 한다. 그다음 교의학적인 차원에서 신앙고백서에서는 이 문제를 어떻게 다루는지 분석해야 한다. 예를 들면, "웨스트민스터 신앙고백서"와 "대교리문답", "제네바 고백서", "스코틀랜드 신앙고백서" 등에 나오는 성찬 관련 가르침을 고려해 보는 것이다.

다음으로는 신학자들의 논의 가운데 쟁점이 되는 고린도전서 11장과 같은 핵심 성경 본문들을 성경신학적 관점에서 분석해야 한다. 성경신

4　Christian L. Keidel, "Is the Lord's Supper for Children?", *Westminster Theological Journal* 37 (1975): 323.
5　Jeffrey A. D. Weima, "Children at the Lord's Supper and the Key Text of 1 Corinthians 11:17-34", *Calvin Theological Seminary Forum* 14 (Spring 2007): 8.

학자들마다 해석이 다를 수 있기에 본문과 역사적 문맥들을 살피면서 판단해야 한다.

이러한 이론신학적인 쟁점들을 다룬 후에는 어린이 사고의 특성, 발달 단계와 같은 교육학적인 측면들을 검토해야 한다. 현대의 신앙 발달 이론과 기독교 교육학은 어린이들이 자신의 연령과 발달 단계에 맞게 신앙고백을 할 수 있음을 인터뷰와 실험을 통해서 증명한다.

이처럼 예배학은 이론신학과 실천신학을 아우르는 간학문적인 방법(interdisciplinary method)을 사용하는, 일종의 종합 예술과도 같은 학문이다.

예배학을 잘 연구하려면 성경 지식, 교회사에 대한 통찰력, 조직신학적인 분별력, 예배자의 수준을 읽어 내는 교육학적 지식, 예배 현장에 대한 실천적인 지식이 모두 필요하다. 그러므로 예배학은 단순한 실천신학이 아니라 신학의 모든 분야와 밀접하게 연결되어 있다. 위의 내용을 바탕으로 예배학과 타 분과의 관계를 도표로 표현하면 다음과 같다.

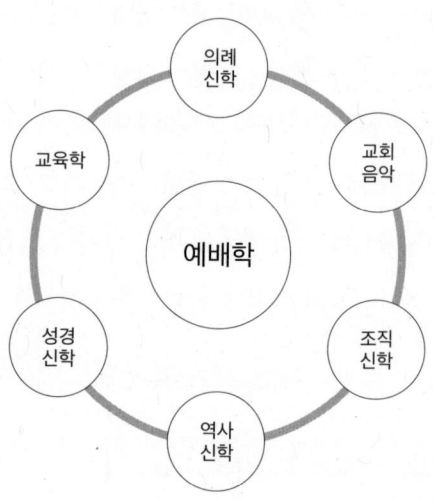

예배학은 교회 음악과도 관계가 있다. 예배 역사학자인 제임스 화이트(James F. White)는 기독교 예배에서 음악이 얼마나 중요한 역할을 하는지를 역사적 전통과 사례들을 통하여 분석하며 강조하였다.[6] 또한 앞에서도 설명했듯이 예배학은 역사신학과도 관계가 있다. 예배학에 관련된 질문이 제기될 때마다 우리는 역사적 사례를 살펴보며, 이것이 과연 신학적으로 정당한지를 물어야 한다.

나아가 예배학은 의례신학과도 밀접한 관계가 있다. 예배에는 인간의 다양한 행동적 차원들이 포함되어 있다. 회중이 함께 일어서고, 함께 찬양을 부르며, 함께 신앙을 고백한다. 평화의 악수를 나누기도 하고, 박수를 치며, 손을 들고 기도하며 찬양한다. 이처럼 기독교 예배에는 다양한 의례가 존재한다. 그러므로 예배학을 연구할 때는 인간의 행동의 의미, 의식의 의미와 기능을 살펴보는 과정이 반드시 필요하다.

예배학은 또한 기독교 교육과도 깊은 관련이 있다. "웨스트민스터 소교리문답" 제1문을 보라. "사람의 제일 되는 목적은 무엇입니까?"라는 물음에 "사람의 제일 되는 목적은 하나님을 영화롭게 하는 것과 그를 영원토록 즐거워하는 것입니다"라고 대답한다. 여기서 '하나님을 영화롭게 하는 것', '그를 영원토록 즐거워하는 것'은 우리의 예배와 관련이 있다. 즉 교육을 통해 우리는 더 좋은 예배자가 되며, 예배를 드리면서 우리는 하나님에 대해 더 배우고 알아야겠다고 생각한다.

그런데 이 모든 것은 성경적 근거를 찾는 작업의 기초 위에 서야 한

6　James F. White, *Introduction to Christian Worship* (Nashville: Abingdon Press, 2000), 111-129.

다. 가장 먼저 "성경에서 어떻게 말하고 있는가?"를 물어야 한다. 성경에서 어떤 특정한 예배의 모습에 대해 직접적으로 말하고 있지 않더라도 "어떤 것이 더 성경적인가?"와 같은 물음들이 우리의 예배 기획과 예배학적 사고의 근간이 되어야 한다.

기도의 법칙과 믿음의 법칙

예배학 서적에는 "Lex orandi, lex credendi"라는 경구가 자주 나온다. 원글은 "Legem credendi lex statuat supplicandi"이고, "기도의 법칙(law of prayer)이 믿음의 법칙(law of belief)이다"라는 뜻이다. 교황 레오 1세의 비서였던 프로스퍼(Prosper of Aquitaine[435-442])가 했던 말로, 반(半)펠라기우스주의에 대항한 아우구스티누스주의의 강조점인, 인간의 노력보다 하나님의 은혜를 우선하는 맥락에서 나왔다.[7] 이후 예배와 관련된 의미로 사용되었고, 현재는 "예배의 환경에서 교리가 형성되었다"라는 명제의 의미로 사용된다.[8] 우리가 현재 사용하는 교리는 초대교회의 예배의 환경에서부터 시작되어 정교화되고 확정되었다.

예를 들어 보자. "삼위일체"라는 말은 성경에 나오지 않는다. 그러나 예배를 드리는 가운데 사람들이 삼위 하나님에 대한 신학을 공고히 세워 나갔다. 그래서 초대교회의 공의회를 통해 삼위일체 신학이 교의화

---

7 Paul de Clerck, "Lex orandi, lex credendi: Original Sense and Historical Avatars of an Equivocal Adage", *Studia Liturgica* 24 (1994): 180, 189.
8 E. Byron Anderson, *Worship and Christian Identity* (Collegeville: Liturgical Press, 2003), 24-29.

되었다.[9] 즉 삼위일체라는 교의는 예배의 환경 가운데서 믿음의 법칙으로 형성되었다. 그러므로 기도의 법(예배의 법)이 믿음의 법(신앙고백, 교의)을 형성한다는 말은 틀린 말이 아니다. 이렇듯 예배의 현장은 신앙을 형성하는 기능(formative function)을 한다.

그러나 예배의 현장이 아무리 신앙 형성의 차원에서 중요한 역할을 한다 해도, 그것이 무조건 교리를 형성하거나 지배하지는 않는다. 바꾸어 말하면, 예배는 믿음의 법칙(교의와 고백)에 의해 점검을 받아야 한다. 한 가지 예를 들어 보자. 로마 가톨릭의 마리아에 대한 교의 또한 예배의 현장에서 나왔다. 예배드리는 가운데, 신자들이 마리아를 향한 신심을 교의로 정리하기 시작했다.[10] 즉 이것도 예배의 법칙이 믿음의 법칙을 형성한 사례이다. 그러나 이는 잘못된 교의이다. 그러므로 예배의 현장에서 이러한 사상이 나오면, 그것은 믿음의 법칙(law of faith)에 의해 점검되고 규제되어야 한다. 이런 차원에서 교의, 신앙고백서는 예배를 점검하고 바르게 인도하는 중요한 역할을 한다.

예배학과 조직신학과의 관계

전통적으로 개혁주의 교회들은 신앙 형성과 예배에서 믿음의 법칙, 즉 신앙고백과 조직신학을 강조해 왔다. 그러나 현대의 예전학자들은 예배에서 믿음의 법칙이 형성되었으므로 예배 자체의 독특성과 중요성을 우선시한다. 즉 예전학이 조직신학보다 앞선다는 것이다. 미국 예일

---

9 Duncan B. Forrester, *Theology and Practice* (London: Epworth Press, 1990), 74.
10 Geoffrey Wainwright, *Doxology* (Oxford: Oxford University Press, 1980), 237-239.

대학(Yale University)의 교수였던 아이단 카바나(Aidan Kavanagh)가 예전학의 우선성을 강조한 대표적인 학자이다. 카바나는 저작 *On Liturgical Theology*(전례 신학에 관하여)에서 예전학과 교의학을 각각 제일 신학(theologia prima)과 제이 신학(theologia secunda)으로 구분한다. 카바나에 따르면, 예전의 환경에 참여하면서 성도들은 마음에 변화가 일어나고, 결국 예배는 성도들을 "깊은 변화"(deep change)로 이끈다고 한다. 그렇기에 예전학이 "제일 신학"이라고 주장한다.[11]

또한 그에 따르면, 조직신학이란 예전의 실천에 대한 고찰의 과정에서 나타났기 때문에 "제이 신학"이다. 그는 조직신학을 예전학 다음의 것으로 분류한다. 카바나는 모세의 경우를 예로 들면서, 모세를 불타는 떨기나무로 이끌었던 것은 하나님의 "임재"(presence)였지 그의 "믿음"(faith)이 아니었고, 거기에서 일어났던 일은 "계시"(revelation)였지 "세미나"(seminar)가 아니었다고 주장한다.[12] 즉 예배의 현장에는 형성력이 있다는 것이다. 예배에 참여하면서, 예배의 순서와 요소들을 경험하면서 사람들은 믿음을 갖게 되고 성숙하게 된다는 주장이다. 바꾸어 말하면, 하나님의 임재가 있는 예배의 현장에서 인간은 하나님을 만나 신학적 숙고를 하게 된다는 것이다. 그런 차원에서 예전학자들은 예전신학의 우선성을 강조한다.

그러나 조직신학자들이 경계하듯이, 기독교 교리와 신앙고백의 지

---

11 Aidan Kavanagh, *On Liturgical Theology* (Collegeville: Liturgical Press, 1992), 73-75. 한편 Gordon W. Lathrop은 이와 비슷하게 예전학과 조직신학을 각각 제일 예전신학(primary liturgical theology)과 제이 예전신학(secondary liturgical theology)으로 구분한다. Gordon W. Lathrop, *Holy Things: A Liturgical Theology* (Minneapolis: Fortress Press, 1998), 5-6을 참고하라.

12 Kavanagh, *On Liturgical Theology*, 75.

침과 울타리가 없다면, 기독교 예배는 여러 인간적인 사상들과 취향으로 말미암아 혼돈 상태에 빠질 수도 있다.[13] 교리의 중요성을 주장하기 위해, 미국 듀크 대학(Duke University)의 조직신학 교수였던 제프리 웨인라이트(Geoffrey Wainwright)는 아리우스 논쟁(arian controversy)을 예로 든다. 아리우스주의에 대항하려고 동방 교회는 성령의 인치심(confirmation)을 강조했고, 서방 교회는 기도 속에서 성부의 역할을 강조했다. 갈리아와 스페인에서는 세례식에서 삼위일체를 강조하였다.[14] 즉 교리가 예배의 실천(worship practice)에 영향을 미친 것이다.

이처럼 예배신학과 조직신학은 깊은 관련이 있다. 예전학자들의 주장처럼 예전학이 조직신학보다 논리적 우선성이 있음은 자명하지만 예전학은 조직신학의 도움이 필요하다. 신앙고백과 건전한 교리로 예배의 실천을 숙고하며 점검해야 한다. 그러나 교의학이 예전학을 지배할 때 예배는 활력을 잃어버린다. 예를 들면, 로마 가톨릭의 과도한 예전 준수에 반발한 개신교는 예전의 유익한 부분인 의식(rite)과 상징(symbol)들을 지나치게 도려내 버리고 말았다. 개신교 예배학자들은 우리가 잃어버린 것들을 앞으로 예배신학의 회복을 통해 창조적으로 살리는 일에 힘써야 한다.

기도의 법칙(lex orandi), 믿음의 법칙(lex credendi), 행동의 법칙(lex agendi)

예배 현장은 우리의 신앙 형성과 유지에 있어서 무척 중요하다. 어니스트 바이런 앤더슨이 주장한 것처럼, "우리가 예배를 지키면 그 예배

---

13 Alister E. McGrath, *Christian Theology: An Introduction* (Oxford: Blackwell, 1994), 191.
14 Wainwright, *Doxology*, 257-258.

가 우리를 지킨다."[15] 즉 예배를 드리면서 우리의 믿음이 형성되고 자란다. 예배는 생명력이 흘러넘쳐야 한다. 그러나 신앙고백의 틀을 뛰어넘는 파격적인 것이 되어서는 안 된다. 예배가 성경적인지, 또한 신앙고백의 범위 안에 있는지 점검을 받아야 한다.

그러나 과도하게 믿음의 법칙(교리)을 강조하면 예배가 무미건조하거나 화석화될 수도 있다. 예배학자 프랭클린 세글러(Franklin Segler)는 "교리는 결코 예배를 대체할 수 없다. 만약 사람이 교리 안에서만 안전감을 찾는다면 그는 예배를 통해 받는, 살아 있는 신앙의 활력을 잃어버릴 것이다"라고 말한다.[16] 즉 예배의 법칙과 믿음의 법칙은 상호 보완적인 관계 속에서 해석학적 원(hermeneutic circle) 안에 있다.

예배의 법칙과 믿음의 법칙, 예배학과 조직신학의 간극을 메우는 중요한 방편은 바로 기도(prayer)이다. 초대교회의 신학자 에바그리우스(Evagrius)는 이렇게 말한다. "만약 당신이 신학자라면, 당신은 진정으로 기도할 것이다. 만약 당신이 진정으로 기도하면, 당신은 신학자이다."[17] 서구의 신학은 학(logia), 즉 논리와 학문성을 강조한다. 그러나 논리와 형이상학을 지나치게 강조한 나머지 신학이 일군의 학자들의 전유물이 되고 말았다. 하지만 생각해 보면 학문으로서의 신학이 성립되기 전부터 기독교인들은 하나님을 예배하고 기도했다. 동방 교회의 경우를 살펴보

---

15 Anderson, *Worship and Christian Identity*, 58.
16 Franklin M. Segler, *Christian Worship: Its Theology and Practice* (Nashville: Broadman Press, 1967), 58.
17 Evagrius Ponticus, *The Praktikos: Chapters On Prayer*, trans. John Eudes Bamberger (Spencer: Cistercian Publications, 1970), 65.

면, 신학은 기도로 시작하고 기도로 끝난다.[18] 기도하는 가운데 하나님을 아는 지식과 신앙심을 표현하고, 기도하는 가운데 하나님을 만나고 경험하고 신학적으로 생각한다. 그러므로 하나님께 기도하는 것과 하나님을 생각하는 것(신학적 사고)을 분리하기란 거의 불가능하다. 기도와 신학은 깊은 내적 연관성을 가진다.[19] 즉 믿음의 법칙과 기도의 법칙을 분리할 수 없다. 이 둘 모두 하나님을 아는 지식을 추구하기 때문이다.

여기서 한 가지 더 알아야 할 것이 있다. 바로 "lex agendi" 즉 행동의 법칙이다. 돈 샐리어스(Don Saliers)를 포함한 현대의 주요 예전학자들은 예배의 법칙은 믿음의 법칙일 뿐만 아니라 나아가 행동의 법칙이 되어야 한다고 주장한다. 예배의 현장에서 나온 신앙고백이 나아가 신자의 삶 속에서 실천되어야 한다는 뜻이다. 즉 우리의 예배는 삶으로 이어져야 한다.

한국 교회가 사회적으로 지탄받는 내용 중 하나는 신자들이 예배드리는 모습과 일상을 살아가는 모습이 너무나도 다르다는 것이다. 즉 예배가 삶의 변화로 이어지지 않는다. 예배당에서의 경건한 모습과 사회 속에서의 모습 사이에 괴리가 큰 신자들이 많다. 사회적 사건과 사고에 연루된 기독교인들이 많다는 것이 그 증거이다. 우리는 "예배의 법칙"(lex orandi), 즉 예배당에서의 모습이 우리의 신앙고백으로 이어질 뿐 아니라 사회 속에서의 윤리적 삶으로까지 열매 맺을 수 있도록 노력해야 한다. 그것이 바로 예배의 지향점이 아닐까?

---

18 Don E. Saliers, "Prayer and the Doctrine of God in Contemporary Theology", *Interpretation* 34 (1980): 267, 269.
19 Saliers, "Prayer and the Doctrine of God in Contemporary Theology", 267.

나가면서

학문적 연구 차원에서의 "예배학"은 그 역사가 그리 길지 않다. 북미의 경우 1950년대 중반 노트르담 대학(University of Notre Dame)에서 여름 강좌에 예배학(Liturgical Studies) 강의를 신설하였고, 1960년대에는 신학 분과 안에 예전학 박사 학위 과정을 개설하였다. 그리고 그 뒤에 워싱턴에 있는 가톨릭 대학(Catholic University in Washington D.C.)에서도 예배학을 가르치기 시작했다. 개신교는 1980년대 초 드루 대학(Drew University)에 예배학 박사 과정이 처음으로 생겼다.[20]

북미에서는 예배학을 단순히 실천신학의 하위 영역이 아니라 조직신학과 역사신학, 실천신학과 깊은 관계가 있으면서도 차별성이 있는 독립된 분과로 인식한다. 노트르담 대학이나 개릿 신학교의 홈페이지에도 예배학이 "Liturgial Studies"라는 독립된 분과로 구별되어 있다.

예배의 환경에서 교리가 형성되었듯이, 여러 신학 분과 가운데에서 예배학은 논리적으로 우선성을 가진다. 또한 예배학은 신학의 타 분과와도 밀접한 관계가 있으므로 간학문적인 연구 가능성이 높은 학문이다.

---

20 위의 내용은 예배 역사학자 Frank Senn과 이메일로 대화(2018.7.2.)를 나누면서 확인하였다.

Q&A

1. 예배학은 어떤 의미에서 간학문적(間學問的)이라 불릴 수 있을까요?

2. 지적 장애인의 성찬 참여 문제를 예배학의 연구 방법론을 활용하여 연구한다면 어떤 과정을 거쳐야 할까요?

3. "Lex orandi, lex credendi"라는 경구는 예배학에서 어떤 의미가 있습니까?

4. 예전신학과 조직신학 중, 논리적 우선성은 어디에 있습니까? 그 근거는 무엇입니까?

5. 예배학에서 말하는 예배의 법칙, 믿음의 법칙, 행동의 법칙은 각각 무엇입니까? 그리고 이들 사이의 관계는 어떠해야 합니까?

6. 예배학과 조직신학의 간극을 메우는 중요한 방편은 무엇일까요?

2

예배 요소와 순서에 대한 신학적 고찰

예배 요소와 순서는 하늘에서 뚝 떨어지지 않았다. 하나님께서 모세에게 두 돌판을 주셨듯이 완벽한 요소와 순서를 담은 주보를 내려 주셨으면 얼마나 좋았을까? 아니면 출애굽기에 나오는 예배 규례와 세부적인 양식과 같은 내용을 신약성경에 제시해 주셨으면 얼마나 좋았을까? 신학이나 실천에 대해 고민할 필요 없이, 그대로 예배를 드리기만 하면 되었을 텐데 말이다. 안타깝게도 신약성경은 예배 요소, 순서, 그리고 구조에 대해 침묵한다. 현재 우리가 드리는 예배 형식은 신앙의 선배들이 오랫동안 성경에서 근거를 찾고 적용하는 환경 속에서 발전해 왔다.

예배 순서가 복잡하게 적힌 주보를 보면서 성도들은 무슨 생각을 할까? "윌로우 크릭 교회처럼 예배를 단순하게 드리면 안 될까?" "30분 정도 뜨겁게 찬양한 후 잘 준비된 설교를 듣고 마치는 것이 더 좋지 않을까?" 하지만 예배를 이렇게 단순하게 생각할 수는 없다. 목사는 설교자일 뿐 아니라 예배 기획자와 인도자이기도 하다. 목사에게는 성도들이 하나님의 은혜를 사모하고 그분과 교제할 수 있도록 예배의 모든 부분에 관여해야 하는 사명이 있다.

권투를 좋아하는 분들은 무하마드 알리와 조지 포먼이 펼친 세기의 대결을 기억할 것이다. 조지 포먼은 한 방의 펀치로 KO를 노리는 세기의 강타자였다. 반면 무하마드 알리는 헤비급이었지만 "나비처럼 날아 벌처럼 쏜다"라는 명언을 남길 정도로 발이 빠르고 잽을 잘 썼던 복서였다. 이 대결에서 누가 이겼을까? 한 방의 펀치를 노렸던 포먼이 아니라 현란한 풋워크와 잽을 선용했던 알리가 승리했다.

예배도 이와 비슷하다. 많은 목회자가 설교만 잘하면 된다고 생각한다. 물론 설교가 중요하다. 개신교 예배의 핵심은 말씀 선포이다. 그러나 예배의 다른 요소들이 얼마나 중요한지를 간과한다면 포먼처럼 패배하고 말 것이다. 목회자는 찬송을 알고 지도할 수 있어야 하며, 성도들을 기도의 자리로 인도할 수 있어야 한다. 예배의 각 요소와 순서를 알고, 성례를 비롯한 여러 예식을 능숙하게 이끌 수 있어야 한다. 성도들은 말씀을 통해서도 은혜를 받지만, 곡조 있는 기도인 찬양을 통해서, 합심 기도를 통해서, 참회 기도와 사죄의 선언을 통해서도 은혜를 받는다. 예배의 각 요소는 작은 물방울처럼 보일 수 있지만 이들이 쌓이면 성도들의 마음속에 큰 영적 강물을 일으킨다.

복잡하게만 보이는 예배의 순서와 요소에는 각각의 의미가 담겨 있다.

이번 장에서는 그 의미가 무엇인지, 그리고 이 요소들을 배열하는 방식에 따라 예배가 어떤 모습으로 달라지는지를 살펴보고자 한다.

예배 요소들을 다루는 최초의 문서: <제1변증서>

순교자 유스티누스(Justin Martyr)가 기록한 2세기 문서 <제1변증서>(*First Apology*)에는 당시의 예배 모습에 대한 귀한 정보들이 들어 있다. 특히 65장과 67장에 다음과 같은 내용들이 나온다.

65장에는 주일 예배 때 세례식이 거행되었다는 정보가 나온다. 아쉽게도 전체 순서는 없고, 성도들의 기도, 평화의 입맞춤, 봉헌, 성찬 기도, 성찬에 대한 내용이 기록되어 있다. 67장에는 예배의 전체 순서가 아닌, 성경 봉독, 설교, 사람들의 기도, 봉헌, 성찬 기도, 성찬, 구제 헌금에 대한 언급과 설명이 나온다.[1] 비록 이 문서에 예배의 상세한 요소와 순서가 다 들어 있지는 않지만 예배의 요소 자체가 오늘날과 크게 다르지 않음을 알 수 있다. 즉 2세기에 이미 지금의 예배와 같은 구조와 골격이 자리 잡고 있었던 것이다. 현재 우리가 드리는 예배와 초대교회의 예배 사이에는 역사적인 연속성이 있다. 물론 세부적인 요소와 순서에 차이가 존재할 수 있다. 또한 교파별로 요소와 순서가 다르기도 하다.

제임스 화이트가 정리한 도표를 보면 초대교회 이후 지역별로 같은 형태의 예배를 드리는 예전적 가계도(liturgical family)가 형성되어 있다. 예를 들어, 북아프리카, 이집트, 예루살렘, 시리아, 소아시아, 로마 지역

---

1 Bard Thompson, "The First Apology of Justine Martyr", in *Liturgies of the Western Church* (Minneapolis: Fortress Press, 1980), 9.

〈기독교 예배에 대한 초기 문서와 인물〉[2]

	북아프리카	이집트	예루살렘	시리아	소아시아	로마	밀라노
1세기				디다케		제1클레멘스 서신	
2세기		알렉산드리아의 클레멘스		이그나티우스 바나바 서신	플리니 서신	유스티누스 (제1변증서)	
3세기	테르툴리아누스 키프리아누스	오리게네스		디다스칼리아		사도전승	
4세기	아우구스티누스	사도 교회 직제 (Apostolic Church Order) 히폴리투스 법령집 사라피온의 기도집	키릴로스 에제리아 여행기	사도 규약 (Apostolic Constitutions)	바실리우스 크리소스토무스 테오도르 테스타멘툼 도미니 (Testamentum Domini)	히에로니무스	암브로시우스
5세기						요한 카시안 (마르세유)	
6세기						베네딕토 그레고리우스 1세	

에서는 비슷한 형태로 예배를 드렸다. 그리고 역사를 통해 지금까지 지역적 특색을 가진 다양한 형태의 예배로 발전해 오고 있다. 각 교파가 사용하는 예배의 형식과 요소에는 공통적인 부분들도 있고, 지역적, 문화적으로 독특한 부분들도 있다. 그러므로 예배학을 공부하려면 우리의 전통과 현재 모습만을 절대시하거나 다른 형태로 예배를 드리는 교파를 무시하지 않고, 성경적인 예배를 추구하되 예전적 실천(liturgical practice)의 다양성을 존중하려는 기본자세를 견지해야 한다.

---

2 James F. White, *Documents of Christian Worship: Descriptive and Interpretive Sources* (Louisville: John Knox Press, 1992), 10.

그렇다면 이제 예배의 형식과 흐름을 살펴보자. 현재 자신이 다니는 교회의 예배 순서와 비교하면서 보면 훨씬 흥미로울 것이다. 종교개혁자인 루터나 칼뱅은 어떤 순서로 예배를 드렸을까?

다음의 표를 보면 알 수 있듯이 예배에는 큰 두 축이 있다. 바로 말씀 선포와 성찬이다. 초대교회 때부터 지금까지 어느 종파의 예배든지 말씀과 성찬은 예배를 지탱하는 양 기둥 역할을 해 왔다. 말씀 선포와 성찬의 순서를 구체적으로 살펴보자.

로마 가톨릭과 루터의 예배는 입례송으로 시작한다. 예배를 집전하는 사람 혹은 찬양대가 찬송을 부르며 예배당 앞으로 행진한다. 동방 정교회에서는 소입당(성직자와 성도가 입당송을 부르며 성경을 들고 걷는 행렬)을 통해 말씀 예전을 진행하고, 대입당(성찬 예식의 시작을 알리는 표시로서, 빵과 포도주를 들고 이동하는 행렬)을 통해 성찬을 진행한다. 칼뱅은 "우리의 도움은 천지를 지으신 여호와의 이름에 있도다"(시 124:8)라는 보툼(votum)으로 시작한다. "보툼"은 신자 쪽에서 하나님께 올려 드리는 일종의 신앙고백이다. 이에 반해 웨스트민스터 예배 모범에서는 "예배로의 부름"(call to worship)으로 시작한다. 여기에는 하나님께서 우리를 예배자로 부르시는 것이 우선이라는 생각이 담겨 있다.

개혁주의 진영 내에서도 어떻게 예배를 시작할 것인지에 대해 논쟁이 있어 왔다. 예배학적인 답은, 보툼이나 예배로의 부름 모두 각각 의미와 타당성이 있다는 것이다. 신자 편에서의 고백을 중요시하는 교회에서는 보툼을 선택할 것이고, 하나님이 회중을 불러 주시는 것에 논리적인 우선성을 두는 교회들은 예배로의 부름으로 시작할 것이다. 예배의 역사를

<말씀 선포 예전>[3]

1570년 이전 로마 가톨릭교회	약 1526년 루터	약 1542년 칼뱅	1645년 웨스트민스터 예배 모범	약 1980년 로버트 레이번
성가대 입례송	입장송 입례송	성경 구절 낭독(예: 시 124:8)	예배로의 부름 시작 기도 • 예찬 • 은혜를 위한 간구 • 조명을 위한 간구	예배로의 부름 찬가 시작 기도
				기원(또는 예찬 기도)
자비송("주여 자비를 베푸소서")	자비송	죄의 고백(스트라스부르에서는 용서의 확증과 함께)		죄의 고백 사죄의 기도
영광송 인사말("주님이 여러분과 함께하시기를")	영광송 인사말	시편 찬송		은혜의 확증
				감사의 찬송과 헌금
본기도	본기도			도고의 기도(경우에 따라 주기도문과 함께)
구약성경 낭독 교창 성가		십계명(스트라스부르에서는 자비송과 함께 노래)	구약성경 낭독 시편 찬송	구약성경 낭독 찬송 혹은 성가곡
서신서 낭독 층계송(시편 찬송)	서신서 낭독 층계송		신약성경 낭독 시편 찬송	신약성경 낭독
			죄의 고백과 도고의 기도	
복음 환호송				
		성령의 조명을 위한 기도 (주기도문과 함께)	성령의 조명을 위한 기도	성령의 조명을 위한 기도
복음서 낭독	복음서 낭독 사도신경 설교 찬송	성경 봉독	성경 봉독	설교 본문 낭독
설교	설교	설교	설교	설교
			감사와 예배 기도	예배 기도
			주기도문	
니케아 신경 음송 (또는 영광송)	설교 후 찬송		시편 찬송	답창 찬송
비수찬자들의 산회	권면		폐회(성찬이 없을 경우)	폐회/축도

---

3 본 표는 로마 가톨릭, 루터, 칼뱅, 웨스트민스터 예배 모범, 미국 PCA(Presbyterian Church in America)의 예배학자인 로버트 레이번(Robert G. Rayburn)의 예배 순서를 보여 준다. 브라이언 채플, 『그리스도 중심적 예배』, 윤석인 역(서울: 부흥과개혁사, 2011), 26.

제2장 • 예배 요소와 순서에 대한 신학적 고찰   31

살펴보면, 초대교회 때부터 종교개혁 전까지는 보툼을 사용한 사례가 없기에 보툼이 종교개혁가들의 독특한 예전적 실천이었다고 볼 수 있다.

칼뱅과 웨스트민스터 예배 모범에서는 독특하게도 말씀 봉독 이전에 "성령의 조명을 위한 기도" 순서가 있다. 선포되는 말씀의 의미를 밝혀 주시도록 말씀의 저자이신 성령께 간구하는 것은 오늘날 우리에게도 큰 의미가 있다. 하나님의 말씀을 강설한다는 것은 단순히 인간의 말로 성경을 해석하는 것이 아니라 하나님의 뜻을 온전히 분별하고 두렵고 떨리는 마음으로 하나님의 메시지를 전하는 것이라고 하는 암묵적 의미가 설교자와 성도들에게 깊이 새겨질 수 있다.

루터는 특이하게도 설교 전후로 찬송을 배치했는데, 오늘날 많은 교회가 채택하는 순서와 비슷하다. 이는 성도들이 말씀과 연결되는 곡조 있는 신앙을 고백하도록 돕는 목회적 지혜이다. 루터는 음악에 대한 조예가 깊었을 뿐 아니라, 찬송이 주는 힘을 인지하고 있었다.

요즘 한국 교회에서는 보기 힘들지만, "죄의 고백 - 사죄의 선언 - 십계명"과 같은 순서는 개혁교회의 중요한 유산이다. 특별히 칼뱅은 십계명을 낭독하는 대신 노래로 부르도록 했다. 한때 주기도문 찬송이 한국 교회에서 널리 불렸듯이, 십계명도 찬송으로 부른다면 예배 순서로 정착시키기가 훨씬 용이할 것이다. 칼뱅은 기존의 예배 순서였던 "십계명 - 죄의 고백 - 사죄의 선언"과 같은 패턴이, 계명을 지키는 것이 구원의 조건처럼 여겨질 수도 있다고 판단했던 것 같다. 그래서 죄를 고백하고 인도자가 선언하는 사죄의 은혜를 받은 뒤 십계명을 낭독하게 함으로써, 계명을 지키기 부담스러운 짐이나 구원의 조건으로 여기지 않도록 했다. 오히려 십계명을, 죄를 용서받은 사람이 하나님 앞에서 "이렇게 살겠습니다"라고 고백할 수 있도록 돕는, 율법의 세 번째 용법을 위한 도구가 되도록 했다.[4]

어떤 목회자들은 십계명이나 참회의 기도를 예배 요소로 넣는 것을 염려한다. 예배 분위기를 지나치게 무겁게 만들지는 않을지, 성도들의 마음에 큰 부담을 주는 것은 아닐지 걱정할 수 있다. 하지만 두 요소 모두 긍정적인 영향을 미칠 수 있다. 예를 들어, 십계명을 낭독하거나 노래로 부르는 것은 교육적 효과와 의례적 효과가 있다. 먼저 성도들은 계명이 무엇인지를 다시 한 번 배우고, 그에 맞추어 자신을 돌아본다. 그리고 십계명이라는 의례 속에 자신을 위치시킨다.[5] 예배 참여자는 자리를 박차고 나가지 않는 한 그 예배의 내용 속에 자신을 둔다. 이때 주어지는 메시지가 신자의 마음속에 결단을 요청한다. 이러한 의례의 과정이 반복되면 예배자의 신앙이 십계명에 맞게 형성된다.

참회의 기도에 관해서도 생각해 보자. 종교개혁자들은 중세에 시행된 참회 제도의 오용을 경계하였다. 1439년 피렌체 공의회는 참회를 7성례 중 하나로 정했다. 이후 참회가 빈번히 시행되었으며, 트렌트 공의회(1545-1563)에서는 참회를 "회개(contrition), 고백, 용서, 그리고 보속"으로 나누어 참회의 성례성을 보호했다.[6]

루터는 "교회의 바벨론 유수"(De captivitate Babylonica ecclesiae

---

4 G. I. van de Poll, *Martin Bucer's Liturgical Idea* (Assen: Van Gorcum, 1954), 113-114.
5 다음의 책을 참조하라. Roy Rappaport, *Ritual and Religion in the Making of Humanity* (Cambridge: Cambridge University Press, 1999), 142-143.
6 John Bossy, *Christianity in the West 1400-1700* (Oxford: Oxford University Press, 1985), 35-36.

praeludium) 논문에서 당시 참회 자체의 목양적 순기능은 인정했지만 "사제의 사면권"과 "보속"의 행위는 비판하였다. 보속이란 "교회의 보화" 교리에서 나온 것으로, 그리스도와 성인들의 공로가 하늘 보화 창고에 보관되어 있는데, 이것이 성도들이 참회를 할 때마다 기부됨으로써 죄인들에게 도움을 준다는 것이다. 그러나 개신교회는 예배 속에 참회의 기도 순서를 넣어서, 공적으로 죄를 고백하고 선포되는 사죄의 선언을 들으면서 하나님의 용서를 확신한다.

다음으로는 성찬이 들어간 예배의 순서를 살펴보자. 칼뱅의 예전을 보면 그가 예배에서 성령 하나님의 역할을 얼마나 강조하였는지 알 수 있다. 말씀 선포의 예전에서 칼뱅은 성령의 조명을 위한 기도를 드렸다. 성찬 가운데서도 에피클레시스(epiclesis, 성령을 부름)와 수르숨 코르다(sursum corda, 마음을 드높이)를 통해서 성령의 도우심을 구했다. 칼뱅은 예배 중에 하나님이 우리에게 내려오시고, 우리의 마음이 하나님을 향해 올라간다는 점을 사다리 심상으로 설명한다. 이 만남과 교제가 예배의 자리에서 일어난다. 칼뱅에 따르면, 예배의 자리에 하나님이 실재하신다(real presence). 그러나 그 방식은 영적(spiritual)이다.

칼뱅의 예전에는 구제를 위한 모금 순서가 들어 있다. 칼뱅은 봉사(디아코니아)에 큰 관심이 있었다. 성만찬에서의 교제(communion)는 하나님에 대한 사랑이 이웃 사랑으로 이어져야 한다는 점을 잘 보여 준다.

마지막으로 다룰 예배 요소는 강복 선언이다. 한국에서는 강복 대신

---

7 브라이언 채플, 『그리스도 중심적 예배』, 27.

〈다락방(성찬) 예전〉[7]

1570년 이전 로마 가톨릭교회	약 1526년 루터	약 1542년 칼뱅	1645년 웨스트민스터 예배 모범	약 1980년 로버트 레이번
다락방 예전(항상)	다락방 예전(항상)	다락방 예전(분기별)	다락방 예전(선택적)	다락방 예전(선택적)
봉헌		구제를 위한 모금	봉헌	
	교회를 위한 기도	도고의 기도 주기도문		
			초대 성찬상에 나아가기	초대 성찬상에 나아가는 찬송
영성체에 사용할 떡과 포도주 준비	준비 찬송	사도신경 (떡과 포도주가 준비되는 동안 노래함)		사도신경 (다 같이 암송)
인사말 수르숨 코르다 (sursum corda) 거룩송 축복송	수르숨 코르다 (sursum corda) 거룩송			
성찬 기도 • 기념(회상) • 거룩한 용도를 위해 떡과 포도주를 바침(성체 봉헌)	준비 • 성령을 향한 기도(임재의 기원) • 성찬에 사용될 떡과 포도주를 성별			
			준비 • 권면	준비 • 권면
• 성찬 제정에 대한 말씀 • 성찬의 떡과 포도주를 변화시켜 주시기를 성령께 간청함(임재의 기원) • 아멘	• 성찬 제정에 대한 말씀	• 성찬 제정에 대한 말씀 권면	• 성찬 제정에 대한 말씀	• 성찬 제정에 대한 말씀
주기도문	주기도문	성별 기도	• 성별 기도(수찬자들과 성찬의 떡과 포도주를 위해)	• 성별 기도
평안의 입맞춤				
분병		분병과 분잔	분병과 분잔	분병과 분잔
아뉴스 데이(Agnus Dei)	아뉴스 데이(Agnus Dei)			
떡과 포도주를 받음	떡과 포도주를 받음 (시편 찬송과 함께)	떡과 포도주를 받음 (성경 낭독과 함께)	떡과 포도주를 받음	떡과 포도주를 받음
			권면 기도	
본기도	본기도	시편 찬송	시편 찬송	시편 찬송
	감사	감사의 기도		
폐회 축복	아론의 축도 폐회 찬송	아론의 축도	축도	축도

축도라는 단어를 즐겨 사용한다. 강복 선언은 복을 간구하는 것이 아니라 하나님의 복을 선포하는 행위이다. 이때 일반적으로 고린도후서 13:13이나 민수기 6:24, 에베소서 6:23-24, 히브리서 13:20-21을 그대로 읽거나, 조금 변형한 후 "~할(될)지어다"라는 선포로 끝낸다.

설교자는 하나님께서 약속하신 언약의 복을 회중에게 선포한다. 이는 설교자에게서 나오는 복이 아니다. 그러므로 성도는 목사가 자신의 권위를 높이려고 "~할(될)지어다"라는 선포의 표현을 쓴다고 생각하지 말고, 초대교회부터 내려온 예배 요소를 사용하고 있다고 여기면 된다. 강복 선언은 복의 선언이 되어야 하지, 하나님께 복을 간구하는 기도가 되어서는 안 된다.

왜 예배 요소가 중요한가?

1. 세계적인 예전학자인 고든 래스롭(Gordon Lathrop)은 병치(juxtaposition)라는 개념을 사용하여 예배 요소와 신앙 형성의 관계를 설명한다. 그에 의하면, 기독교 예배의 근본 구조인 말씀 선포와 성례가 예배의 핵심 요소이다. 이 핵심 요소를 전후로 예배의 여러 요소들, 예를 들면 예배로의 부름, 대표 기도, 찬송, 봉헌, 강복 선언 등이 병치되어 있다. 이 병치 구조는 형성적 효과(formative effect)를 불러온다.[8] 성도들은 예배에 참여함으로써 각 요소의 함의를 마음 깊이 묵상할 수 있다. 기독교 역사 속에서 발전해 온 예배 요소는 무의미하게 첨가된 것이 아

---

8 Gordon W. Lathrop, *Holy Things: A Liturgical Theology* (Minneapolis: Fortress Press, 1998), 51-52.

니라, 신자의 신앙 형성을 돕는 필수 요소이다.

2. 예배 요소는 성경에 근거를 두고 생겨났기 때문에 참여자에게 어떤 메시지를 준다. 예를 들면, 신앙고백을 하면서 우리는 바른 신앙이 무엇인지를 상기하고 하나님을 향한 사랑을 다시 확인한다. 참회의 기도와 사죄의 선언을 통해서는 하나님이 우리를 먼저 불러 주셨고, 죄를 용서해 주셨다는 진리를 반복적으로 체험한다.

예배 요소는 매주 반복된다는 점에서 신앙 형성(faith formation)에 큰 기여를 한다. 만약 핵심 요소들이 빠져 버린다면 신앙 형성이 제대로 되지 않을 수 있다. 예를 들어, 윌로우 크릭 교회처럼 신앙고백, 죄의 고백, 강복 선언 등의 요소가 없는 예배를 생각해 보라. 기독교 신앙의 핵심 요소를 예배 중에 경험하지 못한다면, 성도들은 충분히 성숙하지 못하고 여전히 구도자(seekers)의 상태에 머물러 있을 가능성이 크다.

3. 존 칼뱅의 예전을 살펴보라. 당시에는 신앙 발달, 신앙 형성이라는 교육학적 용어가 없었지만, 그는 그 분야에 조예를 가지고 있었던 것 같다. 이는 그가 예배 순서를 어떻게 배열했는지를 보면 잘 드러난다. 앞에서 다룬 것처럼 칼뱅은 "죄의 고백 – 사죄의 선언 – 십계명(노래)"의 순서와 같이 십계명을 마지막에 배치함으로써, 십계명을 죄 용서를 위한 전제가 아니라, 죄를 사함받은 성도들이 기쁨으로 하나님 앞에서 다짐하는 감사의 결단으로 바꾸어 이해하도록 했다. 칼뱅의 예전적 발상(liturgical idea)에서 우리는 기존의 예배 요소들을 사용하되 순서를 바꾸는 것을 통해서도 참여자들에게 새로운 메시지를 줄 수 있음을 알 수 있다. 성경과 신조에 적합한 요소를 사용하고 있다면 그것을 새롭게 배

치함으로써 새로운 의미를 전달할 수 있는 것이다. 하지만 단순히 실험을 목적으로 순서를 바꾼다면 성도들에게 혼란을 줄 수 있다. 예배를 기획하고 인도하는 목회자는 신학적, 실천적 근거에 따라 교회의 상황에 맞게 천천히 변화를 도모하는 지혜가 필요하다.

4. 예배를 기획할 때 한 가지 주의 사항이 있다. 예배에는 절대적인 순서가 없다는 점이다. 예배 요소와 순서에는 신앙의 선배들과 현재 교회 구성원들의 신학적 숙고가 내포되어 있다. 현재의 예배 순서와 요소에는 사람을 성장시키는 힘(formative power)이 있다. 그러므로 절대적인 순서를 상정해 놓고 거기에 대입하지 말고 자신의 교회에서 드리는 예배 요소와 순서가 어떠한지 먼저 살피는 것이 중요하다.

나가면서

예배 요소와 구조, 그리고 그것의 배열에 따라 예배가 주는 의미가 달라질 수 있다. 신학적인 근거 없이, 어린 시절부터 익숙한 예배 형식만을 고집하거나, 아니면 성장하는 교회가 사용하는 형식을 그대로 도입해야 한다고 주장하는 이들이 있다. 서로 자기의 의견만 진리라고 내세울 때 예배 전쟁(worship war)이 일어난다. 때때로 이 전쟁은 교회를 분리시키는 결과를 낳기도 한다. 이 장에서 살펴보았듯이, 모든 교회가 공유하는 예배 요소와 순서도 있지만, 그 시대 그 지역에만 있는 독특한 요소와 순서도 있다. 개교회의 예배에는 그 교회의 역사와 신학이 녹아 있다. 이것을 기억하며 서로 존중할 때, 우리의 예배가 더욱 발전할 수 있는 토대를 마련하게 될 것이다.

Q&A

1. 예배 요소와 순서는 왜 중요할까요? 예배에는 형식이 꼭 필요할까요?

2. 초대교회부터 지금까지 예배를 구성하는 두 축은 무엇인가요?

3. 보툼(votum)과 예배로의 부름(call to worship)은 각각 무엇인가요? 예배를 어떻게 시작하는 것이 좋을까요?

4. 칼뱅이 드렸던 예배와 웨스트민스터 예배 모범에 있는 독특한 예배 요소를 각각 설명해 보세요.

5. 예배 때 십계명을 낭독하는 것이 신자들에게 어떤 메시지를 줄 수 있을까요? 십계명을 죄의 고백과 사죄의 선언 전에 낭독하는 것과 후에 낭독하는 것의 차이점을 설명해 보세요.

6. 예배 요소와 그 순서가 우리의 신앙 형성에 왜 큰 영향을 끼치는 것일까요?

7. 왜 하나님께서는 통일된 하나의 예배 형식을 신약성경에 기록하지 않으셨을까요?

3

예배의 신학적 이해

　제1장에서는 예배학이란 무엇인지, 그것의 연구 방법론은 어떠한지를 살펴보았다. 이제 더 신학적인 관점에서 예배를 살펴볼 차례이다. 예배란 무엇인가? 성경에 나오는 예배와 관련된 다양한 어휘들과 설명들을 어떻게 분류할 수 있을까? 기독교 예배를 어떻게 삼위일체적 관점(trinitarian perspective)에서 살펴볼 수 있을까? 최근의 추세인 소비자 중심적이고 전도 중심적인 예배를 어떻게 바라보아야 할까? 이번 장에서는 이러한 질문들에 대하여 신학적으로 고찰해 보려고 한다.

예배의 정의
　예배란 무엇일까? 예배의 정의에 대한 관념이 머릿속에는 있지만 이것을 말로 설명하기는 쉽지 않다. 예배에는 인간의 언어 표현을 뛰어넘는 심오함이 있기 때문이다.

루터대학교 이말테(Malte Rhinow) 교수님이 언젠가 필자에게 유창한 한국말로 이렇게 물으신 적이 있다. "문 목사님, 예배가 무엇이라고 생각하십니까? 한자로 '예배'(禮拜), 예의를 갖추어 절하다인데, 이 번역이 완전하다고 생각하십니까?"

예의를 갖추어 절하다라는 번역 자체는 잘못된 정의가 아니다. 하나님께 나아가는 예배자의 자세를 잘 나타내 준다. 이말테 교수님이 지적하셨던 것은 이 말이 예배 속에 담긴 풍부한 의미를 온전히 전달하지 못한다는 것이었다.

사실 예배에는 두 가지 방향이 있다. 예배를 나타내는 독일어 "Gottesdienst"에는 "하나님의 섬김/봉사"(service of God)와 "사람의 섬김/봉사"(service of people)라는 두 가지의 의미가 들어 있다.[1] 예배란 하나님이 우리를 먼저 섬겨 주셨기에 그 은혜에 감사하고 감격하여 우리가 하나님께 나아가 그분을 경배하는 것으로, 한 방향이 아니라 양방향의 속성을 지닌다.[2] "예배"라는 한자 풀이가 우리가 하나님께 나아가는 차원의 한 방향만 나타낸다는 점에서 이말테 교수님의 지적은 적절하

---

1. Peter Brunner, *Worship in the Name of Jesus*, trans. M. H. Bertram (St. Louis: Concordia, 1968), 126, 197.
2. James B. Torrance도 예배에서의 두 가지 움직임의 중요성에 주목한다. 그에 따르면 예배에는 "하나님이 인간에게 나아오시는 움직임"(God-humanward movement)과 "인간이 하나님께 나아가는 관계"(Human-Godward relationship)가 존재한다. 참고. James B. Torrance, *Worship, Community, and the Triune God of Grace* (Carlisle: Paternoster Press, 1996), 18.

다. 또한 몸을 굽혀 절한다는 것은 타 종교와 구별되는 기독교 예배의 독특성을 온전히 표현하지 못한다고도 할 수 있다.

예배는 사람의 행동이 아니라 하나님의 행동에서 시작된다. 그러므로 예배의 토대와 우선성은 "예수 그리스도의 행동과 임재"에 놓여 있다.[3] 예수 그리스도를 통한 구원의 계시에 근거를 둔다.[4] 예수 그리스도의 보혈의 공로로 먼저 섬김을 받은 우리는 그 은혜에 힘입어 하나님의 은혜의 보좌 앞으로 담대히 나아갈 수 있다.

예배를 통해 하나님과 사람이 만나서(encounter) 교제한다(communion). 언약의 두 당사자인 하나님과 사람이 예배 중에 만남으로써 그 약속이 새로워진다(covenant renewal). 우리는 하나님의 백성으로서 이 세상을 살아가지만, 자주 죄에 굴복하고 넘어지며, 서로 상처를 주고받는다. 그러나 공예배에 참여하여 주님 앞에 참회의 기도를 드리고, 사죄의 선언을 들으며, 선포되는 하나님의 말씀으로 위로를 받고 새 힘을 얻는다. 그리고 강복 선언을 통해 세상으로 파송을 받는다. 또한 공예배를 통해 우리의 언약이 늘 새롭게 갱신된다. 그러므로 예배는 일종의 언약 갱신 축제이다.[5]

이와 같은 예배의 정의는 그동안 우리가 생각해 왔던 예배에 대한 개념을 교정하게 한다. 많은 사람이 예배를 하나님께 인간이 무엇인가를

---

3   Karl Barth, *The Knowledge of God and the Service of God according to the Teaching of the Reformation*, trans. James L. M. Haire and Ian Henderson (London: Hodder and Stoughton Publishers, 1938), 193.
4   Franklin M. Segler, *Christian Worship: Understandings, Preparing for, and Practicing* (Nashville: Broadman, 1996), 47; Nikos A. Nissiotis, "Worship, Eucharist and Intercommunion: An Orthodox Reflection", *Studia Liturgica* 2 (September 1963): 201.
5   John D. Witvliet, "Worship-Taking a Closer Look", *Reformed Worship* 56 (2000): 90.

받는 것이라고 생각한다. 필자가 군 교회를 담임하던 시절, 찬양 인도를 하던 군종병이 회중에게 자주 하던 말이 있다. "여러분, 우리는 수많은 유혹을 뿌리치고 이 자리에 나왔습니다. 누워서 쉴 수 있는 편안함을 물리치고, TV 속 아름다운 연예인들의 유혹을 뿌리치고 이 자리에 나와 앉아 있습니다. 그렇다면 이 시간 무엇인가 받아가야 하지 않겠습니까?" 물론 틀린 말은 아니다. 우리는 예배를 통해 하나님께 은혜와 위로를 받는다. 그러나 이것은 예배를 온전하게 바라보는 관점이 아니다. 예배의 양방향(two-way movement) 중 한 방향만 강조한 것이다.

어떤 이들은 예배를 하나님께 인간이 무엇인가를 드리는 것이라고 생각한다. 이 말도 틀린 말은 아니다. 우리는 우주의 창조주이시고 주관자이신 하나님께 합당한 영광과 경배를 올려 드려야 한다. 기도와 찬양을 통해 우리는 하나님께 나아간다. 그러나 이것 또한 예배의 한 방향만 보여 준다.

지금까지의 내용을 종합하여 예배에 대해 정의를 내리자면, "예배란 하나님께서 우리에게 나아오시고, 우리가 하나님께 나아가 함께 만나서 교제하는 것"이다. 예배는 삼위 하나님이 임재하시는 자리이다. 예배당 건물 자체가 거룩한 것이 아니다. "두세 사람이 내 이름으로 모인 곳에는 나도 그들 중에 있느니라"(마 18:20)라고 하신 하나님의 약속을 믿고 주님을 예배하기 위해 성도들이 모인 그곳이 거룩한 자리가 된다.

예배의 자리에서 우리는 하나님과 만나며 하나님과 교제한다. 기도하며 찬양하는 가운데 우리의 마음을 하나님께 드리며, 하나님께서는 우리에게 말씀과 은혜를 부어 주신다. 그러므로 예배에 참여하는 것 자체가 매우 중요하다.

삼위 하나님과 나와의 교제는 예배 공동체 안, 나와 함께 예배드리는 성도들과의 교제로 확대된다.[6] 함께 말씀을 듣는 중에, 함께 성찬상에서 떡과 잔을 나누면서, 우리는 주님 안에서 한몸임을 확인한다. 특히 성찬을 나누며 우리는, 하나님과 진정으로 화목하다면 그 화목이 우리의 이웃과의 화목으로 이어진다는 점을 깨닫는다. 더 나아가, 하나님께 받은 사랑을 교회의 경계를 넘어 세상 속에서 나누어야 함을 깨닫는다. 서구 교회들의 성찬식에는 봉헌이 반드시 포함되어 있다. 이 봉헌은 이웃을 위한 자선과 구제에 사용된다. 칼뱅은 사도행전 2장을 주해하면서, 예배의 네 가지 요소 가운데 구제를 강조한다.[7] 이 구제는 성찬 안에서 행함의 동력을 얻고, 실천되면서 성도들의 마음에 참여의 동기를 부여한다.

마지막으로, 한 가지 더 질문해 보자. 무엇이 우리가 드리는 예배를 기독교적(christianlike)으로 만드는가? 다른 종교에도 예배가 있고 그에 따른 예식이 있다. 다른 종교도 일어서고, 앉으며, 낭독을 하기도 하고, 기도를 하는 예식이 있다. 그렇다면 기독교를 타 종교와 구분해 주는 예배의 특징은 무엇인가? 예배 역사학자인 프랑크 센은 예배의 순서와 행동 속에 담겨진 내용(contents)이라고 주장한다.[8]

기독교의 예배는 삼위 하나님을 경배한다. 성경의 내용을 근거로, 거

---

6 예배 속의 교제의 개념에 대해서는 다음의 책을 참조하라. John D. Zizioulas, *Being as Communion* (New York: St. Vladimir's Seminary Press, 2004).

7 John Calvin and Henry Beveridge, *Commentary upon the Acts of the Apostles*, Vol. 1 (Bellingham: Logos Bible Software, 2010), 126-127.

8 이것은 Frank Senn과 개릿 신학교에서 예배의 역사(History of Christian Worship) 시간에 필자와 나누었던 대화의 내용이다.

기에서 흘러나온 예배 요소들로 하나님께 경배한다. 이것이 바로 기독교 예배의 고유한 특징이다.

예배의 세 가지 차원

존 위트블리트는 성경에 나오는 예배와 관련된 수많은 단어를 세 가지 범주로 분류할 수 있다고 설명한다.[9] 행동 차원의 예배, 예배당 안에서 드리는 사건(event)으로서의 예배, 그리고 삶으로서의 예배이다. 다음 그림을 보라.

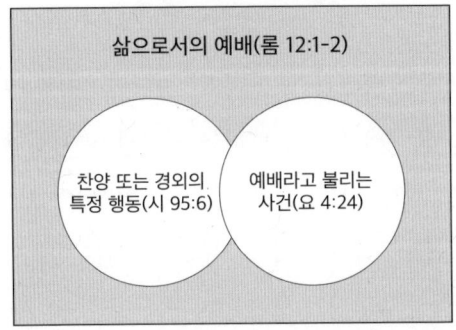

〈예배의 세 가지 차원〉

행동 차원의 예배: 예배를 드리면서 우리는 손을 들고 찬양을 하거나 엎드려서 경배하기도 한다. 또 일어나거나 박수를 치기도 한다. 강단 앞

---

9 이 소단락의 '예배의 세 가지 차원'에 대한 내용은 Witvliet의 글을 참조하였다. 저자에게 허락을 받고 사용함을 밝힌다. John D. Witvliet, "On Three Meanings of the Term 'Worship'", *Reformed Worship* 56 (2000): 46-47. https://www.reformedworship.org/article/june-2000/three-meaning-term-worship.

으로 걸어가기도 하고, 다른 신자와 악수를 하기도 한다. 성경에도 경배하다, 무릎을 꿇다와 같은 단어가 많이 나온다. "오라 우리가 굽혀 경배하며 우리를 지으신 여호와 앞에 무릎을 꿇자"(시 95:6). 이러한 것들이 행동 차원에서의 예배이다.

예배당 안에서 드리는 사건(event)으로서의 예배: 두 번째는 예배라고 불리는 사건(행사), 예전적 실천(liturgy or ritual practice)의 차원이다. 즉 우리는 정해진 장소에서, 정해진 시간에 모여 하나님을 예배한다. 이 예배는 공적 차원이라는 특성을 가진다. 성경에서 의례나 제의적 봉사를 가리키는 단어 "레이투르기아"(λειτουργία)는 백성을 뜻하는 "라오스"(λαός)와 일을 뜻하는 "에르곤"(ἔργον)의 합성어이다. 이 단어가 구약(LXX 기준)에서는 주로 회막에서 섬기는 일과 관련되어 사용되었다(민 8:22, 16:9, 18:4; 대하 3:12). 즉 예배는 백성의 일, 공적인 일이다. 하나님의 백성이 모여 하나님을 공적으로 찬양하고 경배하는 일이다. 공적인 차원의 예배 가운데에 하나님이 함께하신다. 두세 사람이 하나님의 이름으로 모인 곳에 하나님이 함께하시기에 그곳은 거룩한 예배의 장소가 된다. 예배자들은 하나님의 백성에 합당한 모습으로 점차 다듬어져 간다.

삶으로서의 예배: 우리의 삶 전체가 하나님께 드려지는 찬양의 제사이다. "그러므로 형제들아 내가 하나님의 모든 자비하심으로 너희를 권하노니 너희 몸을 하나님이 기뻐하시는 거룩한 산 제물로 드리라 이것이 너희가 드릴 영적 예배니라"(롬 12:1). 우리의 몸과 영, 전인이 하나님께서 기뻐하시는 살아 있는 제물이 되어야 한다. 이것이 바로 영적 예배(spiritual worship)이다. 즉 육체가 영적인 훈련을 위한 도구가 된다. "너

희는 이 세대를 본받지 말고 오직 마음을 새롭게 함으로 변화를 받아 하나님의 선하시고 기뻐하시고 온전하신 뜻이 무엇인지 분별하도록 하라"(롬 12:2)라는 말씀은 신자가 하나님의 뜻을 온전히 분별하며 세상에 굴복하지 않고 변화의 자리로 나아가야 함을 강조한다.

한국 교회가 사회적으로 많은 지탄을 받고 있고, 국내 전도가 해외 선교보다 더 하기 어렵게 된 이유는 기독교인들이 여러 스캔들에 연루되어 윤리적인 잘못을 저질러 왔기 때문이다. 또한 사회적으로 기독교의 목소리가 필요했던 시절, 약자를 배려하고 이웃을 돕기보다는 당시의 정권을 비호하는 듯한 인상을 주었기 때문일 수도 있다. 이러한 현상은 신자들이 예배의 자리에서만 경건하고 거룩한 모습을 보이고 그 모습을 사회적 차원으로까지 가지고 가지 못했기 때문이다. 바꾸어 말하면, 요한복음 4:24에서 강조하는 예배당 속에서의 신자의 모습이, 로마서 12:1-2에서 강조하는 사회 변화와 변혁의 차원으로 연결되지 못한 것이다.

우리는 잘못을 저지른 기독교인들을 비난하지만, 우리 역시 다를 바 없다. 나는 어떻게 예배를 드리고 있는가? 예배당 안에서의 경건함과 열심이 사회적 약자를 배려하고 이웃을 사랑하는 모습으로까지 이어지는가? 아니면 표리부동한 사람이라고 비난을 받거나 복음의 문을 닫아 버리는 역할을 한 적은 없었는가?

우리는 하나님께 진정으로 예배드림으로써 하나님이 원하시는 백성의 모습을 되찾아야 한다. 하나님을 사랑하고 이웃을 사랑해야 한다. 그 출발점이 바로 우리가 매주 드리는 공예배임을 잊지 말자.

예배와 삼위일체

기독교 윤리학자인 리처드 마우(Richard Mouw)는 이렇게 말했다. "우리는 우리가 선호하는 한 위격에게만 예배하는 경향이 있다."[10] 오순절 계통의 교회는 예배 가운데 성령 하나님의 능력만 강조하는 경향이 있고, 어떤 종파는 성자 하나님만 편애하는 듯한 인상을 준다. 예배의 구조와 예전의 시행 자체가 신자의 믿음과 신학적 사상을 형성한다는 차원에서 예배의 삼위일체론적 관점은 무척이나 중요하다.[11]

기독교 예배에는 삼위 하나님이 함께하신다. 그리고 예배의 내용과 구조에 독특한 특징이 있다. 앞에서 살펴보았듯이, 예배에는 크게 두 가지 움직임(방향)이 있다. 하나님으로부터 우리로의 움직임, 그리고 사람으로부터 하나님께 나아가는 움직임이다. 이에 따라, 성부, 성자, 성령 하나님께서 우리의 예배 중에 어떠한 일을 하시는지를 도표로 정리해 보았다.[12]

먼저 하나님께서 예배 중에 우리에게 나아오시는 측면에서 어떤 일을 하시는지 살펴보자. 성부 하나님께서는 아들과 성령을 우리에게 보내신다. 예수님이 우리의 중보자가 되어 주셨기에 우리가 하나님 앞에 나아갈 수 있다. 또한 성령이 우리의 마음속에 역사하심으로 우리가 하나님을 아빠 아버지라고 부를 수 있다.

---

10 Richard J. Mouw, *The God who Commands* (Notre Dame: University of Notre Dame Press, 1991), 150.
11 John D. Witvliet, "The Opening of Worship: Trinity", in *A More Profound Alleluia: Theology and Worship in Harmony*, ed. Leanne Van Dyk, The Calvin Institute of Christian Worship Liturgical Studies Series (Grand Rapids: Wm. B. Eerdmans, 2005), 3-4.
12 본 도표는 John D. Witvliet의 2007년 가을 학기 강의안에서 가져왔다. 저자의 허락을 받아 사용함을 밝힌다.

	하나님으로부터 사람 쪽으로의 행동	사람으로부터 하나님 쪽으로의 행동
성부	아들과 성령을 보내심 하나님이 세상을 이처럼 사랑하사 독생자를 주셨으니(요 3:16) 하나님이 그 아들의 영을 우리 마음 가운데 보내사 아빠 아버지라 부르게 하셨느니라(갈 4:6)	우리의 예배를 받으심 하나님은 영이시니 예배하는 자가 영과 진리로 예배할지니라(요 4:24)
성자	하나님께서 우리에게 오심의 내용이 되심 하나님께서 예수 그리스도의 얼굴에 있는 하나님의 영광을 아는 빛을 우리 마음에 비추셨느니라(고후 4:6) 이는 하나님의 영광의 광채시요 그 본체의 형상이시라(히 1:3)	우리의 예배를 완전하게 하심 그러므로 자기를 힘입어 하나님께 나아가는 자들을 온전히 구원하실 수 있으니 이는 그가 항상 살아 계셔서 그들을 위하여 간구하심이라(히 7:25)
성령	말씀을 조명하심 우리가 세상의 영을 받지 아니하고 오직 하나님으로부터 온 영을 받았으니 이는 우리로 하여금 하나님께서 우리에게 은혜로 주신 것들을 알게 하려 하심이라(고전 2:12)	우리가 기도하도록 도우심 너희는 다시 무서워하는 종의 영을 받지 아니하고 양자의 영을 받았으므로 우리가 아빠 아버지라 부르짖느니라 … 이와 같이 성령도 우리의 연약함을 도우시나니 우리는 마땅히 기도할 바를 알지 못하나 오직 성령이 말할 수 없는 탄식으로 우리를 위하여 친히 간구하시느니라(롬 8:15, 26)

다음으로 우리가 하나님께 나아가는 측면에서 삼위 하나님의 역할을 생각해 보자. 우리가 영과 진리로 예배를 드릴 때 성부 하나님께서 우리의 예배를 받으신다. 성자 예수님은 하나님께서 우리에게 오시는 내용이 되신다. 우리는 하나님의 영광의 광채시요, 본체의 형상이신 예수 그리스도를 통해서 하나님을 알아 가고 예배한다. 또한 예수님은 우리의 예배를 완전하게 하신다. 우리는 예수님의 보혈의 공로에 의지하여 하나님의 은혜의 보좌로 담대하게 나아간다. 성령은 우리가 하나님의 말씀을 깨달을 수 있도록 조명하신다. 종교개혁자들의 예전이나 웨스트민스터 예배 모범에는 하나님의 말씀을 봉독하기 전에 성령의 조명을 간구하는 기도가 들어 있다. 성찬에서도 우리의 마음이 들려 올려지도록 성령의 역사를 구하는 기도 순서가 있다('에피클레시스'와 '수르숨 코르다'). 성령은 우리가 기도하도록 도우신다. 우리의 연약함을 도우셔서 성령의 뜻대로 간구하게 하신다.

이러한 삼위일체적 구조와 내용이 예배의 환경 안에서 발전해 왔다. 예배의 정신을 제대로 알고 예배의 순서와 요소를 살펴보아야 한다. 예배 시작 부분의 찬송은 전통적으로 삼위 하나님을 찬양하는 송영을 부른다. 찬송가 앞부분에 있는 "만복의 근원 하나님"(1장), "찬양 성부 성자 성령"(2장), "성부 성자와 성령"(3장, 4장), "목소리 높여서"(6장), "거룩 거룩 거룩 전능하신 주님"(8장) 등이 시작 송영으로 적절하다. 예배의 초점을 하나님께 맞추고 삼위 하나님을 온전히 생각하고 찬양하는 것이다. 때로 "주님 다시 오실 때까지"와 같은, 사람 차원에서의 결단을 강조하는 찬양으로 예배를 시작하기도 하는데, 예배의 핵심이 삼위 하나님이므로 시작만큼은 하나님 중심적인 송영을 부르는 것이 더 좋다.

예배는 교회 성장의 도구가 아니다

목회를 오랫동안 하다 보면 설교에 한계가 올 때가 있다. 그때 어떤 목사들은 대형 교회의 프로그램을 모방하여 위기를 벗어나려고 시도한다. 설교 스타일에 변화를 주는 것보다는 쉽기 때문이다. 예배 프로그램을 바꾸어 새로운 느낌을 주려는 전략이다.

미국에서 예배학을 공부하고 오니 제법 규모가 있는 교회의 예배 기획자들이 연락을 해 왔다. 그들은 담임 목사님이 예배에 변화를 주고 싶어 하는데 좋은 프로그램이 있느냐고 물었다. 신학적 고찰, 성경적 타당성보다는 사람들에게 은혜가 되는 것, 사람들의 관심을 끌 수 있는 것이 그들이 추구하는 예배의 일차적 목표였다.

그동안 한국의 많은 목회자가 윌로우 크릭 교회나 새들백 교회와 같은 대형 교회의 예배를 그대로 따라하려는 시도를 했었다. 윌로우 크릭 교회의 주일 예배는 우리가 전통적으로 알고 있는 예배의 개념과는 다른, 새신자들을 위한 구도자 예배(seekers worship)이다. 기존 신자들을 위한 예배는 수요일에 드린다고 한다. 그러므로 그 교회의 주일 예배 프로그램을 우리나라의 주일 공예배에 도입하는 것은 적절하지 않다.

윤리학자이자 예배학의 중요한 책들을 저술한 마르바 던(Marva J. Dawn)은 "교회에서 예배와 관련하여 일어나는 많은 문제는 예배와 복음 전도를 혼동하기 때문이다"라고 지적한다.[13] 예배와 전도를 혼동할 때, 예배가 예배의 중심인 하나님에게서 멀어진다는 것이다.

많은 교회가 사람들을 끌어들이기 위해 예배를 매력적으로 보이게 하는 일에만 관심을 둔다. 그러나 예배의 본질적인 요소들을 훼손하면 안 된다. 윌로우 크릭 교회의 예배에는 신앙고백이라든지, 죄의 고백, 사죄의 선언, 강복 선언과 같은, 역사적으로 교회가 중시했던 예배의 요소들이 없다. 교회에 처음 오는 이들이 부담 없이 예배에 참여하도록 하기 위해서이다. 그러나 이는 신자들의 신앙 형성과 성숙에 악영향을 미친다. 마치 원 푸드 다이어트가 장기적인 차원에서는 신체의 균형을 깨서 건강을 해치듯이, 예배 요소를 다 없애 버린 예배는 균형이 깨진 신앙의 형태를 양산한다.

윌로우 크릭 교회의 예배에도 여러 장점이 있지만 교회들이 맹목적으로 실용주의적(pragmatism) 사상을 좇을 때 예배의 초점은 하나님이 아

---

13 Marva J. Dawn, *A Royal Waste of Time: The Splendor of Worshiping God and Being Church for the World* (Grand Rapids: Eerdmans, 1999), 106.

니라 사람의 만족으로 옮겨진다. 하나님을 영화롭게 하고, 그분으로 말미암아 즐거워하는 것보다 내 감정이 흡족하고 상처를 치유받고 소원을 이루는, 인간적인 차원으로 예배의 초점이 넘어간다.

이러한 예배는 결국 제임스 스미스(James K. A. Smith)가 지적했듯이, "시장의 예전"(mall's liturgy)을 만들어 낸다.[14] 사람들은 자신들의 기호에 맞는 예배와 음악 스타일, 의식을 찾아다니며 교회를 쇼핑한다. 마음에 들기만 하면 교파와 신학 같은 것은 상관없다. 싫증이 나면 미련 없이 교회를 옮긴다. 즉 사람들을 효과적으로 교회로 오게 하기 위해 발현된 실용주의적 정신이 예배의 본질을 흩트리고, 하나님 중심이 아닌 사람 중심으로 예배를 만들어 간다.

마르바 던은 책에서 예배는 하나님을 위한 것이요, 복음 전도는 불신자들을 위한 것이라는 논지를 힘 있게 전개하면서 예배의 본질을 회복해야 한다고 주장한다. 하나님이 우리 예배의 무한 중심이 되시므로 하나님 중심적인 예배가 되도록 노력해야 한다는 것이다. 그녀는 초대교회를 예로 든다. 초대교회는 불신자들에게 매력적으로 보이려고 노력한 것이 아니라, "교회 됨"(being church)을 드러냄으로써 신자의 수를 늘렸다고 한다. 예배의 프로그램을 흥미롭게 구성해서 불신자들에게 다가가는 것이 아니라, 교회의 본질을 회복하고 말씀대로 살아 내는 것이 오히려 전도의 더 큰 방편이 될 수 있다.[15]

---

14 James K. A. Smith, *Desiring the Kingdom: Worship, Worldview, and Cultural Formation* (Grand Rapids: Baker, 2009), 23.
15 Dawn, *A Royal Waste of Time: The Splendor of Worshiping God and Being Church for the World*, 122.

주일 공예배의 일차적인 청중은 바로 기존의 신자들이다. 그들을 위한 설교와 사죄의 선언 등이 예배 중에 제공되어야 한다. 그렇다고 새신자들에게 무관심해야 한다는 뜻은 아니다. 교회는 하나님이 우리를 영접하셨듯이 최상의 환대 정신(spirit of hospitality)으로 새신자들을 영접하고 이끌어야 한다. 그들이 환영받고 있다는 느낌을 교회에 들어올 때부터 나갈 때까지 받게 해 주어야 한다. 기존의 신자나 새신자가 모두 쉽게 이해할 수 있도록 예배의 언어와 내용에 신경 써야 한다. 하지만 목사와 예배 기획자들, 기존 신자들은 하나님이 이 예배의 무한 중심이 되신다는 사실을 늘 명심해야 한다. 웨스트민스터 소교리문답 제1문을 보라.

제1문: "사람의 제일 되는 목적은 무엇입니까?"
답: "사람의 제일 되는 목적은 하나님을 영화롭게 하는 것과 그를 영원토록 즐거워하는 것입니다."

우리는 하나님을 예배하기 위해 지음받았다(homo adorans). 하나님을 예배하기 위해 창조된 피조물들이다. 사람은 하나님을 예배하면서 그분을 즐거워한다. 하나님을 예배하면서 진정한 기쁨을 누린다. 예배를 바르게 드린다는 것은 일차적으로 우리 자신이 하나님의 광휘에 휩감기는 것이다(시 29:2). 하나님의 광휘에 휩감긴 상태를 찬송가 288장, "예수를 나의 구주 삼고"의 3절 가사가 잘 설명한다. "세상과 나는 간 곳 없고 구속한 주만 보이도다." 이것이 바로 참된 예배를 드리고 있는 성도의 모습이다.

우리는 이 세상을 살아가면서 다양한 형태로 어려움을 겪는다. 때로는 신앙생활에 회의를 느끼기도 한다. 그러나 이러한 위기 속에서, 나를 구속하신 주님만 오직 바라보며 예배드리는 것, 이것이 진정한 성도의 자세이다.

나가면서

각 교회가 드리는 예배 요소와 순서를 살펴보면 그 교회가 예배를 어떻게 정의하고 있는지, 어떤 신학적 입장을 견지하고 있는지를 알 수 있다. 예배의 신학과 예배의 실천은 긴밀하게 연결되어 있어서 분리할 수 없다. 예배의 형식에는 그 교회와 교단의 신학이 녹아 있고, 그 신학은 성도들에게 영향을 미친다. 성도들은 예배에 참여하면서 변화를 경험하고, 더 나은 예배자가 되기 위해 노력한다. 때로는 성도들이 신학적 견해에 근거를 둔, 예배의 형식과 순서의 변화를 주장하기도 한다. 즉 예배는 성도들의 신앙과 신학을 형성하며, 성도들의 신학적 견해는 예배의 발전에 큰 역할을 한다.

그러므로 본 장에서 다룬 신학적 기초를 바탕으로 우리의 예배를 점검해 보고, 더욱더 발전시킬 수 있도록 노력해야 한다. 인간 중심적이고 소비자 중심적인 예배를 드리는 것이 아니라 삼위 하나님께 초점을 맞춘 예배, 성경에 충실하면서도 이 시대를 살아가는 사람들의 마음속에서 능동적 참여(active participation)를 일으킬 수 있는 예배를 드릴 수 있도록 우리 모두 중지를 모으자.

Q&A

1. 기독교 예배의 두 방향에 대해 설명해 보세요. 두 방향 중 우선성은 누구에게 있나요? 그 이유는 무엇인가요?

2. 예배의 정의를 본인의 말로 정리해 보세요. 그리고 서로 비교해 보세요.

3. 무엇이 기독교 예배를 기독교적(christianlike)으로 만들까요?

4. 삼위 하나님과의 교제인 예배는 누구와의 교제로 확대되어야 하나요? 그러한 의미가 있는 예배 요소 두 가지를 말해 보세요.

5. 존 위트블리트가 정의한 예배의 세 가지 범주는 무엇인가요? 세 범주의 관계를 다이어그램으로 그려 보세요.

6. 삼위 하나님은 예배 속에서 어떻게 역사하실까요? 하나님이 우리에게 나아오시는 방향과, 우리가 하나님께 나아가는 방향을 연관해서 설명해 보세요.

7. 왜 예배는 하나님 무한 중심이어야 할까요? 또 사람 중심인 예배는 어떤 점에서 신자의 신앙 형성에 좋지 않은 영향을 미칠까요?

4

간략하게 살펴보는 예배의 역사

이 짧은 한 챕터에서 예배의 역사를 다 기술하기는 사실상 불가능하다. 제임스 화이트의 저서 『예배의 역사』(*A Brief History of Christian Worship*), 『개신교 예배』(*Protestant Worship*) 등을 보면 예배의 역사를 200-300쪽 분량으로 다루는데, 일반 성도들이나 신학생들이 접근하기가 쉽지 않다. 한편 전문적으로 예배의 역사를 연구하려는 석·박사 학생들에게는 약간은 아쉬운 부분이 있다. 프랑크 센의 *Christian Liturgy*(기독교 예전)[1]와 같은 책들이 많이 번역될 필요가 있다고 본다.

이 장에서는 예배의 역사 중 중요한 사항을 중심으로 소개하고 전체

---

1 Frank C. Senn, *Christian Liturgy: Catholic and Evangelical* (Minneapolis: Fortress Press, 1997).

〈통시적 관점에서 본 예배의 역사 속 주요 사건들〉[2]

	예전 문서들/저자들	교회적 사건/인물들	세계적 사건/인물들
1세기	디다케	네로의 기독교 박해	예루살렘 멸망(70)
2세기	플리니의 편지 이레니우스 폴리카르포스 순교자 유스티누스 바나바 서신	간헐적인 박해	
3세기	테르툴리아누스 사도전승 오리겐 디다스칼리아	수도원 운동 태동	
4세기	예루살렘의 키릴로스(315-86) 에제리아 여행기 바실리우스(330-79) 사도 헌장 크리소스토무스(347-407) 몹수에스티아의 데오도레 암브로시우스(339-97) 아우구스티누스(354-430)	콘스탄티누스 황제의 회심(312) 니케아 공의회(325) 삼위일체 논쟁 콘스탄티노플 공의회(381) 북방 민족들의 점진적 회심	바바리안 침공
5세기		기독론 논쟁 칼케돈 공의회(451)	로마 멸망(455)
6세기	베네딕트(480-550)		
8세기	로마의 예배서들이 프랑크 왕국의 왕에게 전달됨	다마스쿠스의 요한(675-749) 성화상 논쟁	
9세기	라트람누스 사망(868) 라드베르투스(790-865)		샤를마뉴 즉위(800)
10세기		클루니 수도원의 개혁	
11세기	베렝가리우스(999-1088)	동서방 교회의 분리(1054) 안셀무스(1033-1109) 십자군 전쟁	
12세기	피터 롬바드(1095-1159)	고딕 문화의 시작	
13세기	토마스 아퀴나스(1225-74)	탁발 수도회 제4차 라테란 공의회(1215)	
14세기	존 위클리프(1329-84)	교황권의 분열(1378-1417)	

---

2 James F. White, *Documents of Christian Worship: Descriptive and Interpretive Sources* (Louisville: John Knox Press, 1992), 11-13.

15세기		얀 후스 화형(1415)	콘스탄티노플 함락(1453) 인쇄술 발명 콜럼버스 미국 도착(1492)
16세기	마르틴 루터(1483-1546) 츠빙글리(1484-1531) 마르틴 부처(1491-1551) 메노 시몬스(1496-1561) 존 칼뱅(1509-64) 존 낙스(1514-72) 토마스 크랜머(1489-1556)	트렌트 회의(1545-63) 쉴라타임 신앙고백(1527)	라틴 아메리카 식민지화
17세기	웨스트민스터 예배 모범(1645)	바로크 예술의 시대 퀘이커 발생 얀세니즘의 시대	북아메리카 식민지화 아이작 뉴턴(1642-1727)
18세기	존 웨슬리(1703-91) 요한 세바스찬 바흐(1685-1750)	임마누엘 칸트(1724-1804)	계몽주의 시대
19세기	찰스 피니(1792-1875) 존 네빈(1803-86) 프로스페 게랑제(1805-75)	프론티어 워쉽 옥스퍼드 운동	찰스 다윈(1809-82) 노예 제도 폐지
20세기	화니 크로스비(1825-1915) 루터란 예배서(LBW, 1978) 공동 예배서(BCP, 1979) 세례, 성찬, 직제(BEM, 1982) 연합감리교 찬송가(UMH, 1989)	예전 운동 제2차 바티칸 공의회(1962-65) 칼 바르트(1886-1968) 카를 라너(1904-84)	

역사를 간략하게 개관할 것이다.

일반적으로 한국 장로교회의 학자들과 목회자들은 "개혁주의 예배"와 "초대교회 예배"에 관심이 많다. 그런데 "개혁주의 교회에서(또는 초대교회에서) 이렇게 예배드렸으니 우리도 그렇게 드리자"라는 주장에는 논리적 허점과 문제점이 있다. 먼저 시대적인 문제이다. "개혁주의라면 16세기 개혁주의를 말하는가? 아니면 17세기? 또는 20세기?" 지역적인 문제도 있다. "네덜란드의 개혁주의 교회들인가? 아니면 독일? 아니면 남아프리카 공화국?" 그리고 이렇게 질문할 수도 있다. "칼뱅이 목회했던 교회의 예배? 아니면 츠빙글리(Ulrich Zwingli)? 마르틴 부처(Martin Butzer)?"

필자가 이렇게 질문하는 이유는 다양한 예배의 전통이 존재하고, 같은 신학적 입장을 견지하는 사람들이라도 예배 요소와 형식에 대하여 여러 다른 견해를 가지고 있었다는 사실을 독자들이 알았으면 하기 때문이다. 예배의 역사를 연구해 보면, 세계에는 통시적으로, 그리고 공시적으로 다양한 예배 계보(family)가 존재하며, 각 종파와 교회는 자신들이 처한 상황 속에서 하나님께 참된 예배를 드리고자 노력해 왔음을 알 수 있다. 그러나 신학적 입장이 강할수록, 타 교파의 예배 실천을(practice) 비난하거나 폄하하는 경향이 있다. 특히 조직신학에 조예가 깊은 목회자나 신학자일수록 이러한 경향을 보인다. 이는 마치 루터와 츠빙글리가 마르부르크 회담(Colloquy of Marburg)에서 성찬론에 대한 입장 차이를 좁힐 수 없었을 때, 루터가 츠빙글리에게 한 말과 같지 않을까? "당신과 나는 영이 다르다."[3] 이런 가슴 아픈 일들이 목회자들 가운데, 성도들 사이에, 학자들 가운데서 벌어지고 있다. 다 같은 주님의 종들이고 하나님의 백성이다. 그러나 실천의 차이로 서로를 비난하다 보면 자신이 예배의 판단자가 되어 버리는 잘못을 저지르기 쉽다.

예배학을 연구하면 예배 실천 자체의 다양성을 인지하고, 개교회의 차이점을 존중할 수밖에 없다. 왜냐하면 역사적으로 다양한 예배 형태가 존재해 왔고, 각각의 형태는 그 시대를 살았던 사람들이 하나님께서 원하시는 예배가 무엇일지 나름대로 고민하며 노력했던 산물이기 때문이다.

이 장에서는 초대교회의 예배는 어떠했는지, 이후 어떤 예배군(family)들이 등장했는지를 살펴보려고 한다.

---

3   Marijn de Kroon and Willem van 't Spijker, *Martin Bucer: Collected Studies on his Life, Work, Doctrine, and Influence* (Göttingen: Vandenboeck & Ruprecht, 2018), 219.

1. 초대교회(Early Church)

"초대교회의 예배는 이러했다"라는 명제는 앞에서 언급했듯이 성급한 일반화의 오류에 빠질 가능성이 크다. 최근 한국에서는 초대교회의 예배를 다루는 책들이 크게 인기를 끌었다. 그런데 1세기의 예배 모습이 기록된 역사적 문서나 자료가 존재할까?

아쉽게도 1세기 교회가 어떤 요소와 형식으로 예배를 드렸는지를 알 수 있는 자료가 별로 없다. 주일 예배의 모습과 세례, 성찬에 대한 내용이 나오는 〈제1변증서〉도 150년경에 기록된 문서로 추정된다. 〈디다케〉(Didache, 열두 사도들의 가르침)는 대략 1세기 후반부에 기록되었다고 추정되지만 사본을 두고 연대 추정에 대한 의견이 분분하다.[4] 〈디다케〉는 교회의 매뉴얼과 같은 책으로, 교리문답, 세례에 대한 가르침, 금식, 기도, 성찬, 화해, 목회, 그리고 훈련에 대한 정보를 제공한다.

북아프리카에서 활동했던 테르툴리아누스(Tertullianus)는 세례, 기도, 보속(penance) 등에 대한 글을 남겼다. 그는 "세례에 관하여"(De baptismo)라는 글에서 유아 세례를 반대하는데, 이로써 당시에 유아 세례가 널리 알려져 있었음을 추측할 수 있다.

초대교회의 예배와 직제에 대해 다양한 정보를 제공하는 〈사도전승〉(Apostolic Tradition)은 로마 장로 히폴리투스(Hippolytus)가 쓴 것으로 추정된다. 하지만 〈사도전승〉에는 여러 사본이 있다. 그중 하나는 후대 교회들의 문서에서 나온 조각들을 모아서 만든 것이다. 또한 〈사도전승〉이

---

4 Kurt Niederwimmer, *The Didache* (Minneapolis: Fortress Press 1998), 52-54.

작성되었을 때의 언어로 추정되는 헬라어 사본이 없어서 히폴리투스의 저작설이 의심받기도 한다.[5] 그래서 이 문서의 저작 연대와 권위에 대해 의문을 제기하는 학자들도 있다.

시리아에 위치한 두라-유로포스(Dura-Europhos)에서 발굴된 유적지의 모습을 통해 초대교회(특히 4세기까지)의 모임 장소가 어떤 특징을 지녔는지, 또한 어떤 식으로 예배를 드렸는지 추측할 수 있다. 기독교 공인 이전에는 가정집에 모여 예배를 드렸을 것이다. 그러다가 콘스탄티누스 황제가 313년에 기독교를 공인한 이후 예배 장소와 형식이 크게 바뀌었다.

이제는 가정집이 아닌 바실리카(basilicas)라는 건물에서 예배를 드렸다. 그리고 그 공간에 맞는 순서와 형식이 도입되었다. 예배를 시작할 때 예배 인도자들과 찬양대가 입장하면서 입당송(introitus)을 불렀고, 회중이 준비된 예물을 하나님께 드리는 봉헌(offertory) 순서가 생겼다. 입당과 봉헌 때는 시편 찬송과 찬양을 불렀는데, 이를 위해 훈련된 찬양대가 필요했다.

초대교회 시대가 끝난 후 예배는 지역별로 다양한 모습으로 발전하였다. 말씀 선포와 성찬이라는 전반적인 구조들은 비슷했지만, 로마 예전, 비잔틴 예전, 동시리아 예전, 서시리아 예전, 북아프리카 예전, 콘스탄티노플 예전, 예루살렘 예전 등과 같이 지역적으로 조금씩 다른 모습으로 발전해 나갔다.

---

5   Paul F. Bradshaw, Maxwell E. Johnson, and L. Edward Phillips, *The Apostolic Tradition* (Minneapolis: Fortress Press, 2002), 6-8.

2. 초대교회 이후와 중세

서방의 중세는 크게 초기(600s-1000s)와 중기(1100s-1200s), 그리고 후기(1300s-1400s)로 나눌 수 있다.[6] 먼저 중세 초기 이전의 예배에 영향을 미친 것 중의 하나는 수도원주의(monasticism)이다. 기독교가 공인되자 교회 안으로 신자들이 물밀 듯 들어왔는데 그중에는 이름만 신자인 이들도 많았다. 이에 초대교회의 신앙의 순수함과 열정을 회복하고자 하는 움직임이 수도원 운동으로 이어졌다. 제임스 화이트는 "수도원주의가 순교에 대한 열정을 대체하였다"라고까지 평가하였다.[7] 수도원주의의 가장 큰 특징은 "규칙성"이다. 530여 년에 발견된, 누르시아의 베네딕토(Sanctus Benedictus de Nursia)가 쓴 "수도원 규칙서"(Regula Benedicti)를 통해 당대의 모습을 살펴볼 수 있다. 특히 수도원주의는 찬트(chant, 전례 성가)의 정교화에 큰 공헌을 했다.

서로마 제국이 멸망한 후 유럽에 프랑크 왕국이 들어섰고, 로마 예전이 카롤루스 왕조(Carolingian Dynasty)에 영향을 주었다. 로마 예전과 지금의 프랑스, 독일 지역의 고유 예전인 갈리칸 예전(Gallican Rite)이 섞이면서, 기도서(sacramentaries), 찬양을 위한 책들(antiphonaries), 예전 매뉴얼(ordos)이 발전하게 되었다.[8] 특별히 8세기의 로마 예전을 담고 있는 "제1로마 전례 지침서"(ordo romanus primus)에서는 당대의 위계 제도(hierarchy)와 직무에 따른 예전적 차이들을 살펴볼 수 있고, 예배 형식에

---

6   Frank C. Senn, *Introduction to Christian Liturgy* (Minneapolis: Fortress Press, 2012), 19.
7   James F. White, *A Brief History of Christian Worship* (Nashville: Abingdon Press, 1993), 53.
8   Senn, *Christian Liturgy*, 176-177.

대한 세부적인 정보들을 얻을 수 있다.

중세 시대 때 성도들은 회중석과 사제 사이의 먼 거리와 사제들이 중얼거리며 예배를 인도하는 방식(secreta) 때문에 예배를 제대로 드릴 수가 없었다. 서방 교회에서는 이를 해결하고자 "본기도"(collect, 말씀의 전례 직전에 미사의 개회를 마무리짓는 사제의 짧은 기도) 형식이 등장하였다. 중세에는 "묵주 기도"(rosary)와 같은 개인 경건 활동(private devotion)의 형태가 나타났다. 예전으로부터 설교가 종종 분리되기도 했으며, 도미니칸 수도사들과 같은 탁발 수도사들에 의해 "prone"(복음에 관한 설교를 중심으로, 자국어로 드리는 짧은 예배) 형태의 예배가 생겼다. "lavabo"(손을 씻는 의식), "secreta and ekphonesis"(예배 중에 사제가 낮은 목소리로 중얼거리는 기도와 기도의 대부분은 속으로 외우고 마지막 결어만 큰 소리로 말하는 기도 형식), 그리고 "거양성체"(elevation, 축성된 떡과 포도주를 높이 드는 행위)와 같은 요소는 중세의 예배가 성직자 중심(sacerdotal spirit)이었음을 알려 준다.

3. 종교개혁 시대

16세기 종교개혁자들의 예배 모습과 신학 사상을 소개하는 책이 많다. 필자도 『예배, 종교개혁가들에게 배우다』에서 루터, 츠빙글리, 칼뱅, 부처가 주장했던 예배 모습과 신학을 다루었다.[9] 종교개혁자들은 성경이 예배에 대해 무엇이라고 말하는지에 주목했고, 초대교회의 예배들을 연구하면서 자신들의 시대적 상황에 적합한 예배를 추구하였다. 예배 개혁

---

9 문화랑, 『예배, 종교개혁가들에게 배우다』(서울: CLC, 2017).

을 위한 그들의 기본자세는 한마디로 "이해를 추구하는 예배"였다. 특별히 예배의 규정 원리(regulative principle of worship)에 관심이 있었고, 중세 예배의 과도한 절기 준수와 인간적인 첨가물을 경계했으며, 성경적인 예배를 회복하려고 애썼다.[10] 그들은 예배가 단순히 종교심을 충족해 주는 종교 의식이 아니라고 보았다. 하나님의 말씀에 근거해서 하나님을 바르게 알고 예배하고자 했고, 하나님이 원하시는 예배가 무엇인지를 치열하게 연구했다. 무엇보다 성도들을 예배의 구경꾼에서 능동적인 참여자가 되도록 만든 것은 종교개혁자들의 큰 공헌 중의 하나이다.

종교개혁자들이 목회했던 교회들의 예배를 비교하면, 예배 순서와 요소가 각각 다름을 알 수 있다. 그들의 예배는 각기 다른 순서와 강조점을 가지고 있었다. 찬양에 대한 견해도 달랐다. 츠빙글리는 음악을 경계하는 입장이었으나, 칼뱅은 클레망 마로(Clement Marot)의 도움으로 시편 찬송을 발전시켰고, 루터는 회중 찬송의 발전에 크게 기여했다.

이렇듯 예배 형식이 다 달라서 성도들에게 혼동을 주었기 때문에 하나의 통일된 형식을 상급 기관에서 정해 주기를 바라는 이들도 많았다. 루터도 이런 부탁을 받았는데 그의 대답이 걸작이다. "예배 형식을 사람들의 양식을 속박하는 경직된 법으로 만들지 마십시오. 기독교인의 자유 속에서 실천적이고 유용하게 사용하십시오."[11] 예배 형식을 통일시

---

10 청교도들은 예배의 규정 원리를 칼뱅보다 엄격하게 적용하였다. 칼뱅은 교부 연구와 초대교회 연구를 통해 청교도들보다 넓은 예배 신학을 개진하였고, 청교도들은 성경주의적(biblicism) 접근을 추구하였다.
11 Martin Luther, "The German Mass and Order of Service", in *Luther's Works*, Vol. 53 (Minneapolis: Fortress Press, 1965): 61.

키는 것은 그리스도인에게 주신 자유와 자유로부터 파생되는 예배 형식의 풍성함을 억압하는 행위이다. 물론 예배는 성경적이어야 하고, 교파에 상관없이 공통적인 예배 요소들도 존재한다. 그러나 지역별로, 시대별로, 교단별로 차이가 나는 것은 옳고 그름의 문제가 아니라, 시대의 변화와 문화의 다양성을 존중하여 기독교 예배를 더 풍요롭게 만드는 일임을 기억할 필요가 있다.

다음 도표를 보면 개신교 예배의 범위를 한눈에 파악할 수 있다. 오른쪽으로 갈수록 예배 예전이 복잡하며, 왼쪽으로 갈수록 형식이 간단하다. 그리고 화살표는 시대별로 그 예배가 변모하는 방향성을 잘 나타낸다. 즉 16세기 당시에 개신교 내에서 가장 예전적인 예배를 드리는 교단이 루터교였다면, 현재는 성공회이다.[12]

〈개신교 예배 전통〉(16세기부터 현재까지)

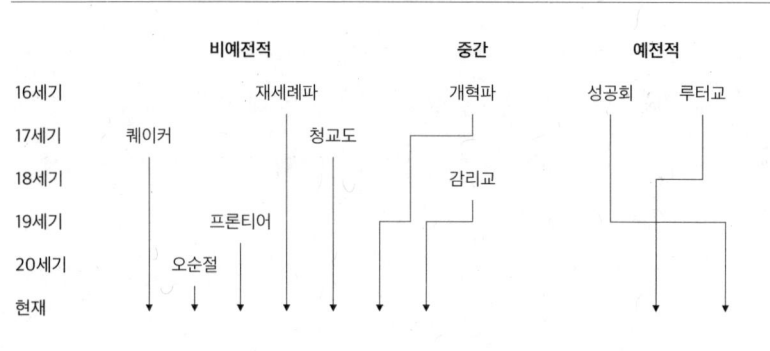

---

12 James F. White, *Documents of Christian Worship* (Louisville: John Knox Press, 1992), 7.

그런데 한국의 장로교인들이 좋아하는 17세기 청교도의 예배는 16세기 종교개혁자들의 예배와 차이가 있다. 도표에서 청교도의 예배가 개혁파의 예배보다 왼쪽에 있다는 것은 청교도의 예배 순서와 요소가 더 단순했다는 것을 나타낸다. 17세기의 주요한 예배 문서인 "웨스트민스터 예배 모범"(Westminster Worship Directory)을 보면 그 이름 자체가 예배서(worship book)가 아니라 예배 모범(worship directory)이다. 이것은 예배에 대한 풍성한 내용을 담기보다는 일반적인 지침을 제시하는 차원에서 작성된 것이다.

일반적으로 웨스트민스터 예배 모범이 한국의 장로교 예배 전통에 큰 영향을 주었으리라 생각하지만, 사실은 "변경의 예배"(frontier worship)에 더 큰 영향을 받았다. 변경의 예배는 미국 서부 개척 시기에 등장한 부흥주의 형식으로, 각 교파가 모여서 부흥 집회 스타일로 예배를 함께 드린 후 마지막으로 교파별로 모여 성찬식을 했다. 이 형식에서는 음악이 매우 중요한 요소였다. 음악으로 성도들의 마음의 문을 연 후, 설교자가 말씀을 전하고, 결단을 요청하며 성도들을 회심의 자리(altar call)로 이끌었다. 한국에 복음을 전해 준 미국 선교사들은 대부분 신학적으로는 프린스턴 구학파(old school)의 영향을, 예배와 실천에 대해서는 복음주의의 영향을 받은 분들이었다. 장신대의 김경진 전 예배학 교수는 보스턴 대학교 졸업 논문에서 이들의 출신 학교와 신학적 성향, 한국의 예배와 예식에 미친 영향들을 소상히 제시한다.[13]

---

13 Kyeong-Jin Kim, "The Formation of Presbyterian Worship in Korea 1879-1934" (Th. D. Dissertation, Boston University School of Theology, 1999).

4. 계몽주의 시대와 근대

종교개혁 시대가 지나고 18세기에 접어들면서 기독교 왕국은 세상의 중심에서 멀어지고 말았다. 문화적으로는 세속화가 진행되었고 계몽주의와 개인주의, 경험주의, 이성주의, 회의주의가 당대의 사상과 사람들의 생각 속으로 잠식해 들어갔다. 인간이 만물의 척도가 되어 개인의 판단을 전통보다 우선시하였고, 감각적 경험이 계시보다 우위를 차지하였다. 이성이 믿음보다 앞서고, 권위에 대한 질문과 도전들이 이어졌다. 사회적, 경제적으로는 자본주의 시장 경제가 공동체적 전통을 해체하기 시작했고, 산업화와 도시화로 말미암아 더 유동적인 사회로 변화되었다. 그리고 실용 정신이 대두되어 예배의 형식에도 영향을 끼쳤다.

이러한 상황에서 부흥주의 형식인 변경의 예배가 등장하였다. 변경의 예배에 대해서는 앞에서 설명했으므로 여기서는 이 시기의 특징 중 하나인 찰스 피니(Charles G. Finney)의 새로운 척도(new measures)와 현대적 예배의 발흥을 소개하려고 한다. 예배의 초점이 찬양과 교화(edification)에서 회개와 구원으로 이동하였다. 그리고 이 시대의 특징처럼 개인의 경험을 강조하는 예배 형식이 생겼다. 예배의 성공을 판단하는 기준 역시 사람들이 얼마나 흥미를 느꼈는지에 따라 좌우되는, 소비자 중심적인 접근이었다. 예배를 이끄는 리더십에도 변화가 일어나서 설교자와 찬양 인도자가 핵심적인 역할을 담당하였다. 강당(auditorium)이 예배 공간이 되었고, 교회력이 축소되었지만 사회적인 기념일들이 절기로 추가되었다.[14]

---

14 Senn, *Christian Liturgy*, 563-564.

특별히 주목할 것은 찬송가 샌드위치(hymn sandwich)라고 불리는 예전적 구조이다. 현대의 찬양 인도자들은 예배와 찬양을 기획할 때 기승전결을 머릿속에 그린다. 잔잔하게 시작해서 절정을 향해 나아가고, 말씀 선포로 들어가기 전에 다시 묵상할 수 있도록 음악을 배치한다. 이런 시도가 이미 찰스 피니의 시대에도 있었다. 먼저 노래, 기도, 간증, 성경 봉독으로 성도들의 마음을 열었고, 설교자가 결단을 요청하는 영접 초청(altar call)을 진행하여 가시적인 효과를 거두었다.[15] 이러한 요소들은 20세기에 오순절 전통에서 발생한 "경배와 찬양 운동"을 거쳐 범교단적으로 예배 형식에 큰 영향을 끼쳤다. 개인의 경험과 간증을 강조하였기에 상대적으로 교리가 약화되었다.

5. 복고 운동, 바티칸 공의회 전례 헌장, 그리고 예전 갱신 운동

20세기에는 예배를 개혁하는 큰 사건들이 발생했다. 1960년대에 열린 제2차 바티칸 공의회에서 나온 "전례 헌장"(Sacrosanctum Concilium) 발표와 범교단적으로 일어났던 예전 갱신 운동(liturgical renewal movement)이다. 예배의 역사 속에서도 예전을 강조하는 시대가 있었고, 예전을 단순화해서 지키는 시대도 있었다. 복고의 움직임이 반복적으로 일어나는 것이다.

19세기가 그러한 시대였다. 로마 가톨릭에서는 수도원 회복 운동(프랑스의 솔렘[Solesmes]과 독일의 보이렌[Beuren])이 일어나 중세의 순수한 예전으로 복귀하고자 했다. 예를 들면, 그레고리오 성가(gregorian chant)

---

15 "altar call"은 설교자가 예배당 앞에 위치한 회심의 자리로 성도들이 나오도록 요청하는 예배 요소이다.

부흥 운동이 일어났고, 예전 연구가 시작되었다. 성공회에서도 예전 복고 운동인 옥스퍼드 운동(oxford movement)이 일어났다. 존 헨리 뉴먼(John Henry Newman)과 친구들은 *Tracts for the Times*를 발간하기도 하였다. 1839년에는 케임브리지 캠던 협회가 케임브리지 운동(cambridge movement)을 이끌었는데, 이 운동은 14세기 교회 건물을 모델로 삼아 건축물을 만들자고 주장하고, 성직자의 복식(服飾)을 중요시하였다.16

루터교에서도 빌헬름 뢰(Wilhelm Lohe)가 16세기 루터교로 돌아가자고 주장하며 독일의 노이엔데텔사우(Neuendettelsau)에서 복고 운동을 진행하였다. 이 운동은 미국의 루터교회 미주리시노드(Missouri Synod)에 영향을 주었다. 개혁파에서도 머서스버그 학파(mercersburg school)의 필립 샤프(Phillip Schaff)와 존 네빈(John Nevin)이 예전 복고 운동을 진행하였다. 필립 샤프는 교부들의 예전과 중세 전통 사이에 연속성이 있음을 주장하였고, 네빈은 "고(高)칼뱅주의 성찬신학"(high calvinist eucharistic theology)을 주장하였다.

20세기 예배에 가장 큰 영향을 준 것은 바로 오순절 교회의 예배일 것이다. 1900년대 초 미국의 찰스 퍼햄(Charles Parham, Bethel Bible College), 아주사 거리의 부흥 운동의 지도자 윌리엄 시모어(William Seymour), 에이미 맥퍼슨(Aimee Semple MacPherson) 등을 통해서 오순절 교회가 성장하였다. 그들은 예배 형식을 고정해 두지 않고 성령의 사역에 의한 자발성을 강조하였고, 남미와 인도, 아프리카를 비롯해 세계적으로 영향

---

16 White, *A Brief History of Christian Worship*, 156, 175.

을 미쳤다. 신학적으로는 감리교(methodism)에서 나온 성결 전통(holiness tradition)을 반영하며, 성화와 제2의 축복을 강조하였다. 이들의 예배에는 목사와 찬양 인도자에게 리더십이 있고, 이들의 예배 음악 스타일인 경배와 찬양 운동은 전 세계로 뻗어나가 많은 교단의 예배에 영향을 미쳤다. 이 예배는 음악이 성례의 위치를 넘볼 만큼 음악의 위상을 높였다.

예배 역사에 획기적인 사건이 1960년대에 일어났다. 제2차 바티칸 공의회의 전례 헌장 발표이다. 이 전례 헌장은 "완전히 의식적이며 능동적인 참여"를 강조하며 로마 가톨릭 예배의 갱신을 추구하였다. 사실 로마 예전은 세계에서 가장 보수적인 예전이다. 그런 그들이 예배를 새롭게 하며 동시대 사람들에게 다가가기 위해 노력하는 모습은 각 교단의 신학자들과 목회자들에게 영향을 주었다. 이후 각 교단에서는 예배서를 개정하고, 예배를 재점검하는 일들이 일어나기 시작했다. 그들은 말씀과 성례의 균형을 강조하였고, 특히 성경을 강조하였다. 예배에서 자국어 사용을 허용했고, 복잡한 의식을 단순화했다. 또한 초대교회의 성인 세례자 교육(RCIA)을 회복시켰고, 시간 전례(신앙 공동체가 매일 정해진 시간에 드리는, 하나님을 찬미하는 공적인 기도)를 단순화했다.[17]

이후 에큐메니컬 예배 갱신 운동이 일어났다. 교파별로 기도서가 개정되어, 1979년에는 BCP(Book of Common Prayer), 1978년에는 LBW(Lutheran Book of Worship), 1967년에는 북미 개혁 교단 보고서(CRC

---

17 Austin P. Flannerty, "Constitution on the Sacred Liturgy of the Roman Catholic Church", in *Vatican Council II: The Conciliar and Post Conciliar Documents* (Collegeville: Liturgical Press, 1975), 16-17.

Report), 1993년에는 BCW(Book of Common Worship) 등이 등장하였다. 1982년에는 WCC에서 BEM(세례와 성만찬, 직제[Baptism, Eucharist, and Ministry]) 문서를 만들었다.[18] 그동안 각 교단이 서로의 차이점을 지적하는 데 집중했다면, 이 문서에서는 공통분모가 무엇인지를 밝힌다. 특별히 교부적인 기초, 즉 초대교회의 모델과 규칙을 강조하였다. 문서의 내용 중 공통된 주제는, "과정으로서의 세례"(#9, 12), "세례와 성찬 참여 사이의 직접적 연결성을 강조하기"(#14), "성찬의 다양한 의미"(#19), "공통된 예배 요소"(#27), 삼중 직임, 즉 목회자, 장로, 집사에 관한 것이다. 아직 논쟁 중인 주제들도 있는데 바로 유아 세례와 성인 세례에 대한 논의, 여성 안수 등이다.

최근 21세기에는 위의 여러 예배 전통이 혼합되어 가는 추세이다. 예전적 예배와 현대적 예배, 그리고 이것들이 적절히 조화된 혼합된 예배(blended worship) 형식이 교단에 상관없이 서로 발전하고 있다. 포스트모던 문화의 상황 속에서 소그룹을 강조하는 이머전트 교회 운동(emergent church movement)이 미국 예배에 영향을 주고 있으나 한국에서는 학자들의 논문 주제로만 관심을 받았을 뿐, 큰 영향을 미치지는 않았다.

미국의 칼빈 신학교에서 매년 개최되는 칼빈 워쉽 심포지엄은 최근 예배의 방향에 대한 학문적, 실천적, 목양적 접근을 다룬다. 과거 예배의 역사와 실천을 존중하되, 이 시대를 살아가는 사람들의 문화적 배경도 존중하며, 이것들을 조화시키는 작업이 21세기의 중요한 이슈이다.

---

18 World Council of Churches, "Baptism, Eucharist, and Ministry", *Faith and Order Paper* 111 (1982).

성도들이 능동적이고 적극적으로 예배에 참여하도록 장려하고, 어떻게 하면 성도들에게 감동을 줄 수 있는 살아 있는 예배를 드릴 수 있을지를 연구하는 것이 이 시대를 살아가는 우리의 사명이다.

나가면서

북미의 설교학자 토마스 롱(Thomas Long)은 현대의 예배 상황이 "예배 전쟁"(worship war)과도 같다고 주장한다. 일부 목회자들과 성도들은 각자의 신학적 입장과 지금껏 경험했던 예배의 실천을 판단 기준으로 삼아 다른 전통의 예배를 폄하하거나 비성경적이라고 단정지어 버린다. 성경에 예배의 형식과 순서가 기록되어 있었으면 얼마나 좋았을까? 그렇다면 이토록 치열하게 오랫동안 다투지 않았을 텐데 말이다.

예배의 역사를 살펴보면 전 세계에 흩어진 하나님의 백성이 나름대로 성경의 정신에 충실한 예배를 드리고자 노력해 왔음을 알 수 있다. 문화적, 사회적 다양성이 예배에 반영되었고, 그것이 다양한 형태의 예배로 발전하였다. 예배란 하나님께서 우리에게 나아오시는 움직임과 우리가 하나님께 나아가는 움직임이 동시다발적으로 발생하여 우리와 하나님과의 만남과 교제가 일어나는 것이다.

현재 우리의 예배는 초대교회, 중세, 종교개혁, 근대의 예배를 토대로 형성되었으며, 지금도 발전하는 과정에 놓여 있다. 그러므로 우리는 신앙의 선배들이 어떤 과정을 거쳐 예배를 발전시켰는지 연구해야 한다. 이것은 전통주의(traditionalism)에 빠지는 것을 의미하지 않는다. 펠리칸(Jaroslav Pelikan)이 말하듯이, "전통주의는 살아 있는 자들의 죽은 신앙

이요, 전통은 죽은 자들의 살아 있는 신앙"이다.[19]

우리는 역사를 살펴 예배학적인 사고의 기틀을 수립하며, 현재 예배의 다양한 실천을 점검해야 한다. 그리고 성경적이면서도, 성도들이 능동적으로 참여(active participation)할 수 있는 예배가 되도록 연구해야 한다.

---

19 Jaroslav Pelikan, *The Vindication of Tradition: The 1983 Jefferson Lecture in the Humanities* (New Haven: Yale University Press, 1984), 65.

Q&A

1. 초대교회의 예배의 모습을 추정할 수 있는 자료들에는 어떤 것들이 있나요?

2. 테르툴리아누스의 글, "세례에 관하여"와 두라-유로포스 유적지의 모습에서 알 수 있는 초대교회의 예배와 관련된 내용은 각각 어떤 것입니까?

   a. 테르툴리아누스의 "세례에 관하여"

   b. 두라-유로포스 유적지

3. 콘스탄티누스 황제의 집권 이후 신자들이 신앙의 순수함과 열정을 회복하려고 시도했던 움직임은 무엇입니까? 그리고 그 변화는 예배에 어떤 영향을 미쳤습니까?

4. 중세의 예배의 모습 중 성직자 중심주의를 드러내는 요소는 무엇일까요?

5. 중세의 예배를 개혁하고자 했던 중교개혁자들의 기본자세는 무엇입니까? 그리고 루터는 개혁된 예배 형식의 차이를 어떻게 바라보았습니까?

6. 근대화 이후 등장한 부흥주의 예배의 초점은 어디에 있습니까?

7. 근대에 들어 예배의 리더십, 예배 공간, 교회력은 어떻게 변화하였습니까?

8. 다음은 19세기 이후 최근까지 예배의 변화를 이끌었던 주요 사건들입니다. 이 사건들은 예배에 어떤 영향을 미쳤습니까?

   a. 수도원 회복 운동

   b. 오순절 전통에서 발생한 경배와 찬양 운동

   c. 제2차 바티칸 공의회의 전례 헌장

   d. 에큐메니컬 예배 갱신 운동

5

예전과 신앙 형성의 관계[1]

전통적으로 장로교회와 개혁주의 교회는 교회 교육에서 인간 이성의 역할과 교리문답식 가르침(catechetical instruction)을 강조해 왔다. 물론 신앙 형성에 있어서, 지성과 인식 능력은 매우 중요한 역할을 한다. 그러나 지식 전달을 중심으로 하는 교육은 예배의 참여와 예전의 실천(liturgical practice)이 줄 수 있는 신앙 형성의 가능성을 간과해 버리고 말았다. 지식의 축적이 개인의 변화와 사회 속에서의 실천으로 연결되지 못하는 것에 문제점을 느낀 교회의 지도자들은 어떻게 하면 성도들을 신실한 기독교인으로 훈련할(discipline) 것인지 방안을 모색하기 시작했다.

---

1 이 장은 미국의 Wipf and Stock Publishers의 허락을 받아 필자의 책 *Engraved upon the Heart* (Eugene: Wipf and Stock Publishers, 2015)의 3장을 요약해서 정리한 것이다.

미국의 기독교 교육학자인 존 웨스터호프(John Westerhoff)는 그 방안으로 예전(liturgy)의 시행을 주장한다. 예전을 시행함으로써 장로교회와 개혁주의 교회의 교육 체계의 단점을 보완할 수 있고, 효과적으로 전인적인 신앙을 형성시킬 수 있다는 것이다.[2] 그의 주장은 미국의 기독교 교육학계에 큰 영향력을 미쳤고, 최근에는 캐런 유스트(Karen Marie-Yust)와 조이스 앤 머서(Joyce Ann Mercer)의 저작들을 통해 그 타당성이 입증되고 있다.[3]

그러나 웨스터호프는 교육학자이지 예전학자(liturgical theologian)는 아니다. 그는 예전의 형성력(formative power)을 인지하고, 전 세대가 참여하는 예전적인 예배(liturgical worship)의 환경 속에서 한 세대의 신앙이 다음 세대로 전수되는 것이 신앙 형성에 효과적이라고 설명한다. 그러나 어떻게 예전이 참여자의 신앙 형성을 돕는지, 그리고 교회 교육의 목표인 인간의 변화(human transformation)로까지 이어지는지에 대해서는 학문적으로 설명하지 않는다.

본 장에서는 예전신학의 입장에서, 어떻게 예전과 의례(ritual)의 실천이 인간의 기억과 배움에 영향을 미치는지를 학문적으로 분석하고, 예전이 신앙 발달에 형성력을 가지고 있음을 증명해 보이고자 한

---

[2] John H. Westerhoff, III and William Willimon, *Liturgy and Learning throughout the Life Cycle* (New York: Seabury Press, 1980); John H. Westerhoff, III, *Will our Children Have Faith?* (New York: Seabury Press, 1976).

[3] Karen Marie Yust, *Real Kids, Real Faith: Practices for Nurturing Children's Spiritual Lives* (San Francisco: Jossey-Bass, 2004); Joyce Ann Mercer, *Welcoming Children: A Practical Theology of Childhood* (St. Louis: Chalice Press, 2005).

다.[4] 사실, 한국의 장로교회에서 '예전'과 '의례'는 친숙한 용어가 아니다. 특히 의례는 로마 가톨릭에 대한 반감 때문인지 로마 가톨릭의 잔재로 여기기도 한다. 그러나 개신교의 예배도 다양한 의례로 구성되어 있다. 예를 들어, 함께 일어나기, 노래(찬송) 부르기, 손 들기, 무릎 꿇기, 읽기 등 이 모든 것이 다 의례이다. 이러한 요소들을 예배 중에 행할 때, 이 내용이 우리의 몸과 마음에 영향을 미친다. 즉 예전과 의례를 행하는 것은(ritual practice) 믿음을 생기게 하고, 우리의 의식과 잠재의식에 모두 영향을 미친다.[5]

그러므로 예전 사용의 정당성과 필요성을 논하기 위해, 필자는 인간의 존재 자체가 체현(embodiment)됨을 필요로 하며, 몸은 죄에 취약한 기관이 아니라 배움과 훈련을 위한 도구임을 보이고자 한다. 즉 믿음은 머릿속에서 발생하는 것이 아니라, 예전의 체현된 행동(embodied action)을 통하여 발생한다.[6] 하나님이 인간이 되신 성육신 사건은 우리의 신앙 형성에서 육적 측면(bodily aspect)이 중요하다는 것을 보여 주며, 이것이 예전신학의 출발점이 된다.

---

4 예배 역사학자인 Frank Senn은 예전을 기독교인들이 공적 모임에서 시행하는 것이라고 정의한다. Senn, *Christian Liturgy: Catholic and Evangelical*, 3. 의례와 예전은 비슷하지만 의례는 인간의 감정과 믿음을 형성하며 표현하는 "행동의 패턴"(the pattern of behavior)에 더 가깝다. Catherine Bell, *Ritual: Perspectives and Dimensions* (New York: Oxford University Press, 1997), 210. Mark Searle은 의례에 "반복적이며, 미리 규정되어 있고, 엄격하며, 판에 박은 것 같은" 특징이 있다고 설명한다. Mark Searle, "Ritual", in *Foundations in Ritual Studies*, eds. Paul Bradshaw and John Melloh (Grand Rapids: Baker, 2007), 11.

5 Brett Webb-Mitchell, *Christly Gestures: Learning to Be Members of the Body of Christ* (Grand Rapids: Eerdmans, 2003), 128.

6 Messey H. Shepherd, *The Worship of the Church* (New York: Seabury Press, 1952), 61.

이 장에서는 예전신학의 전제를 언급한 후, 행함은 배움과 분리된 것이 아니라 행함 속에 지혜가 담겨 있으며, 사람은 행하면서 배울 수 있음을 실천신학적 관점에서 분석할 것이다. 이것은 마이클 폴라니(Michael Polanyi)가 주장했던 암묵적 지식(tacit knowledge) 이론과 연결된다. 사람은 예전을 행함으로써 기독교의 메시지를 암묵적으로 배울 수 있으며, 이 메시지가 몸에 새겨지는(inscribed) 지식이 되어 예배에 참여하는 사람을 훈련(discipline)시킨다. 이러한 예전신학의 정당성과 효과를 살펴본 후, 예전이 사람을 훈련하고 변화시키는 과정을 "반복을 통한 이해의 성장 – 정체성 형성 – 변화를 요청함"의 세 부분으로 나누어 설명할 것이다.

예전신학의 전제: 인간의 몸을 긍정함

일반적으로 인간의 몸은 죄에 쉽게 노출되고 취약한 것으로 이해되어 왔다. 몸과 영혼의 이원론적인 구분은 인간 존재의 통전성을 바르게 이해하지 못하게 한다. 그 결과 많은 기독교인이 내면적이고 주관적인 신앙과 예배를 추구하게 되었다. 그러나 교회의 역사를 살펴보면 예전적 실천(liturgical practice)은 믿음의 통전성을 강조한다. 우리의 신앙은 체현(embodiment)을 통해 표현되어야 한다는 것이다. 위르겐 몰트만(Jürgen Moltmann)은 체현 과정에서 몸과 영혼, 인간의 의식과 무의식이 신비한 방법으로 결합되어 온전한 신앙이 형성된다고 주장한다.[7] 즉, 인간의 몸과 영혼은 어떤 것이 더 중요한지의 차원에서 이해해서는 안 된다는 것

---

7 Jürgen Motlmann, *God in Creation: A New Theology of Creation and the Spirit of God* (Minneapolis: Fortress Press, 1993), 259.

이다. 이 둘은 신자의 신앙 형성에 영향을 주고받는 밀접한 관계로 이해해야 한다. 예를 들어, 무릎을 꿇고 기도하는 것을 생각해 보라. 무릎을 꿇는 자세를 통해, 사람은 기도란 내 요구를 하나님께 관철시키는 행동이 아니라, 하나님 앞에 겸손히 그분의 뜻을 아뢰는 것이라는 무언의 메시지를 깨닫는다. 행동 차원이 개인의 영적 차원에 영향을 끼친 것이다. 이런 차원에서 데니스 홀링어(Dennis Hollinger)는 "기독교 영성은 몸으로부터의 자유가 아니라 몸 안에서의 자유이다"라고 주장한다.[8]

신앙 형성에서 인간의 육체를 긍정하는 것은 예배에서의 예전의 필요성과 연결된다.[9] 하나님은 사람의 필요를 외면하지 않으신다. 사람의 연약함을 불쌍히 여기셔서, 하나님이 친히 인간의 육체를 입고 이 땅에 오셨다. 이 성육신 사건은 육체가 인간의 신앙 형성을 방해하는 것이 아니라 오히려 경건함의 도구로 사용될 수 있음을 보여 준다. 개혁주의 철학자 제임스 스미스는 이렇게 말한다. "우리의 몸은 마치 무엇인가를 배우는 학생과 같다. 비록 우리가 그것을 깨닫지 못한다 할지라도 말이다. 왜냐하면 우리는 근본적으로 습관(habitus)에 의해 형성되는 존재들이기 때문이다."[10] 즉 하나님은 체현을 통해 인간을 가르치신다. 하나님이 주신 육체와 육체의 움직임은 영과 분리된 것이 아니라, 신앙 형성에 필요

---

8 Dennis P. Hollinger, *Head, Heart, Hands: Bringing together Christian Thought, Passion and Action* (Downers Grove: InterVarsity Press, 2005), 108-109.
9 James K. A. Smith, *Who's Afraid of Postmodernism? Taking Derrida, Lyotard, and Foucault to Church* (Grand Rapids: Baker, 2006), 136.
10 James K. A. Smith, *Imagining the Kingdom: How Worship Works* (Grand Rapids: Baker, 2013), 97.

한 교육적 도구이다.

그러므로 우리의 신앙은 내면화되어야 하고 또한 표현되어야 한다. 공예배에는 우리의 신앙을 표현하고 형성할 수 있는 다양한 예전적 실천이 포함되어 있다. 예를 들면, 함께 찬양하는 것, 무릎을 꿇고 기도하는 것, 함께 일어나 신앙을 고백하는 것 등 이 모든 것을 통해 신앙이 형성된다.[11] 이렇게 신앙을 표현함으로써 신앙이 성장해 간다는 것을 우리는 이미 경험적으로 알고 있다. 신앙은 단순히 지식을 주입한다고 해서 생기는 것이 아니다. 예전이 필요하지 않다고 말하는 것은 제임스 스미스가 지적하듯이, 데카르트가 빠졌던 오류, 즉 인간의 행동을 결정하는 요소 중 사람의 생각이 감정과 몸으로부터 분리되어 있다는 착각에 빠진 것과 같다.[12] 왜냐하면 우리는 "체현된 피조물"(embodied creatures)이기 때문이다. 예전의 시행 자체가 인간의 본성을 훈련하는 것과 연결되어 있다. 기독교인의 신앙은 단순히 인지적 방법만으로 형성되지 않는다. 이 방법은 수동적인 성향을 갖게 하며 믿음을 실천하는 데 어려움을 겪게 한다.[13] 체현된 실천이 없는 지식의 주입만으로는 온전한 신앙을 형성할 수 없다. 인간은 전인적인 존재이므로, 몸과 혼을 모두 훈련해야 한다. 예전적 예배(liturgical worship)의 시행은 신실한 기독교인을 만드는 중요한 원리이다.

신앙 형성에서 육체적 요소가 긍정된다면, 교회의 신앙 형성 차원의

---

11 Stephanie Paulsell, "Honoring the Body", in *Practicing our Faith: A Way of Life for a Searching People*, ed. Dorothy C. Bass (San Francisco: Jossey-Bass, 2010), 26.
12 Smith, *Who's Afraid of Postmodernism? Taking Derrida, Lyotard, and Foucault to Church*, 140.
13 Mary McClintock Fulkerson, *Places of Redemption: Theology for a Worldly Church* (Oxford: Oxford University Press, 2007), 48.

실천(formative practice)으로서의 예전 또한 긍정될 수 있다. 제임스 스미스는 이렇게 주장한다. "우리는 육체라는 컨테이너 속에 거주하는 의식만을 가진 마음이나 영혼이 아니다. 우리의 몸이 곧 자아이다. 그래서 욕망(desire)을 훈련하려면 특정한 목적(telos)이 포함된 신체적인 실천(bodily practice)이 필요하다."[14] 즉 예전을 행하는 것은 육적 본성을 지닌 우리의 몸의 훈련과 깊이 연관되고, 이것은 매주 반복되므로 정신에 영향을 미치게 되는데, 이 과정에서 목적과 애착(affection)이 생긴다는 것이다. 예전적 행동을 통해 의미가 형성되고, 그 의미가 사람의 몸과 마음속으로 흘러들어 간다. 그리고 사람의 마음에 변화를 위한 동기와 하나님을 사랑하는 마음이 자라도록 돕는다. 그러므로 체현은 실천과 깊은 관련이 있다. 실천은 체현을 수행하고, 의미를 전달한다. 실천의 반복을 통해 이해가 성장한다. 즉 예전적 예배를 시행하는 목적은 체현함으로써 생기는 의례적 지식을 몸과 정신에 새기기 위함이다. 이러한 과정이 반복될 때 믿음이 자라고 성숙해진다.

학습 과정에서 몸의 중요성

학습(learning)이란 "경험의 결과에 의한 정신적 표상이나 연합에서의 오랜 기간에 걸친 변화"[15]이다. 학습은 인간의 몸을 통해서 일어난다. 인간의 몸은 기억을 고정화시키고, 감정의 도움으로 그것을 강화한다.

---

14 James K. A. Smith, *Desiring the Kingdom: Worship, Worldview, and Cultural Formation* (Grand Rapids: Baker, 2009), 62.
15 Jeanne Ellis Ormrod, *Human Learning*, 5th edition (Columbus: Pearson, 2007), 4.

배움은 마음과 두뇌의 작용만으로는 이루어질 수 없고, 몸과 마음의 상호 작용에 의해 일어난다.[16] 프랑스의 철학자 퐁티(Merleau-Ponty)는 인간의 인식과 의미 획득에서 몸의 우선성과 중요성을 주장한다. 그는 몸을 "살아 있는 의미들의 결합"(a nexus of living meanings)이라고 표현한다.[17] 퐁티에 의하면, 사람은 몸의 경험으로 세계에 접근하고, 세계를 이해한다. 인간의 지각(perception) 자체도 몸의 경험에 의해 생긴다. 그러므로 경험 자체가 학습에 있어서 무척 중요하다. 사람들은 경험을 통해 다른 사람, 다른 사물과 상호 작용을 하면서, 어떻게 결정해야 하는지, 다음 행동은 어떻게 대비해야 하는지를 배운다.

인간의 몸은 이전의 사건들을 기억한다. 의식(ceremony)을 통해 몸은 특정 행동의 의미를 암묵적으로 배우고, 그 기억이 다음 행동에 영향을 미친다. 사회학자 폴 코너톤(Paul Connerton)은 우리 몸의 실천이 "인지적 기억"(cognitive memory)과 "습관적 기억"(habit memory) 둘 다를 수반한다고 주장한다.[18] 즉 몸의 실천은 우리의 인지적 생각을 도울 뿐 아니라, 지식이 몸에 새겨지도록 돕는다. 현대의 "분할 뇌 환자"(split-brain people) 연구가 여기에 대한 적절한 예를 제공한다.

외과 의사들이 심한 간질(epilepsy) 환자들을 치료하기 위해 뇌량(corpus callosum)을 절단하는 실험을 했다. 뇌량이 손상되면 좌뇌와 우뇌 간의 정보 교환에 문제가 생긴다. 물론 어느 정도 지적인 능력과 동기가 남아

---

16 Maurice Merleau-Ponty, *Phenomenology of Perception*, trans. Colin Smith (New York: Routledge, 2002), 111.
17 Merleau-Ponty, *Phenomenology of Perception*, 175.
18 Paul Connerton, *How Societies Remember* (Cambridge: Cambridge University Press, 1989), 88.

있다. 그래서 수술 전 습관적으로 경험했거나, 친숙한 일에는 그들의 두 손을 다 활용할 수 있었다. 그러나 낯선 환경 속에서는 골프공 치기, 바늘에 실 꿰기, 낚싯바늘에 미끼 꿰기와 같은 행동을 하는 것을 힘들어했다. 두 뇌반구가 협력해서 해야 하는 일을 뇌량이 손상되어 제대로 할 수 없게 된 것이다.

로저 스페리(Roger Sperry)와 제자들은 이 환자들을 데리고 한 가지 실험을 더 했다. 분할 뇌 환자가 정면을 바라보고 있을 때 스크린의 어느 한쪽에 단어나 그림을 순간적으로 제시하였다. 그들은 뇌량이 손상되었기 때문에 한쪽 뇌로 들어간 정보가 다른 쪽 반구로 건너가지 못하는 상태였다. 실험자가 환자에게 방금 본 물건을 가려내라고 하였더니 왼손으로는 우측 반구가 본 것을 집어내고, 오른손으로는 왼쪽 대뇌반구가 본 것을 정확히 가려내었다.[19] 이 실험에서 뇌량을 절단한 환자는 자신이 선택한 근거를 말로 설명할 수 없었다. 그러나 그의 몸은 거기에 대한 지식을 가지고 있었고, 적합한 대답을 할 수 있었다. 이 실험은 학습 과정에서 몸이 중요한 도구의 역할을 한다는 것과, 인지적 지식과는 또 다른 차원의 지식이 있음을 알려 준다. 말로 설명할 수 없을지라도, 분명히 실천을 통해 얻을 수 있는 지식이 있다. 이것이 예전 학자들이 말하는 의례적 지식(ritual knowledge)의 기능과 연결된다.

의례적 지식이란 인간이 의례를 행함으로 얻을 수 있는 지식이다. 이것은 인간의 의식과 잠재의식 모두와 관련이 있다. 이러한 종류의 지식

---

19 James W. Kalat, *Biological Psychology*, 8th edition (Belmont: Wadsworth Publishing, 2003), 424.

은 생각 없는 반응 체계가 아니며, 행동과 실천을 통해 인지와 감각이 통합되어 의식과 무의식에 동시다발적인 영향을 미친다. 의사이자 정신과학자인 디 아퀼리(Eugene d'Aquili)와 뉴버그(Andrew B. Newberg)는 말한다. "잠재의식은 의식과 완전히 구별되는 것이 아니다. 잠재된 감정과 경험들은 우리가 어떻게 행하는지에 영향을 미친다."[20] 인간의 행동과 반응의 메커니즘은 우리가 생각하는 것 이상으로 복잡하다. 이들의 설명처럼, 육체의 실천(bodily practice)은 우리의 인지와 감각을 통합하며 의식과 잠재의식을 통합하여 의미를 형성하고, 행동 속에 내포된 지혜를 준다. 그러므로 의미의 형성 과정에서 몸의 경험이 중요하다.

실천 이론이 증명하는 예전의 효과

교육학자인 크레이그 딕스트라(Craig Dykstra)와 도로시 배스(Dorothy Bass)는 믿음(beliefs)과 실천(practices), 즉 아는 것과 행하는 것은 상호 간의 관계에서 이해해야만 한다고 주장한다. 그들에 따르면, 기독교인의 실천(christian practices)은 심오한 자각(awareness), 즉 깊은 앎과 관계가 있다. 예배 중에 행하는 예전과 의례는 하나님을 아는 지식이 가득 찬(imbued) 행동이라는 것이다. 그러므로 이런 예전 실천에 참여하는 것은 하나님에 대한 우리의 지식과 이해를 증진시킨다.[21] 이들의 주

---

20 Eugene d'Aquili and Andrew B. Newberg, *The Mystical Mind: Probing the Biology of Religious Experience* (Minneapolis: Fortress Press, 1999), 65.
21 Craig Dykstra and Dorothy C. Bass, "A Theological Understanding of Christian Practice", in *Practicing Theology: Beliefs and Practices in Christian Life*, eds. Miroslav Volf and Dorothy C. Bass (Grand Rapids: Eerdmans, 2002), 24-25.

장은 실천신학자 돈 브라우닝(Don Browning)이 말한 "실천에서 이론으로, 그리고 다시 실천으로"(practice to theory and back to practice)와 매우 유사하다.[22] 그에 따르면, 실천은 의미를 내포하고 있고 "이론을 포함한다"(theory-laden). 이론(아는 것)과 실천(행하는 것)은 독립적이지 않고 상호 보완적이다. 왜냐하면 "이론은 항상 실천 가운데 내포되어 있기 때문이다."[23] 이러한 견해는 근래의 조직신학자 미로슬라브 볼프(Miroslav Volf)에 의해 지지된다. 그는 믿음과 실천이 구분되지 않는다고 주장한다. 바른 실천은 사람들을 바른 믿음의 길로 인도한다.[24] 믿음과 실천은 분리된 것이 아니라, 마치 뫼비우스의 띠(Möbius strip)처럼 동시적으로 긴밀히 얽혀 있다. 그러므로 실천은 신앙 형성에 있어서 근본적인 (fundamental) 요소이다.

이들 학자들이 공통적으로 강조하는 바는 실천이 이론보다 열등한 것이 아니라 상호 보완적인 관계를 넘어 그 자체가 형성력(formative power)을 가진다는 것이다. 특히 예전을 행함으로서 얻는 힘은, 그것이 매주일 예배에서 반복된다는 것, 그 반복적 행함을 통해 깊은 숙고(reflection)의 자리로 나아가게 한다는 데 있다. 실천적 행동 안에는 지혜가 존재한다. 그러므로 반복적인 행동은 그 숙고를 깊게 하고, 결국 믿음과 신앙의 성

---

22 Don S. Browning, *A Fundamental Practical Theology: Descriptive and Strategic Proposals* (Minneapolis: Fortress Press, 1996), 7.
23 Browning, *A Fundamental Practical Theology: Descriptive and Strategic Proposals*, 6, 9.
24 Miroslav Volf, "Theology for a Way of Life", in *Practicing Theology: Beliefs and Practices in Christian Life*, eds. Miroslav Volf and Dorothy C. Bass (Grand Rapids: Eerdmans, 2002), 254, 257.

장에 자양분을 공급해 준다. 그러나 여기서 예전의 반복된 행위가 일종의 습관(habitus)이며, 사람의 무의식적인 반응을 유도하는 것이 아닌가 하는 반론이 나올 수 있다. 우리는 아비투스(habitus)라는 단어의 뜻을 더 자세히 살펴볼 필요가 있다.

필립 부르디외(Pierre Bourdieu)에 따르면, "아비투스"란 일종의 "제2의 본성으로 내재화된 것"(internalized as a second nature)이다. 그의 주장에 따르면, 사람이 반복된 행동을 하게 되면 아무 생각도 하지 않거나(mindless) 기계적으로 행동하는 것(mechanistic action)이 아니라, "주체의 반사적 자유"(reflexive freedom of subjects)를 가지게 된다.[25] 육체적 연습(bodily practice)과 의례(ritual)들을 반복해서 행할 때 우리의 마음은 훈련을 받게 되고, 의식과 잠재의식이 연합하게 되며, 일종의 반응 체계가 형성된다는 것이다.[26] 그러므로 "아비투스"는 단순히 기억을 돕거나 자동적인 반응을 유도하는 데 머무는 것이 아니라 사람이 새로운 지식으로 심오한 이해를 가지도록 이끈다. 결과적으로, 예전의 행위를 통해, 사람은 지식이나 학습으로는 얻을 수 없었던 새로운 차원의 종교적 감정(religious affection)을 느끼고, 새로운 마음을 가질 수 있는 힘을 공급받는다. 이러한 예전의 기능은 마이클 폴라니가 설명했던 암묵적 지식으로 더 자세히 설명할 수 있다.

---

25 Pierre Bourdieu, *The Logic of Practice*, trans. Richard Nice (Stanford: Stanford University Press, 1990), 53.
26 Smith, *Desiring the Kingdom: Worship, Worldview, and Cultural Formation*, 83.

예전의 행함과 암묵적 지식

미로슬라브 볼프는 다음과 같이 주장한다. 신앙 형성에 있어서 "대부분의 경우, 행동(practice)이 먼저 오고, 믿음은 나중에 온다. 또는 믿음은 행동 안에 수반된다."[27] 일반적으로도, 모든 교리 공부를 마친 후 신앙이 생기기보다는 예배의 참여와 실천 속에서 신앙이 생기는 경우가 더 빈번하다. 돈 리히터(Don Richter)는 믿음이 어떤 명제의 학습에서 시작되는 것이 아니라 함께 노래를 부르고 예배 행위를 하는 가운데 시작된다고 주장한다. 기도의 이론을 배우고 난 후 기도를 시작하는 것이 아니라, 기도를 실제로 행함으로써 기도하는 법을 배우는 것과 같은 이치이다.[28] 사람들은 성경적 지식과 교리적 이해를 얻기 이전에 예배의 실천을 먼저 경험한다. 예배에 참여하여 하나님의 임재를 경험하고, 인격적으로 만남으로써 하나님을 더욱 깊이 알아 간다. 이런 차원에서, 우리는 예배의 환경 안에서 교리가 생성되고 발전되었음을 명심할 필요가 있다.[29] 예배의 현장은 신앙 형성에 있어서 역동성(dynamic)과 창조적 생산력을 지닌다.

더 나아가, 예배 참여와 예전을 행함으로, 참여자들은 기독교의 분위기와 기독교 신앙의 내용에 더 익숙해진다. 기도하는 가운데 기도의 방법을 배우며, 찬양하는 가운데 신심(piety, 信心)이 발전한다. 즉 실천은 사람들로 하여금 하나님의 내러티브 안에 위치하게 하고, 그 예배 행위 안에 담겨

---

27 Volf, "Theology for a Way of Life", 256.
28 Don C. Richter, "Embodied Wisdom: Faith Formation through Faith Practices", in *Shaped by God: Twelve Essentials for Nurturing Faith in Children, Youth, and Adults*, ed. Robert J. Keely (Grand Rapids: Faith Alive, 2010), 24.
29 Aidan Kavanagh, *On Liturgical Theology* (Collegeville: Liturgical Press, 1992), 92.

진 메시지를 통해 신앙의 성장을 촉진시킨다. 그러므로 예배 참여 자체는 신앙의 형성 과정에서 매우 중요하며, 행함을 통한 배움을 가능하게 한다. 비록 어떻게 특정한 지식을 습득하게 되었는지 말로 설명할 수는 없더라도, 분명 예배의 참여자들은 기독교 신앙에 대한 배움과 이해를 가지고 있다. 이 내용은 마이클 폴라니의 암묵적 지식 이론으로 잘 설명할 수 있다.

마이클 폴라니는 이렇게 주장한다. "우리는 우리가 말할 수 있는 것 이상으로 알 수 있다."[30] 일반적으로, 우리는 다른 사람에게 무엇을 설명할 수 있는 능력이 지식을 가진 증거라고 생각한다. 그래서 어떤 특정 주제에 대해 논리적으로 설명하지 못하면, 지식의 부재라고 여긴다. 그러나 비록 어떤 것을 명확히 설명할 수 없을 때라도 이해는 존재한다. 폴라니가 주장하듯이, 주요한 지성적 과정에 내포된 전제는 명확한 수칙(precepts)의 형태로 전달되거나 공식화되지 않는다. 예를 들어, 어린이가 생각하는 것을 배울 때, 그 아이는 어떤 인과관계의 원칙에 근거를 둔 명확한 지식을 습득하는 것이 아니다.[31] 참여하고 경험함으로써 이해의 폭을 넓혀 나간다.

또한 폴라니에 따르면, 인간의 인지와 지식은 단순히 개념의 주입을 통해서가 아니라, 다른 것에 참여하는 과정 속에서 자연스럽게 생긴다. 그의 이론에서는 몸의 참여(bodily participation) 자체가 지식을 습득하는 데 매우 중요하다. 어떤 특정한 일에 참여하며, 체현된 행동(embodied activity)을 함으로써 사람은 인격적 지식(personal knowledge)을 얻는다. 예

---

30 Michael Polanyi, *The Tacit Dimension* (Chicago: University of Chicago Press, 1966), 4.
31 Michael Polanyi, *Science, Faith and Society* (Chicago: University of Chicago Press, 1964), 42.

를 들어 수영을 배울 때를 생각해 보자. 몸이 어떻게 물에 뜨는지를 논리적으로 설명하기는 어렵다. 전문가가 부력이나 호흡법, 손발의 역할과 같은 원리를 설명해 주더라도, 직접 수영을 행함으로 경험해 보지 않으면 수영하는 법을 제대로 배울 수 없다. 그러나 반복적으로 수영을 연습한다면, 비록 그 원리를 논리적으로 설명할 수 없더라도 어떻게 해야 물에 뜨는지, 어떻게 하면 물을 먹지 않고 호흡할 수 있는지를 배운다.[32] 예전의 행함도 이와 비슷하다. 예전의 "형성적인 힘"을 논리적으로 설명하기는 어렵지만, 예배에 참여하는 사람은 그것이 마음에 감동을 주며, 앎을 증진해 주고, 기독교인으로서 살아갈 힘을 제공해 준다는 사실을 깨닫는다. 이것이 하나님과의 인격적인 만남을 통해 얻게 되는 인격적 지식이다. 예전을 행함으로 사람은 몸과 마음에 하나님의 말씀을 새기게 된다. 폴라니의 암묵적 지식에 대한 논증은 예전의 특성을 잘 설명해 주며, 예전신학의 학문적 증명을 위해 매우 중요하다.

어떤 과정으로 훈련하는가?

지금까지 필자는 예전신학의 기본 전제와 타당성을 논의하였다. 그렇다면 더 세부적으로, 예전은 어떤 과정으로 참여자를 훈련하여 신앙 형성에 영향을 미치는가? 이 과정은 크게 "반복을 통한 습관 형성 – 정체성 형성 – 마음의 변화를 요청함"이라는 세 단계로 나눌 수 있다.

---

32 Michael Polanyi, *Personal Knowledge: Toward a Post-Critical Philosophy* (Chicago: University of Chicago Press, 1962), 49.

반복함으로써 습관을 형성하게 한다

예전의 중요한 특징 중의 하나는 반복이다. 반복을 통해서 사람의 단기 기억이 장기 기억으로 넘어간다.[33] 예배 요소들은 매주 반복 시행된다. 우리는 흔히 반복된 행동을 생각 없이(mindless) 하는 행동으로 간주한다. 그렇지 않다. 반복은 일종의 이해의 그물망을 쳐서 참여자들이 예전의 내용과 행동의 의미를 더 깊이 생각하게 한다.[34] 즉 반복을 통해 참여자는 더 깊은 이해와 성찰의 자리로 들어간다. 디 아퀼리와 뉴버그는 반복이 인간의 "신경계의 상태"(neural state)를 자극하여 이해력을 활성화한다고 말한다. 즉 반복된 리듬이 인간의 신경을 흥분하게 하고, "자율 신경계"(autonomic nervous system)를 자극하여 포괄적인 게슈탈트 지각(gestalt perception)으로 이끈다는 것이다.[35] 게슈탈트 지각 이론에서 인간은 독립적인 구성 요소의 총합체가 아니라, 하나의 통일성을 가진 유기체이다. 따라서 인간의 지각은 단순히 주입되는 지식의 총합이 아니라, 반복적 행위를 통하여 그것 이상의 구조와 패턴을 형성한다.

단회적인 참여로는 예전에 내포된 의미를 이해할 수 없다. 매주 예배에서 예전을 반복해야 그 순서에 내포된 의미와 다른 의식과의 관계를 더 폭넓게 이해할 수 있다. 예배 안에서의 예전과 의례는 인간의 지각(perception)을 자극하고 인식(cognition)을 높인다. 매주 말씀을 듣고, 성찬에 참여하는 것은 예전적 예배(liturgical worship)의 리듬을 경험

---

33 Ormrod, *Human Learning*, 168.
34 Frank C. Senn, *Introduction to Christian Liturgy* (Minneapolis: Fortress Press, 2012), 207.
35 d'Aquili and Newberg, *The Mystical Mind: Probing the Biology of Religious Experience*, 90.

하는 것이다. 이러한 리듬은 참여자의 의식과 잠재의식에 영향을 미치고, 교육적 효과를 산출한다. 특히 반복은 마음뿐만 아니라 몸에도 "사색적인 힘"(reflective power)을 준다. 우리는 어떤 모임에 일원으로서 참여할 때, 그리고 친숙한 의례들을 반복할 때, "실천적 이해"(practical comprehension)를 배운다.[36] 경험과 행동의 반복을 통해 사회적인 의미가 몸으로 들어오는 것이다. 예전의 반복은 사람들의 마음속으로 메시지를 지속적으로 전달하고, 반응을 활성화하고, 변화를 위한 동력을 제공한다.

무엇보다 반복은 습관을 형성한다. 이 습관은 기계적인 반복으로 생성된 것이 아니라, 친숙함에 근거를 둔 "경험적 지식"(experiential knowledge)이다.[37] 이 습관은 신앙을 효과적으로 성장하게 한다. 예를 들어 한 방울씩 떨어지는 물방울을 생각해 보라. 한 방울 한 방울의 물은 약하고 힘이 없다. 그러나 오랫동안 끊임없이 떨어지다 보면 결국 아름다운 석회암 동굴이 만들어진다. 마찬가지로, 매주 반복되는 예배와 예전은 사람들의 종교적 감정과 태도(religious affection and attitudes)를 효과적으로 성장하게 한다.

생생히 기억하도록 돕고 정체성을 형성한다

예전학자 피터 앳킨스(Peter Atkins)는 말한다. "모든 예배의 중심에는

---

36 Pierre Bourdieu, *Pascalian Meditations*, trans. Richard Nice (Stanford: Stanford University Press, 1997), 142.
37 Maurice Merleau-Ponty, *Phenomenology of Perception*, 168.

기억의 행위가 있다."[38] 사실 예배 요소들은 하나님께서 우리를 위해 행하신 일들을 경축하고 기억하는 데 초점이 있다. 그러므로 반복적인 예전은 참여자들이 하나님을 생생하게 기억하도록 돕는 역할을 한다.

최근의 두뇌 연구는 경험과 실천이 인간의 두뇌와 기억에 어떻게 영향을 미치는지를 잘 보여 준다.[39] 사람이 행동할 때 외부 자극의 결과로서, 뇌는 정보를 전달하고 생각의 패턴을 형성한다.[40] 반복된 행동은 두뇌를 활성화하고, 기억을 유지하도록 돕는다. 폴 코너톤에 따르면, 기억은 의례의 시행(ritual performance)에 의해 효과적으로 구조화되고 유지된다.[41] 어떤 일을 직접 수행하는 것(읽고, 듣고, 보고, 쓰고, 행하는 것)이 배움에 있어서 가장 효과적인 방법이다. 사람은 둘 이상의 감각을 사용할 때 더 강한 감정을 느끼고, 효율적으로 정보를 습득한다.[42] 그러므로 예배에 참여해서 예전을 행하면서, 참여자는 하나님의 구원사를 더 생생히 기억할 수 있다. 예를 들어, 성찬에 참여하는 동안, 빵과 포도주는 예수님의 몸과 피를 더 생생히 떠올리게 한다. 그리고 듣고, 먹고, 마시고, 부르고, 소통하면서, 신자들은 예수님의 이야기를 연속적으로, 더 세세히 기억해 낸다. 다양한 감각과 행동은 인간의 지성뿐 아니라 전인에 영향을 미치

---

38 Peter Atkins, *Memory and Liturgy: The Place of Memory in the Composition and Practice of Liturgy* (Aldershot: Ashgate Publishing, 2004), 25.
39 Mark Solms and Oliver Turnbull, *The Brain and the Inner World: An Introduction to the Neuroscience of Subjective Experience* (New York: Other Press, 2013), 139-156.
40 Atkins, *Memory and Liturgy: The Place of Memory in the Composition and Practice of Liturgy*, 5.
41 Connerton, *How Societies Remember*, 4.
42 Atkins, *Memory and Liturgy: The Place of Memory in the Composition and Practice of Liturgy*, 17.

므로 더 확실하게 기억하도록 돕는 조력자 역할을 한다. 무엇보다 성찬은 하나님의 말씀을 우리의 중심에 "재연"(re-enact)시키기 때문에 더 확실히 그 메시지를 각인시킨다.[43] 그러므로 예전적 예배는 하나님을 기억하게 하는 데 효과적인 도구이다.

더 나아가, 예전은 공동체의 기억도 증진시킨다. 폴 코너톤에 따르면, "공동체의 기억"(social memory)은 "기념 의식"(commemorative ceremonies)과 "육체의 실행들"(bodily practices)을 통해 만들어진다.[44] 즉 공동체가 행하는 공적인 의식과 육체의 실행들이 공동체의 기억을 만들어 간다는 것이다. 그에 따르면, 공동체의 기억은 "기념 의식"에 의해 유지되는데, 오직 그것들이 "수행적"(performative)일 때에만 유효하다.[45] 공동체의 예전적 시행을 통해 그 공동체는 기억을 효과적으로 유지하고 전수한다. 또한 예전이 지향하는 정체성(identity)이 공동체와 각 개인에게 부여된다. 바꾸어 말하면, 기억에 의해 공동체의 정체성이 결정된다.

공동의 기억(communal remembrance) 내용이 공동체의 정체성을 결정한다. 우리가 공동체의 기억인 역사를 후대에 가르치는 것을 중시하는 이유도 공동체의 기억이 사라지면 정체성 역시 사라지고 세대 간의 소통이 단절되기 때문이다.[46] 예전이 지향하는 내용 또한 그러하다. 예전

---

43 Bruce C. Birch, "Memory in Congregational Life", in *Congregations: Their Power to Form and Transform*, ed. C. Ellis Nelson (Atlanta: John Knox Press, 1988), 33.
44 Connerton, *How Societies Remember*, 7.
45 Connerton, *How Societies Remember*, 4-5.
46 Aleida Assmann, *Erinnerungsraume: Formen und Wandlungen des Kulturellen Gedachtnisses* (München: C. H. Beck, 1999), 13.

을 반복함으로써 기억이 강화되고, 그 내용이 인간의 몸과 정신에 새겨진다. 이런 맥락에서 제임스 스미스는 반복적으로 행해진 예전은 우리의 감정뿐만 아니라, 무의식(unconsciousness)까지도 형성한다고 주장한다.[47] 우리의 의식과 무의식 모두에 영향을 미칠 수 있는 예전은 인간의 정체성 형성에 결정적인 영향을 주어, 우리가 예전을 지킬 때 예전이 우리를 지키고 형성하는 결과로 이끌어 간다.

인간의 변화를 요구한다

예배의 환경 속에서, 예전을 통해 사람은 삼위 하나님과 만나(encounter) 교제한다. 예배 요소들을 행하면서, 그 속에 있는 메시지를 접하고, 자신이 변화해야 할 필요를 느낀다. 앳킨스는 말한다. "구조화된 예전적 예배의 목적은 예배자가 하나님을 경배하고 찬양하는 공동체의 흐름 속으로 들어가게 하는 것이다. 이런 예배는 하나님의 임재에 온전히 열중하게 하고, 나아가 예배자가 어떻게 살아야 하는지를 알려 주시는 하나님의 말씀에 온 신경을 집중하게 한다."[48] 즉 사람은 예배 속에서 하나님 앞에 서서, 말씀을 듣고, 말씀이 구체화된 예전을 행하며, 마음의 결단을 요구받는다는 것이다. 그러므로 예전은 기독교인을 훈련하는(christian discipline) 도구가 될 수 있다.

물론 예전적 참여 자체가 사람의 변화를 자동적으로 보장하지는 않는

---

47 Smith, *Imagining the Kingdom: How Worship Works*, 38.
48 Atkins, *Memory and Liturgy: The Place of Memory in the Composition and Practice of Liturgy*, 111.

다. 예전학자 루이스 와일(Louis Weil)이 말하듯이, "예전은 하나님을 신뢰하는 성향(disposition)을 만들어 내지 않으며 또한 바른 교리를 가르치지도 않는다."[49] 이는 예전이 효과적이지 않다는 것이 아니라, 예전이 마술과 같다고 생각하는 것을 바로잡기 위해서 한 말이다. 단순한 행동의 반복이 반드시 내면의 변화를 보장하는 것은 아니다. 예배 중에 의례를 반복해서 행하는 것은 파블로프의 실험처럼, 사람들을 동물처럼 훈련해서 조건 반사(a conditioned reflex)와 같은 결과를 얻으려는 의도가 아니다.[50] 그러나 하나님의 말씀이 인간의 몸을 통해 표현되는 기독교 예전은 인간의 마음을 훈련하는 도구임이 분명하다.[51]

사람의 변화는 하나님의 손에 달려 있다. 그러나 예전은 우리의 몸을 통해 하나님의 내러티브를 시연(rehearse)하게 만들고, 내러티브와 상징의 구조 안에서 의미를 얻도록 돕는다.[52] 사실 근래에 한국 기독교인들이 비난을 받는 이유는 우리의 앎 또는 고백과 사회 안에서의 실천 사이에 괴리가 있기 때문이다. 교회 안에서는 분명히 말씀의 준수를 강조하고 바른 지식적 앎을 강조해 왔건만, 삶 가운데서는 믿음의 실천이 부족했던 것은 바로 훈련의 도구인 예전의 실행이 부족했기 때문이 아닐까? 예를 들어, 예배 중에 신자의 사회 참여와 의무를 훈련하는 예배 요

---

49 Louis Weil, "Growth in Faith through Liturgical Worship", in *Handbook of Faith*, ed. James Michael Lee (Birmingham: Religious Education Press, 1990), 211.
50 Mark A. Gluck, Eduardo Mercado, and Catherine E. Myers, *Learning and Memory: From Brain to Behavior* (New York: Worth Publishers, 2008), 18-19.
51 Tom F. Driver, *Liberating Rites: Understanding the Transformative Power of Literature* (Charleston: Book Surge Publishing, 2006), 169.
52 Driver, *Liberating Rites: Understanding the Transformative Power of Literature*, 27.

소는 성찬이다. 성찬을 통해 신자는 하나님을 사랑하는 것과 이웃을 사랑하는 것이 연속선상에 있음을 반복적으로 마음에 새기고 결단하는 데까지 나아간다. 그런데 이런 예배의 요소가 없거나 간헐적으로만 시행한다면, 성도들은 충분히 훈련을 받지 못한 채 사회로 나아간다. 그렇다면 이웃 사랑을 실천하는 데 어려움을 느끼는 것이 당연하다. 이럴 때 하나님의 말씀이 개인의 지식의 차원에만 머물러 있을 가능성이 높다.

예전을 시행하는 것은 그 자체로 큰 의미가 있다. 예전학자 사이먼 찬(Simon Chan)은 예전적 예배에 참여하는 것 자체로 이미 영적 증진이 시작되었다고 주장한다.[53] 그는 예전이 신앙의 형성 과정에 얼마나 큰 영향을 주는지를 역설한다. 예배에 참여하면서 사람들은 하나님을 만나며, 하나님을 사랑하는 감정을 가지고, 그분의 뜻에 순종하고자 하는 열망을 키운다. 그러므로 제임스 스미스가 주장하듯이, 우리의 궁극적 사랑은 실천(practices)으로 형성된다.[54] 예전의 시행은 하나님을 향한 애정(affection)을 형성하는 데 가장 필수적이다. 바론 폰 휴겔(Baron von Hugel)은 말한다. "나는 나의 아이를 사랑하기 때문에 뽀뽀를 하지만, 또한 그를 사랑하기 위해 뽀뽀를 한다."[55] 아이를 키워 본 부모라면 누구든지 공감할 수 있는 명제라고 생각한다. 아이를 사랑한다는 마음이 뽀뽀의 행위로 표현되지만, 뽀뽀를 통해 사랑하는 마음이 더 깊어진다. 예전을 행함으로, 사람들

---

53 Simon Chan, *Spiritual theology: A systematic study of the Christian life* (Downers Grove: InterVarsity Press, 1998), 108.
54 Smith, *Desiring the Kingdom: Worship, Worldview, and Cultural Formation*, 27.
55 Donald. M. Baillie, Essay and Address, First Series, 1921, 251, in *The Theology of the Sacraments* (New York: Charles Scribner's Sons, 1957), 108.

은 지혜를 얻을 뿐 아니라 하나님을 향한 사랑을 어떻게 표현하는지를 배운다. 그러므로 예배의 행위는 우리의 변화를 촉진시킨다.

감리교 예전학자인 돈 샐리어스는 예전의 행함이 우리의 지각(perception), 앎(knowing), 감정(feeling)을 만들어 내고, 말씀, 성례, 음악 등의 요소들이 은혜의 그물(web of grace)을 만든다고 주장한다.[56] 예배 요소들이 은혜의 그물을 만들어, 종교적 지식과 감정을 동시에 끌어올리는 시너지 효과를 낸다는 것이다. 예배자들은 예배 순서(ordo)와 요소들을(elements) 학습함으로써 더 효과적으로 변화로 자리로 나아간다.

나가면서

신실한 기독교인은 예배에서 만들어진다. 물론 믿음의 형성에는 인지적 요인이 중요하게 작용한다. 성경 공부와 교리 공부로 바른 지식을 쌓아 가는 것도 중요한 요인 중의 하나이다. 그러나 인간의 이성과 지성의 역할에만 집중하느라, 개신교회는 예전적 예배를 통한 신앙 형성의 가능성을 간과해 왔다.

예전신학의 출발점은 그리스도의 성육신(incarnation)이다. 하나님이 사람들의 연약함을 불쌍히 여기셔서 친히 성육신하셨다. 이 사건은 사람의 육체가 단지 죄에 취약한 존재이거나 영혼에 비해 열등한 기관이 아니라 영적 훈련의 도구가 됨을 증명한다. 인간의 몸과 움직임을 긍정하는 예전신학은 바로 그리스도의 성육신으로부터 출발한다.

---

56 Don E. Saliers, *Worship as Theology: Foretaste of Glory Divine* (Nashville: Abindon Press, 1994), 38.

예전 시행이 신앙 훈련에 효과적인 이유를 마이클 폴라니의 암묵적 지식 이론으로 설명할 수 있다. 비록 우리가 어떤 특정한 주제에 대해 제대로 설명할 수 없을지라도 우리는 언어를 뛰어넘는 이해를 가지고 있다. 즉 사람은 실천을 통해서, 말로 설명할 수 없는 이해의 차원을 경험할 수 있고, 이것이 바로 예전이 주는 유익과 연결된다. 마이클 폴라니는 예전학자가 아니라 기독교 철학자이지만, 그의 이론은 예전학의 전개에 큰 도움을 준다.

예전의 반복은 사람의 기억을 자극하여 기독교의 메시지를 생생하게 떠올릴 수 있게 한다. 그 기억의 내용이 개인과 공동체의 정체성을 형성한다. 그 정체성과 메시지는 개인의 마음속에 변화를 요구하므로, 결국 예전을 행하면서 참여자는 영적 훈련(spiritual discipline)을 받게 된다. 즉 사람이 행하지만, 그 행동이 사람을 변화하게 한다.

본 장에서는 예전신학이 인간을 어떻게 훈련하고 변화시킬 수 있는지를 다루었다. 그동안 한국의 개신교회는 배움과 지식의 축적만을 강조하느라, 정작 예배 자체의 핵심이 교육과 지식 전달을 넘어서는 경축(celebration)에 있음은 간과해 왔다. 로마 가톨릭에 대한 반감 때문에 예전 자체를 지나치게 단순화하거나 없애 버리는 실수를 저지르기도 했다. 이 연구를 통해서, 예전이 신앙 형성에 큰 도움을 주는 도구이며, 근래의 예전 이론이 이를 증명한다는 것을 더 많은 독자가 인지하기 바란다. 그리고 앞으로는 예배 현장에서 예전을 적절히 사용하여 더 신실한 기독교인을 양육하게 되기를 소망한다.

Q&A

1. 신앙 형성의 차원에서, 인간의 육체를 긍정적으로 볼 수 있는 이유는 무엇입니까?

2. 예전적 예배를 드리는 반복적 습관이 신앙의 형성과 성숙에 어떤 영향을 미칠까요? 체현(embodiment)과 의례적 지식(ritual knowledge)의 습득 관점에서 생각해 보세요.

3. 몸은 학습의 중요한 도구로서 어떤 역할을 하나요?

4. 믿음과 예전 실천의 관계를 설명해 보세요.

5. 예전을 통해 신앙이 생기는 세 단계를 적어 보세요.

6. 예전을 반복할 때 생기는 습관은 어떤 종류의 지식을 갖게 합니까? 그 지식의 영향력은 어떠합니까?

7. 예전적 예배에서 형성된 공동체의 기억들은 개인에게 어떠한 영향을 줍니까?

8. 예배드릴 때 신자의 마음이 변화될 수 있을까요? 있다면 어떻게 그것을 설명할 수 있을까요?

9. 예전신학의 출발점이 그리스도의 성육신 사건이라고 할 수 있는 이유는 무엇입니까?

6

예배와 기독교 윤리[1]

예배와 윤리는 어떤 관계가 있을까? 왜 사회적인 사건과 사고에 많은 기독교인들이 연루되어 충격을 줄까?

한국에 복음의 씨앗이 뿌려진 지 백 년이 지났다. 한국 교회는 대각성(great awakening)과 놀라운 성장을 경험해 왔다.[2] 그 결과 한국에는 천만 명가량의 신자가 있으며, 국회의원의 과반수 정도가 기독교인이라는 통계도 있다.[3] 그러나 21세기를 살아가는 한국의 불신자들에게 기

---

1 이 장은 북미의 대표적인 예배학 저널인 *Worship*에 실렸던 필자의 소논문을 요약, 정리한 것이다. Hwarang Moon, "A Liturgical Comparison of the Conservative and Liberation Churches in South Korea and Their Impact on Korea Society", *Worship* 89.3 (May 2015): 214-237.
2 김영재, 『한국교회사』(고양: 이례서원, 2004), 76-79.
3 고병철, 강돈구, 박종수, "한국의 종교 현황", 문화체육관광부, 2011. http://www.mcst.go.kr/web/

독교는 신뢰를 얻지 못하고 있다. 감리교신학대학교대학원 이원규 교수는 한국 사회에서 교회가 직면한 가장 큰 문제는 공적 신뢰(public trust)의 상실이라고 지적한다.[4]

지난 세기에 기독교가 그렇게 성장했는데도 왜 한국 교회는 사회에 그토록 제한된 영향만을 끼쳤을까? 필자는 기독교 예배와 사회 윤리 사이의 불일치가 그 주된 원인이라고 생각한다. 한국 교회는 개인의 성화와 복음 전도를 강조해 왔지만, 한국 사회의 구조적인 악(structural evil)과 소외된 사람들을 향한 문제에 대해서는 예언자적 메시지(prophetic message)를 선포하지 못하였다. 더욱이 언론에 보도된 대형 교회들의 이기주의와 일부 목회자들의 윤리적 문제들은 세상 사람들이 교회가 양적 성장과 개인의 축복에만 관심이 있다고 여기게 하기에 충분했다.

한국의 보수적인 장로교회는 하나님의 초월성(transcendence of God)을 중요시한다. 그리고 개인의 신앙심과 헌신, 전도 중심적인 예배를 강조한다. 그들은 세상 정부를 하나님의 도구로서 인정하면서, 정통 신앙의 본질은 신앙고백과 개혁 전통의 지식에 충실한 것이라고 주장해 왔다. 즉 '정통 실천'(orthopraxis)보다 정통 믿음(orthopistis)에 초점을 두었다. 그러나 북미의 예전학자인 돈 샐리어스가 말하듯이, "예배가 인간 존재의 현실과 분리될 때, 우리는 그 예배의 본질과 의미에 대해 질문을 던져야만 한다. … 예배는 이 세상 가운데서 이루어지는 것이지만, 동시에 기독교적 삶에 대한 가르침 및 실천과 연결된다. 이 예배는 세상 가운데

---

s_data/researchView.jsp?pSeq=1528 (2013년 11월 11일 검색).
4 이원규, 『한국교회 어디로 가고 있나』(서울: 대한기독교서회, 2000), 276.

사는 예배자를 발전시키고, 그에게 방향성을 제시하기 위한 언어와 능력을 부여한다."[5]

그러므로 보수 장로교회가 이야기하는, 하나님에 관한 지식을 쌓는 것에 대한 강조는 하나님과 이웃에 대한 사랑을 강조함으로 조화를 이루어야 한다. 행동이 없는 기독교인은 자기도 모르게 자신의 정체성을 제한하는 셈이 된다. 많은 기독교인이 개인 성장과 축복에만 집중한다. 그러나 "하나님이 주시는 구원의 은혜에 대한 경험은 우리가 처한 구체적인 사회적 관계들이 변화되기 전까지는 실제화되거나 능력을 발휘할 수 없을 것이다."[6]

대조적으로, 한국의 진보적인 교회는 자유주의 신학을 토착화하는 동안에 소외된 사람들을 도왔다. 그들은 지역적 상황과 하나님의 내재성을 강조해 왔다. 사회의 구조적 악과 약한 자들에 대한 억압을 지적하면서, 사회 정의와 변화를 추구해 왔다. 그러나 몇몇 사람의 눈에는 그것이 공산주의자들의 행동처럼 정치적이고 이데올로기적인 의도가 있는 것처럼 보였다. 그리고 그들의 신학과 성경에 대한 관점들이 너무나도 인간 중심적으로 보였다. 하나님께 도움을 요청하기보다는 민중의 힘과 역할을 강조하는 것처럼 느껴졌다. 이러한 점들은 보수 기독교인들이 사회 참여에 적극적으로 관여하는 것을 주저하게 만들었다.

그러면 어떻게 해야 기독교 예배가 정의와 공의가 결여된 메마른 한국 사회에 생명수를 공급할 수 있을까? 필자는 정치적 예전신학(political

---

5 Don E. Saliers, *Worship and Spirituality* (Memphis: Order of St. Luke Publishing, 1996), 20.
6 Saliers, *Worship and Spirituality*, 52.

liturgical theology)이라는 개념이 한국 교회에 필요하다고 생각한다. 이 장에서는 정치적 신학의 개념과 정치적 예전신학이 무엇인지를 살필 것이다. 이어서 하나님의 초월성을 강조하는 입장과 내재성을 강조하는 입장 사이를 조화시키는 균형 잡힌 예전이 예배자들의 눈을 사회 윤리와 이웃의 삶으로 돌리게 하여 결국 기독교 예배를 풍성히 만들 수 있음을 논증할 것이다.

보수 교회의 예배와 신학적 초점

한국 보수 교회의 공예배를 한번 살펴보자. 한 가족이 교회에 도착한다. 아이들은 주일학교로 가고, 어른들은 본당이나 봉사하는 부서로 간다. 예를 들면 주일학교 교사를 하거나 주차 관리, 또는 식사를 준비한다. 규모가 큰 교회에서는 여러 차례에 걸쳐서 예배를 드린다. 젊은 세대는 따로 새들백 교회나 윌로우 크릭 교회의 예배 형태와 유사한 예배를 드리기도 한다.

일반적으로 주일 공예배의 순서는 "모임, 찬양/고백, 중보 기도, 말씀의 선포, 봉헌, 파송"이다.[7] 이중 독립된 중보 기도 순서가 없는 교회도 많다. 장로가 대표 기도를 하면서 사회, 국가, 가난한 자들을 살펴 달라고 언급하기도 하지만 사회 정의나 구조적인 악에 대한 내용보다는 정치가들에게 지혜를 달라고 하는 차원에 집중된다.

---

7   Seung-Joong Joo and Kyeong-Jin Kim, "The Reformed Tradition in Korea", in *The Oxford History of Christian Worship*, eds. Geoffrey Wainwright and Karen B. Westerfield Tucker (New York: Oxford University Press, 2006), 490.

공예배 후 식사가 제공된다. 식사하며 서로 교제를 나누지만 엄밀히 말해서 교제의 폭은 친구들이나 소그룹 일원에 한정되어 있다. 그 후 소그룹 모임에 참여하거나 집으로 돌아가고, 오후 예배 때 한 번 더 모인다. 오후 예배는 열린 예배 형태이거나 "경배와 찬양" 형식에 가깝다. 약 30분 정도 찬양과 예전적 춤을 춘 후 설교나 특별 순서가 이어진다.

한국 보수 장로교회가 부흥회, 성경 공부, 제자 훈련, 기도회를 통해서 성도들의 영적 성숙을 위해 노력하고 있으나, 장로교회의 최종적인 목적은 복음 전도와 교회 성장이다.[8] 그러므로 공예배는 복음 전도에 최적화된 형태이다. 설교와 예배는 기존 신자의 양육보다는 구도자의 회심과 복음 전도에 초점을 맞춘다.[9] 이것은 한국의 선교 초기에 복음을 전하였던 미국 선교사들의 유산이다. 한국 보수 장로교회는 예전적 실천으로 얻을 수 있는 강력하고 적극적인 신앙보다는 듣는 것이 중심이 된 예배에서 얻을 수 있는 수동적이고 내면화된 신앙에 더 큰 영향을 받았다.

목사의 입술을 통해 전달되는 하나님의 말씀은 한국 보수 장로교회의 예배에서 가장 중요한 요소이다. 예전적 요소가 많지 않기 때문에, 신자들은 하나님을 예배하는 것이 곧 말씀을 듣는 것이라고 생각한다. 다른 예전적 실천들은 하나님의 말씀을 듣기 위한 준비 과정으로 간주한다.[10] 예배의 성공과 실패는 설교의 질에 달려 있다. 또한 보수 교회는 예배에서 성구집이나 예배서를 사용하지 않는다. 그래서 설교 본문은 설교자

---

8 이원규, 『기독교의 위기와 희망』(서울: 대한기독교서회, 2003), 141.
9 Kyeong-Jin Kim, "The Context, Contour and Contents of Worship of the Korean Church: Focused on the Presbyterian Church", *Korea Presbyterian Journal of Theology* 44.3 (2012): 84.
10 김영재, 『한국교회사』, 74.

인 목사의 신학적 견해나 의도에 따라 선택된다. 비록 성경 본문의 내용이 신자의 윤리적 삶을 지적한다 할지라도 사회악과 구조적 가난에 대한 예언적인 메시지를 다루는 경우는 적다. 이는 보수 신학의 생각, 즉 설교는 하나님에 관한 언설이며, 예배는 하나님의 영광에 초점을 맞추어야 한다는 개념과 관련이 있다.[11] 많은 보수 교회들은 성경 본문 자체의 의미에 초점을 맞추고, 설교 가운데 인간적 목소리를 극소화하려고 한다. 성경 본문을 객관적으로 연구하려고 노력하기는 하지만, 그 내용을 신자들의 공적 측면이 아니라 개인적 삶에 적용한다.

성찬을 통하여, 참여자들은 공동체의 하나 됨을 경험할 수 있다. 그리고 하나님을 향한 사랑과 이웃을 향한 사랑을 연결할 수 있다. 신학적으로 균형 잡힌 성찬은 행동을 위한 큰 동기를 부여한다. 그러나 보수 장로교회는 일반적으로 성찬을 일 년에 2-4번 행한다.[12] 성찬의 초점은 예수님의 고난과 죄 용서이다. 제임스 화이트가 지적하듯이, 성찬을 통해 예배자들은 "예수님께서 나를 위해 죽으셨다. 그러므로 나는 더 나은 사람이 되어야 한다"라는 메시지를 상기한다.[13] 하지만 안타깝게도 보수 장로교회는 공적 예배서를 사용하지 않는다. 기도의 내용은 담임 목사의 기도 스타일이나 신학적 견해에 의존하는데, 주로 "하나님의 영광", 또는 "예수 그리스도의 구속과 고난", "하나님의 말씀에 순종하는 사람들을 위한 하나님의 축복"을 다룬다. 극소수의 기도만 사회악과 사

11　Calvin, *Institutes*, Ⅳ.i.9.
12　Sam-Woo Park, "A Study on the Renewal of the Presbyterian Worship in Korea" (D. Min. dissertation, Covenant Theological Seminary, 1992), 67.
13　James F. White, *Protestant Worship* (Louisville: John Knox Press, 1989), 181.

회 구조들의 변화에 관심을 둘 뿐이다. 대부분은 정권이나 권위를 지지하면서 현상 유지(status quo)를 추구한다.

한국 장로교회는 수직적 차원의 신앙을 강조하다 보니 고백적 믿음(confessional faith), 교회 출석, 기도 생활, 성경 공부, 복음 전도와 헌금에 집중하게 되었다.[14] 하나님에 대한 사랑을 이웃 사랑으로 연결해 주는 훈련 요소가 예배 안에 많지 않다. 이웃과 사회에 대한 사랑을 표현하는 직접적인 실천의 기회가 거의 없어서, 신자들이 생각하고 행하는 교회의 사회적 의무는 자선 활동으로 가난한 자들을 돕는 선에 머물러 있다. 사회봉사를 위한 예산은 일반적으로 교회 재정의 5퍼센트 이내이다.[15] 보수 교회들은 하나님의 초월성을 강조함으로써 개인의 구원과 축복, 복음 전도에만 집중했고 사회적 성화나 개혁에는 크게 관심을 두지 않았다. 실제로 많은 장로교 목사들이 국회 조찬 기도회에서 예언자적 메시지를 전하기보다는 현 정권의 안정과 복을 위해 기도한다.[16]

민중신학의 세계관: 사회 참여에 대한 강조

예배와 사회 참여의 관계에 대한 한국 자유주의 교회들의 신학적 견해는 무엇인가? 민중신학은 상황신학과 일종의 자유주의신학에서 나온 것으로, 한국적 상황 속에서 태동했다. 현재는 한국 교회 안에서 민중신학의 영향력이 감소했으나, 이것이 교회와 사회 개혁을 연결하는 민중

---

14 이원규, 『기독교의 위기와 희망』, 143.
15 이원규, 『기독교의 위기와 희망』, 152.
16 김지방, 『정치교회』(서울: 교양인, 2007), 76.

신학자들의 노력의 가치까지 감소시키지는 않는다. 초창기 민중신학자들은 사회 문제와 서구 신학의 약점들을 중점적으로 연구했지만, 이후의 학자들은 하나님과 나, 나와 이웃의 관계 문제를 해결하는 것에 연구의 초점을 맞추었다.[17] 민중 교회는 소외받은 계층들의 삶과 사회 제도 자체의 변혁에 깊은 관심을 가져 왔다.

그들은 어떻게 성경을 해석하는가? 민중신학자 안병무는 한국 보수 교회들이 성경을 독단적인 서양식 접근으로 해석함으로써, 성경을 왜곡했다고 비판한다. 그에 따르면, 한국 보수 교회는 하나님의 주권과 개인의 구원을 강조하는 교의를 정당화하려고 노력한다. 나아가 그는 보수 교회들이 교리 고백을 본문으로, 성경 자체는 참고 문헌(reference text)으로 취급한다고 개탄한다.[18] 민중신학자들은 또한 한국 보수 교회들이 가난한 자들과 억압받는 자들의 필요를 충족해 주지 못했다고 주장한다. 보수 신학과 보수 교회가 하나님의 초월성과 개인의 영적 성장을 강조할 뿐 사회의 구조 변혁에는 충분히 주의를 기울이지 않았다고 한다.[19] 이에 대한 대안으로, 민중신학은 민중을 성경을 읽기 위한 패러다임으로 간주한다. 그들의 주장에 따르면, 성경은 민중의 삶과 자유의 투쟁에 대한 기록이기 때문에, 성경의 전체 문맥을 민중의 자유라는 역사

---

17 정강길, "21세기에도 민중신학은 여전히 표류할 것인가?" http://www.freeview.org/bbs/board.php?bo_table=d001&wr_id=2 (2013년 10월 31일 검색).
18 Byung-Mu Ahn, "Jesus and People", in *Asian Faces of Jesus*, ed. R. S. Sugirtharajah (New York: Orbis Books, 1993), 165.
19 Nam-Dong Suh, "Toward a Theology of Han", in *Minjung Theology* (New York: Orbis Books, 1983), 55-69.

에서 읽을 수 있으며, 이것은 동시대의 민중 사건과 연결된다.[20]

그렇다면 민중신학의 성경적 기초는 무엇인가? 서남동은 "구약 성경에 기록된 출애굽 사건은 민중신학을 위한 하나의 패러다임이다"[21]라고 말한다. 그는 소외받은 사람들과 출애굽한 이스라엘 백성을 한국 민중과 동일시한다. 사회적, 경제적 사건으로서, 출애굽은 역사 속에서 하나님의 간섭을 나타내는 패러다임 또는 원형(archetype)이다. 하나님의 간섭하심은 오늘날에도 계속된다.[22]

서남동은 교회가 출애굽을 단지 종교의 영역에서만 해석해 왔다고 비판한다. 그래서 그 사건의 사회적, 경제적 의미와 혁명적 힘을 간과했다고 한다.[23] 민중신학자들은 교회가 민중의 개념을 이론적으로만 생각하면 그 개념은 추상적이고 현실에서 멀어질 것이라고 주장한다. 그래서 "민중이 무엇인가?" 대신에 "누가 민중인가?"를 물어야 한다고 주장한다.[24]

민중신학자들은 민중을 정치적, 경제적, 사회적, 문화적으로 소외되거나 고립되고, 취약한 계층을 포함하는 복합적인 개념으로 이해한다.[25] 민중신학의 신학적 패러다임은 민중의 "사회적 전기"이다. 안병무는 "마

20　권진관, 『예수, 민중의 상징. 민중, 예수의 상징』(서울: 동연, 2009), 266.
21　Nam-Dong Suh, "Historical References for a Theology of Minjung", in *Minjung Theology* (New York: Orbis Books, 1983), 158.
22　서남동, "두 이야기의 합류", 『민중과 한국신학』(서울: 한국신학연구소, 1982), 240.
23　Nam-Dong Suh, "Historical References for a Theology of Minjung", in *Minjung Theology*, 158.
24　김용복, "민중의 사회전기와 신학", 『민중과 한국신학』(서울: 한국신학연구소, 1982), 372.
25　Young-Hak Hyun, "A Theological Look at the Mask Dance in Korea", in *Minjung and Korean Theology* (New York: Orbis Books, 1983), 51.

가의 예수님의 삶과 운명에 대한 묘사는 개인에 대한 전기가 아니라 민중의 사회적 전기이다"라고 주장한다.[26] 그는 마가복음에 반복해서 나오는 "무리"(ὄχλος, ochlos)를 한국식 독법으로 읽어, 민중으로 해석한다. ochlos를 인민(프롤레타리아)이 아닌 민중으로 번역하는데, 이는 민중이 압제와 억압 속에서 살고 있는 사람들을 포함하기 때문이다. 그에 따르면, 마가복음에 36번 나오는 "ochlos"는 예수님을 따르고 그분 주위에 모였던 사람들을 지칭한다. 즉 가난이나 소외와 연관된 사회 계층의 개념이 아니라 관계를 나타내는 개념이다.[27]

안병무의 주장에 따르면 "예수님", "메시아", "하나님의 아들"은 집합적 용어이며, 예수님은 민중과 분리될 수 없다. 민중신학자들은 마가복음에 나오는 치유 이야기들을 예수님의 행동이 아니라 민중의 잠재력이라는 측면에서 이해한다. 예수님이 가지신 치유의 힘은 민중의 뜻에 맞을 때 완성될 수 있다는 것이다.[28] 이렇게 해석하는 사람들은 하나님의 섭리를 기다리는 일보다 민중의 힘으로 무언가를 직접 실천하는 일이 더 중요하다고 생각한다. 민중신학은 하나님의 나타나심을 역사적 주체로 만들면서 하나님의 역사적 주권의 맥락 속에서 민중의 사회적 전기를 발전시킨다. 이것을 기초로 하여 김용복은 한국 민중의 모든 혁명을 메시아적 운동으로 간주한다. 그리고 이것들을 "하나님의 선교"(missio Dei)의 관점에

---

26 안병무, "마가복음에서 본 역사의 주체", 『민중과 한국신학』(서울: 한국신학연구소, 1982), 177.
27 Byung-Mu Ahn, "Jesus and the Minjung in the Gospel of Mark", in *Minjung Theology* (New York: Orbis Books, 1983), 142.
28 Byung-Mu Ahn, "Jesus and People", 169.

서 이해해야만 한다고 주장한다.²⁹ 민중은 한을 품으며 살아온 오랜 역사 속에서 사회적 현실(reality)에 의해 탄생하였다. 그러므로 민중신학은 교회가 민중 가운데 맺힌 한을 풀어 주어야 한다고 주장한다. "단"(斷)을 통해 한은 영적인 힘의 부분이 될 수 있다. 그리고 교회는 급진적 개혁자들을 위한 지성소가 될 수 있다.³⁰

민중신학의 본질은 민중의 해방 경험과 예수님이 행하신 일들을 오늘날 다시 행하는 민중 사건 그 자체이다.³¹ 전통적 기독론과 그 해석들은 예수님이 나를 위해 죽었다고 말한다. 반면 민중신학의 성령론적 해석은 내가 예수님을 재현(re-enact)하는 데 중점을 둔다. 가장 중요한 주제는 성령의 현재적 사역이다. 성경과 성경적 전통이 역사적 전거(典據)가 된다. 민중신학은 성경 본문과 상황(콘텍스트)의 분리를 반대한다.³² 왜냐하면 민중 사건이 텍스트와 콘텍스트 안에서 일어나기 때문에, 민중신학의 텍스트는 민중 사건이 되고, 그 콘텍스트는 성경과 현재의 실천(프락시스)이 될 수 있다는 것이다.³³

민중신학의 장점은 소외된 자들의 상황에 민감하게 반응하며, 성도들에게 사회 참여를 적극적으로 격려한다는 것이다. 이 신학의 약점은 그것이 그리스도인의 삶 속에서 예수님 중심적인 감각에 해를 준다는 점

---

29 Yong-Bok Kim, "Messiah and Minjung", in *Minjung Theology: People as the Subjects of History*, ed. CTC-CCA (New York: Orbis Books, 1983), 188.
30 Nam-Dong Suh, "Toward a Theology of Han", 61-62.
31 안병무, "마가복음에서 본 역사의 주체", 183.
32 권진관, 『예수, 민중의 상징. 민중, 예수의 상징』, 385.
33 이문균, 『포스트모더니즘과 기독교 신학』(서울: 대한기독교서회, 2000), 192-93.

이다. 민중신학은 민중의 자유를 강조하기 때문에, 예수님이 인간의 구원을 위해 행하신 독특한 사역, 즉 하나님의 아들로서 행하신 모든 사역을 특별하지 않은 것으로 만들어 버린다. 덧붙여서, 민중 교회는 정치적 의무의 경계를 정해야 한다. 교회가 민중의 한을 어느 정도까지 풀어 주어야 하는지 신학적으로 깊이 숙고해 보아야 한다. 이에 대해 본회퍼(Dietrich Bonhoeffer)는 다음과 같이 말한다.

만약 원칙적으로 말해 교회의 말이 받아들여지지 않는다면, 교회에 남아 있는 유일한 정치적 책임은 적어도 교회 내에서 도시에서는 더는 찾아볼 수 없는 외적 정의라는 질서를 확립하고 유지하는 것이다. 이렇게 함으로써 교회는 자기만의 정치적 역할을 감당할 수 있다. 그렇다면 그리스도인 개인에게 정치적 책임이 있을까? 당연히 각 그리스도인에게는 정부의 정치적 행위에 대한 책임을 물을 수 없을 것이고, 그에 대해 책임을 져서도 안 될 일이다. 하지만 신자는 자기 믿음과 자선으로 인해 자신의 소명과 자기 삶의 영역에 대한 (그것이 얼마나 크든지 작든지에 관계없이) 책임이 있다.[34]

본회퍼는 복음의 본질이 단순히 세상의 문제들을 해결하는 데 있지 않다고 믿는다. "예수님의 말씀은 인간의 질문들과 문제들에 대한 대답이 아니다. 그것은 하나님이 인간에게 주시는 질문에 대한 하나님의 대답이다. … 그것은 해결책이 아니라 구원이다."[35] 본회퍼는 교회가 사회

---

34 Dietrich Bonhoeffer, *Ethics* (New York: A Touchstone Book, 1995), 345.
35 Bonhoeffer, *Ethics*, 350.

를 섬길 의무가 없다고 말하지 않는다. 그는 오히려 이 질문 자체가 잘못되었다고 비판한다. "교회는 인간을 위해 무엇을 해야 하는가"라고 묻기 전에, 하나님이 인간에게 무엇을 질문하시고 그에 대해 어떻게 대답하시는지를 파악해야 한다고 주장한다. 하나님의 질문과 대답을 돌아보는 "올바른 출발 지점"을 기억할 때, 교회는 자신의 사명을 진정으로 발견할 수 있다.[36]

나가면서: 예전적 실천을 위한 결론들

이 장에서는 한국 교회의 예배가 왜 사회 개혁과 연결되지 못했는지를 연구하기 위하여 진보 교회의 가르침과 보수 교회의 신학적, 실천적 강조점들을 비교하였다. 한국의 보수 교회는 하나님의 초월성을 강조한다. 그리고 예수님 중심적인 성경 해석을 중요시한다. 개인의 영성과 내적 성장에 초점을 두므로 사회 제도와 사회 정의의 개혁에는 깊이 관여하지 않는다. 신자 개인의 사회적 의무와 사회를 위한 행동에는 그리 집중하지 않는 것이다. 이와는 대조적으로 민중 교회는 하나님의 내재성에 초점을 두며 사회 변혁을 우선시한다. 하지만 그들의 주장은 많은 한국 신자들에게 지지를 받지 못했다. 그들은 상황을 중요시하고, 성경 본문 자체에 집중하기보다는 인간의 역할을 강조한다.[37] 보수 교회와 진보 교회의 이러한 차이가 각기 다른 사회 참여 방법을 이끌어 냈다.

---

36 Bonhoeffer, *Ethics*, 356.
37 김경재, "민중신학의 신학사적 의미와 그 평가", 『한국 민중신학의 조명』(서울: 대화출판사, 1984), 106.

존 하워드 요더는 교회를 세 개의 범주로 나누었다. "행동주의 교회"(activist church), "회심주의 교회"(conversionist church), 그리고 "고백 교회"(confessing church)이다.[38] 행동주의 교회는 교회 자체의 개혁보다는 더 나은 사회를 건설하는 것에 중심을 둔다.[39] 이 교회는 한국의 민중 교회와 아주 유사하다. 회심주의 교회는 개인의 영성과 신앙의 성장에 초점을 두고, 정치적 행동을 교회 자체의 영역에 국한한다. 이것은 한국의 보수 교회의 견지와 매우 유사하다. 고백 교회는 개인의 회심이나 사회의 변화에 초점을 맞추지 않는다. 청중이 자신의 삶 전체를 통하여 하나님을 예배하도록 결단하는 일을 돕는다. 즉, 예배와 사회 참여 사이를 연결하는 출발점은 하나님의 내재성과 초월성의 개념들을 표현하는(demonstrate) 균형 잡힌 예전적 예배(liturgical worship)가 되어야 한다. 균형 잡힌 예배의 실천은 참여자들로 하여금 하나님에 대한 사랑이 이웃 사랑으로 연결되어야 한다는 당위를 생각하게 한다. 결국 신학적으로 균형 잡힌 예전과 예배의 실천은 참여자들을 사회의 개혁으로 나아가도록 돕는다.

이러한 논의들은 다음의 질문을 야기한다. "예배가 정치적일 수 있는가?" 회중이 예배에 참여함으로써 변화된다면, 그리고 그들이 세상 속에서 빛과 소금의 역할을 감당하며 대안 사회를 구성한다면, 예배가 정치적이라고 말할 수 있지 않을까? 필자는 예배란 정치적이며(political), 정치적이어야만 한다고 생각한다. 이는 예배 때 정치적 이슈를 다루거나 정치적

---

38 John Howard Yoder, "A People in the World: Theological Interpretation", in *The Concept of the Believer's Church*, ed. James Leo Garrett, Jr. (Scottsdale: Herald Press, 1969), 250-83.
39 Stanley Hauerwas and William H. Willimon, *Resident Alien* (Nashville: Abingdon Press, 1989), 44.

행동을 취하도록 사람들을 선동해야 한다는 의미가 아니다. 또한 특정 정당을 지지하거나 사람들을 의식화하는 설교를 하라는 말이 절대 아니다.

베른트 베넨베치(Bernd Wennenwetsch)는 말한다. "중보 기도자가 특정 청중, 청중을 이루는 각 개인, 청중 전체의 필요를 하나님 앞에 가져갈 때, 그리고 이렇게 직접적인 대상의 필요를 알게 되어 마을, 도시, 국가, 세상을 위해 동일하게 구체적인 방식으로 기도할 때, 예배는 정치적인 것이 된다." 베넨베치는 또한 "분명하게 제시된 예전적 역할과 함께, 확립된 예배 언어 및 계발된 형태의 중보 기도를 통해" 청중은 윤리적으로 성장하는 과정을 거치며, 이 능력을 통해 사회의 변혁이 가능하다고 본다.[40]

그러므로 예배는 하나님으로부터 받은 사랑의 상황 속에서, 사람들의 눈을 공적 영역으로 향하도록 할 때 정치적이라고 부를 수 있다.[41] 즉 개인의 문제 해결과 기도 응답의 차원에 우리의 신앙이 머물지 아니하고, 하나님으로부터 받은 사랑을 생각하며 그 사랑을 이웃과 사회에 흘려보내야겠다고 다짐하는 행위, 그것이 바로 정치적이라는 뜻이며, 결국 정치적 예배라는 단어를 사용할 수 있는 근거이다. 그러므로 독자들은 이 단어가 이데올로기적인 말이 아님을 이해하기 바란다.

하나님의 초월성이 우선한다는 사실을 인정하고, 또한 이웃에게 관심을 둘 때, 바로 그때, 예배 가운데 하나님의 초월성과 내재성이 조화롭게 하나가 된다. 나아가 이 예배는 칭의뿐 아니라 성화의 영역으로 확

---

40 Bernd Wannenwetsch, *Political Worship: Ethics for Christian Citizens* (Oxford: Oxford University Press, 2004), 76.
41 Wannenwetsch, *Political Worship: Ethics for Christian Citizens*, 27.

장된다. 그래서 개인의 의로움이 사회적 성화 차원으로 범위가 넓어진다. 물론 자동적으로 그렇게 되지는 않는다. 신자는 이웃의 영적, 육적인 복지를 위해 마음을 쓰게 하는 의도적 예전(intentional liturgy)으로 훈련받아야 한다. 예를 들어, 중보 기도, 이웃을 위한 헌신, 그리고 하나님의 구원 역사를 기억하며 종말론적 왕국을 기대하게 하는 성찬은, 성도들에게 사회 참여에 대한 의식을 불어넣는다.

한국의 보수 교회는 하나님에 대한 사랑이 반드시 이웃과 사회를 향한 사랑으로 나아가야 함을 인지해야 한다. 바깥 세계를 향한 예배자들의 인식은 중보 기도, 가난한 자들을 위한 연보, 그리고 전통적 성찬 신학뿐만 아니라 종말론적 특성을 내포한 성례를 통해서도 자란다. 민중 교회는 예배란 하나님이 먼저 다가오시는 사건이라는 진리를 반드시 기억해야 한다. 우리가 예배를 드릴 수 있는 것은 하나님이 우리를 초청해 주셨기 때문이다.

우리가 드리는 예배와 우리가 말로 하는 신앙고백은 타인이 처한 삶의 어려운 상황들로 향해야 한다. 이것이 진정한 영성이다. 그러나 복음 그 자체의 중요성도 유지해야 한다.[42] 근래에 복음 전도가 매우 힘들어졌고, 교회는 신뢰성을 점점 잃어 가고 있다. 이 시점에서, 한국 교회의 발전과 미래를 위하여, 교회가 사회와 사회 참여의 문제에 어떻게 관여할 것인지를 다루는 해석학적 관점들을 필히 재점검해 보아야 한다.

---

42 김균진, "민중신학의 신학사적 위치와 의의", 『서남동과 오늘의 민중신학』, 죽재 서남동 기념사업회 엮음(서울: 동연, 2009), 48-53.

Q&A

1. 한국의 보수신학과 민중신학은 하나님의 초월성과 내재성, 개인적 영성과 사회 정의 구현에 대해 각각 어떠한 입장을 취하나요?

2. 보수신학과 민중신학의 성경관은 어떤 차이점이 있나요?

3. 민중신학에서는 텍스트(성경 본문)와 콘텍스트(상황)와의 관계를 어떻게 설명하나요?

4. 존 하워드 요더는 교회를 몇 개의 범주로 나누었나요? 각 교회의 신학적 특성과 사회 참여에 대한 견해를 설명해 보세요.

5. "예배는 정치적(political)이다"라는 명제는 어떤 뜻인가요?

6. "정치적 예배"(political worship)라는 것이 예전에서 어떻게 구현되나요? 이 장에 나오는, 의도적 예전(성찬과 중보 기도)이 무엇인지 서술해 보세요.

7. 교회는 사회 참여에 대해 어떤 태도를 취해야 할까요? 거기에는 어떤 한계가 있을까요? 적절한 가이드라인에 대해 서로 토론해 봅시다.

7

세례에 대한 신학적 이해와 기획

세례는 하나님이 우리에게 주신 은혜의 방편이며 교회로 들어오는 입문을 의미한다. 나아가 신자의 기독교 정체성을 형성하고 이후의 신앙생활을 지탱하게 해 주는 중요한 예식이기도 하다. 본 장에서는 성경이 세례에 대해 어떻게 말하는지, 세례식의 다양한 실천이 무엇을 의미하는지 살펴보고자 한다. 또한 세례의 의문점에 대해 답해 보고자 한다. 그리고 세례식 기획에 필요한 여러 제안도 다루어 보겠다.

세례에 관한 성경적 이해

성경에는 세례와 관련된 구절이 많이 나온다. 세례는 제자도, 고난, 구원, 성령을 받음, 새로운 탄생, 죄 용서/죄 씻음, 매장, 교회로 들어가는

편입, 그리스도라는 새 옷을 입음, 몸의 연합 등과 밀접하게 연관된다.[1]

1) 제자도

열한 제자가 갈릴리에 가서 예수께서 지시하신 산에 이르러 예수를 뵈옵고 경배하나 아직도 의심하는 사람들이 있더라 예수께서 나아와 말씀하여 이르시되 하늘과 땅의 모든 권세를 내게 주셨으니 그러므로 너희는 가서 모든 민족을 제자로 삼아 아버지와 아들과 성령의 이름으로 세례를 베풀고 내가 너희에게 분부한 모든 것을 가르쳐 지키게 하라 볼지어다 내가 세상 끝날까지 너희와 항상 함께 있으리라 하시니라(마 28:16-20)

세례를 준다는 것은 제자를 삼는다는 뜻이다. 초대교회는 세례를 남발하지 않았다. 히폴리투스의 〈사도전승〉을 보면 세례 예비자 교육 기간이 무려 삼 년이었다.[2] 교회가 세례를 받는 이들의 직업, 삶, 가정생활, 이웃 관계 등을 확인하였다. 그들이 세상과 가정에서 어떤 모습으로 살고 있는지를 점검하고, 신앙과 삶을 연결하여 변화되도록 했음을 알 수 있다.

최근 한국 기독교가 세상 속에서 빛과 소금의 역할을 감당하지 못하는 것은 교회가 한 사람 한 사람 신실한 제자를 세우는 데 진력하지 않았기 때문이다. 초대교회처럼 오랫동안 훈련할 수는 없겠지만, 각 교단

---

1 세례의 열 가지 의미와 관련된 성경 구절은 Witvliet의 2007년 칼빈 신학교 강의안에서 가져왔다. Witvliet의 허락을 받아 사용하였음을 알린다.
2 Paul F. Bradshaw, Maxwell E. Johnson, and L. Edward Phillips, *The Apostolic Tradition* (Minneapolis: Fortress Press, 2002), 96.

별로 세례 준비 기간에 사용할 교재를 만들고 양육 프로그램을 개발해야 한다. 로마 가톨릭에서는 한 명의 교인을 양육하기 위해 RCIA(Rite of Christian Initiation of Adults) 과정에서 철저하게 교육을 시행한다.

2) 고난

세베대의 아들 야고보와 요한이 주께 나아와 여짜오되 선생님이여 무엇이든지 우리가 구하는 바를 우리에게 하여 주시기를 원하옵나이다 이르시되 너희에게 무엇을 하여 주기를 원하느냐 여짜오되 주의 영광 중에서 우리를 하나는 주의 우편에, 하나는 좌편에 앉게 하여 주옵소서 예수께서 이르시되 너희는 너희가 구하는 것을 알지 못하는도다 내가 마시는 잔을 너희가 마실 수 있으며 내가 받는 세례를 너희가 받을 수 있느냐 그들이 말하되 할 수 있나이다 예수께서 이르시되 너희는 내가 마시는 잔을 마시며 내가 받는 세례를 받으려니와(막 10:35-39)

형제들아 나는 너희가 알지 못하기를 원하지 아니하노니 우리 조상들이 다 구름 아래에 있고 바다 가운데로 지나며 모세에게 속하여 다 구름과 바다에서 세례를 받고 다 같은 신령한 음식을 먹으며 다 같은 신령한 음료를 마셨으니 이는 그들을 따르는 신령한 반석으로부터 마셨으매 그 반석은 곧 그리스도시라 그러나 그들의 다수를 하나님이 기뻐하지 아니하셨으므로 그들이 광야에서 멸망을 받았느니라(고전 10:1-5)

예수님을 따른다는 공적 표지인 세례는 이 세상에서 잘되고 복 받는 영광의 길을 보장하지 않는다. 오히려 그분과 함께 고난을 받을 것을 각오해야 한다. 세례받기 이전에 누린 삶의 패턴을 성경 말씀에 맞추어 바꾸는 일은 결코 쉽지 않다. 예수님을 믿기에 포기해야 할 것들이 많다. 평생을 그렇게 살아가야 한다. 이러한 차원에서 세례는 고난과 포기의 시작이다.

3) 구원

그 후에 열한 제자가 음식 먹을 때에 예수께서 그들에게 나타나사 그들의 믿음 없는 것과 마음이 완악한 것을 꾸짖으시니 이는 자기가 살아난 것을 본 자들의 말을 믿지 아니함일러라 또 이르시되 너희는 온 천하에 다니며 만민에게 복음을 전파하라 믿고 세례를 받는 사람은 구원을 얻을 것이요 믿지 않는 사람은 정죄를 받으리라 믿는 자들에게는 이런 표적이 따르리니 곧 그들이 내 이름으로 귀신을 쫓아내며 새 방언을 말하며 뱀을 집어올리며 무슨 독을 마실지라도 해를 받지 아니하며 병든 사람에게 손을 얹은즉 나으리라 하시더라 (막 16:14-18)

세례라는 외적 의식 자체가 구원을 자동으로 보장하지는 않는다. 개신교는 로마 가톨릭의 "사효성"(ex opere operato: 교회가 성례를 시행하면 그 자체로 은총이 반드시 주어진다는 견해이다)을 반대한다. 성례는 신자의 믿음이라는 반응을 요구한다. 믿음으로 받은 세례는 구원의 강력한 보증이며, 한평생 든든한 보호막이다. 마르틴 루터는 악한 마귀가 그의 양심을 정죄할 때마다, "나는 세례를 받았다"라고 외치며 영적 싸움을 벌였다. 세례는 구원받은 신자의 정체성을 형성할 뿐 아니라 고난받을 때 힘이 되어 주는 중요한 성례이자 예식임이 분명하다.

4) 성령을 받음

백성들이 바라고 기다리므로 모든 사람들이 요한을 혹 그리스도신가 심중에 생각하니 요한이 모든 사람에게 대답하여 이르되 나는 물로 너희에게 세례를 베풀거니와 나보다 능력이 많으신 이가 오시나니 나는 그의 신발끈을 풀기도 감당하지 못하겠노라 그는 성령과 불로 너희에게 세례를 베푸실 것이요 손에 키를 들고 자기의 타작 마당을 정하게 하사 알곡은 모아 곳간에 들이고 쭉정이는 꺼지지 않는 불에 태우시리라(눅 3:15-17)

예루살렘에 있는 사도들이 사마리아도 하나님의 말씀을 받았다 함을 듣고 베드로와 요한을 보내매 그들이 내려가서 그들을 위하여 성령 받기를 기도하니 이는 아직 한 사람에게도 성령 내리신 일이 없고 오직 주 예수의 이름으로 세례만 받을 뿐이더라 이에 두 사도가 그들에게 안수하매 성령을 받는지라(행 8:14-17)

베드로가 이 말을 할 때에 성령이 말씀 듣는 모든 사람에게 내려오시니 베드로와 함께 온 할례 받은 신자들이 이방인들에게도 성령 부어 주심으로 말미암아 놀라니 이는 방언을 말하며 하나님 높임을 들음이러라 이에 베드로가 이르되 이 사람들이 우리와 같이 성령을 받았으니 누가 능히 물로 세례 베풂을 금하리요 하고(행 10:44-47)

성경에는 세례와 성령 받음에 대한 언급이 여러 번 나온다. 신약학자들과 조직신학자들은 세례와 성령 받음의 선후 관계에 초점을 두고 이 단락들을 연구한다. 사도행전 19장에서는 물세례 후 성령이 임한다. 고넬료 가정의 회심 사건에서는 성령을 받은 후에 그리스도의 이름으로 세례를 받는다. 사도행전 8장에서는 독특하게도, 물세례를 받은 후 나중에 베드로와 요한이 안수하자 성령이 임한다. 세례신학을 논할 때, 선후 관계를 따지기보다는 세례와 성령 수여가 관련이 있다는 점을 기억해야 한다. 초대교회에서는 세례와 성령 수여가 관련이 있다는 것이 도유를 행하는 예배 실천 행위로 나타나기도 하였다.

5) 새로운 탄생

니고데모가 이르되 사람이 늙으면 어떻게 날 수 있사옵나이까 두 번째 모태에 들어갔다가 날 수 있사옵나이까 예수께서 대답하시되 진실로 진실로 네게 이르노니 사람이 물과 성령으로 나지 아니하면 하나님의 나라에 들어갈 수 없느니라 육으로 난 것은 육이요 영으로 난 것은 영이니(요 3:4-6)

우리 구주 하나님의 자비와 사람 사랑하심이 나타날 때에 우리를 구원하시되 우리가 행한 바 의로운 행위로 말미암지 아니하고 오직 그의 긍휼하심을 따라 중생의 씻음과 성령의 새롭게 하심으로 하셨나니 우리 구주 예수 그리스도로 말미암아 우리에게 그 성령을 풍성히 부어 주사 우리로 그의 은혜를 힘입어 의롭다 하심을 얻어 영생의 소망을 따라 상속자가 되게 하려 하심이라(딛 3:4-7)

세례를 통해 우리는 새롭게 태어난다. 이를 신학 용어로 "중생"이라고 표현한다. 예수님은 니고데모에게 물과 성령으로 나지 않으면 하나님 나라에 들어갈 수 없다고 하셨다. 여기서 "물"이 세례를 의미한다. 물에 들어갔다가 나오는 것은 수세자(受洗者)가 새롭게 태어났음을 상징한다. 세례 예식은 이 새로운 탄생이라는 의미를 살릴 수 있어야 한다. 〈사도전승〉에는 세례와 성찬을 베풀 때 유아들이 먹는 음식인 우유와 꿀을 주었다는 내용이 나온다.[3] 젖과 꿀은 이스라엘이 이집트의 종살이에서 벗어나 약속의 땅으로 들어간 것을 상징한다. 우유와 꿀을 먹는 관습은 〈사도전승〉이 기록되었을 당시 사람들이 세례와 새로운 탄생을 연관해서 생각했다고 볼 수 있다.

6) 죄 용서/죄 씻음

베드로가 이르되 너희가 회개하여 각각 예수 그리스도의 이름으로 세례를 받고 죄 사함을 받으라 그리하면 성령의 선물을 받으리니(행 2:38)

---

3 Paul F. Bradshaw, Maxwell E. Johnson, and L. Edward Phillips, *The Apostolic Tradition*, 120.

율법에 따라 경건한 사람으로 거기 사는 모든 유대인들에게 칭찬을 듣는 아나니아라 하는 이가 내게 와 곁에 서서 말하되 형제 사울아 다시 보라 하거늘 즉시 그를 쳐다보았노라 그가 또 이르되 우리 조상들의 하나님이 너를 택하여 너로 하여금 자기 뜻을 알게 하시며 그 의인을 보게 하시고 그 입에서 나오는 음성을 듣게 하셨으니 네가 그를 위하여 모든 사람 앞에서 네가 보고 들은 것에 증인이 되리라 이제는 왜 주저하느냐 일어나 주의 이름을 불러 세례를 받고 너의 죄를 씻으라 하더라(행 22:12-16)

일반적으로 물은 씻는 행위와 관련이 있다. 세례에서도 물은 우리의 더러운 죄를 씻어 낸다는 강력한 상징적인 의미가 있다. 세례와 성찬에서는 표징(sign)과 의미(thing signified)가 긴밀하게 연결되어 있다. 세례에는 물이, 성찬에는 포도주와 빵(혹은 떡)이 사용되는데 표징 자체가 예식의 의미와 연관이 있다. 마르틴 루터는 처음에는 세례와 성찬, 그리고 참회도 성례로 보았지만, 나중에는 참회를 제외하였다. 참회에는 예식의 의미를 나타내는 외적 표징이 없기 때문이다.[4]

어떤 목회자들은 예전의 토착화를 주장하며 포도주 대신 막걸리를 사용하는 것은 어떤지 질문하기도 한다. 포도주가 없는 곳이라면 모르겠지만, 표징과 의미의 긴밀한 연관성의 차원에서, 막걸리는 예수님의 피를 떠올리게 하지 않는다. 표징과 그것의 의미를 극단적으로 분리하면 그 의식의 원래 의도를 잃어버릴 가능성이 크다.

---

4 Martin Luther, "The Babylonian Captivity of the Church", in *Luther's Works*, Vol. 36 (Philadelphia: Muhlenberg Press, 1959), 18.

7) 매장

그런즉 우리가 무슨 말을 하리요 은혜를 더하게 하려고 죄에 거하겠느냐 그럴 수 없느니라 죄에 대하여 죽은 우리가 어찌 그 가운데 더 살리요 무릇 그리스도 예수와 합하여 세례를 받은 우리는 그의 죽으심과 합하여 세례를 받은 줄을 알지 못하느냐 그러므로 우리가 그의 죽으심과 합하여 세례를 받음으로 그와 함께 장사되었나니 이는 아버지의 영광으로 말미암아 그리스도를 죽은 자 가운데서 살리심과 같이 우리로 또한 새 생명 가운데서 행하게 하려 함이라(롬 6:1-4)

누가 철학과 헛된 속임수로 너희를 사로잡을까 주의하라 이것은 사람의 전통과 세상의 초등학문을 따름이요 그리스도를 따름이 아니니라 그 안에는 신성의 모든 충만이 육체로 거하시고 너희도 그 안에서 충만하여졌으니 그는 모든 통치자와 권세의 머리시라 또 그 안에서 너희가 손으로 하지 아니한 할례를 받았으니 곧 육의 몸을 벗는 것이요 그리스도의 할례니라 너희가 세례로 그리스도와 함께 장사되고 또 죽은 자들 가운데서 그를 일으키신 하나님의 역사를 믿음으로 말미암아 그 안에서 함께 일으키심을 받았느니라(골 2:8-12)

초대교회에서는 침례의 형태로 세례를 행했다. "내가 믿습니다"(credo) 라고 신앙고백을 한 후 수세자가 물속으로 들어갔다. 물속에 들어갔다가 나오는 행위는 신자가 죄에 대해서 죽고, 그리스도와 함께 살아났다는 점을 상징적으로 보여 준다.

8) 교회로 들어가는 편입

몸은 하나인데 많은 지체가 있고 몸의 지체가 많으나 한 몸임과 같이 그리스도도 그러하니라 우리가 유대인이나 헬라인이나 종이나 자유인이나 다 한 성령으로 세례를 받아 한 몸이 되었고 또 다 한 성령을 마시게 하셨느니라(고전 12:12-13)

세례를 받음으로써 신자는 그리스도와 연합하게 되고, 나아가 한몸인 교회 공동체에 편입된다. 즉 세례는 수세자가 교회의 한 지체이며 일원이 된다는 것을 보여 주는 가시적인 예식이다. 사역자는 이러한 의미를 세례 예식 중에 어떻게 하면 잘 표현할 수 있을지 늘 고민해야 한다.

9) 그리스도라는 새 옷을 입음

누구든지 그리스도와 합하기 위하여 세례를 받은 자는 그리스도로 옷 입었느니라 너희는 유대인이나 헬라인이나 종이나 자유인이나 남자나 여자나 다 그리스도 예수 안에서 하나이니라 너희가 그리스도의 것이면 곧 아브라함의 자손이요 약속대로 유업을 이을 자니라(갈 3:27-29)

우리는 세례를 받음으로써 그리스도라는 새 옷을 받아 입는다. 이는 그리스도의 사람으로 인침을 받았으며 하나님의 자녀가 되었다는 사실을 가시적으로, 공개적으로 드러내는 일이다. 초대교회에서는 세례를 받은 사람에게 흰옷을 입혔다. 주님의 은혜로 옛 사람이 물로 씻은 것처럼 깨끗해져서 이제 새사람이 되었다는 뜻이다.

10) 몸의 연합

그러므로 주 안에서 갇힌 내가 너희를 권하노니 너희가 부르심을 받은 일에 합당하게 행하여 모든 겸손과 온유로 하고 오래 참음으로 사랑 가운데서 서로 용납하고 평안의 매는 줄로 성령이 하나 되게 하신 것을 힘써 지키라 몸이 하나요 성령도 한 분이시니 이와 같이 너희가 부르심의 한 소망 안에서 부르심을 받았느니라 주도 한 분이시요 믿음도 하나요 세례도 하나요 하나님도 한 분이시니 곧 만유의 아버지시라 만유 위에 계시고 만유를 통일하시고 만유 가운데 계시도다(엡 4:1-6)

교회 안으로 들어온 수세자는 이제 공교회의 일원이 되고, 신앙 공동체에 연합하여 한몸이 된다. 세례를 받은 자들은 나이, 성별, 인종에 상관없이 그리스도 안에서 하나가 된다. 사회적 차원의 연합이 아닌 하나님의 부르심 안에서 영적으로 연합된다.

성례의 유효성: 객관성과 주관성 사이의 고찰

성례의 효력(sacramental efficacy)에 대한 고찰은 성례론에서 가장 어려운 부분이다. 성례신학에 있어서 교파별로 가장 첨예한 대립을 보이는 분야가 바로 성례의 유효성이다. 감리교 예배학자인 스투키(Lawrence H. Stookey)는 프로테스탄트와 로마 가톨릭이 서로의 견해를 너무 단순화해서 비판한다고 지적한다.[5]

전통적으로 로마 가톨릭은 성례의 객관성(objectivity)을 강조한다. 그들은 성례 자체가 은혜를 산출한다고 주장한다. 그러나 이것은 성례의 은혜와 효력이 인간의 능력과 행함에 제한받지 않는다는 차원에서 이해되어야 한다.[6] 현대의 로마 가톨릭 신학자 스킬레벡스(Schillebeeckx)는 이 사효성을 실체 변화의 차원이 아닌 의미 변화의 차원에서 이해한다. 그는 성례를 설명할 때, 아리스토텔레스의 본체(substance)와 표징(accidents)의 개념(물질적인 빵과 포도주는 눈에 보이지 않는 철학적 개념인 '본체'가 변하는 것이지 우리의 감각으로 지각할 수 있는 '표징'[맛, 냄새, 색깔]이 변한 것은 아니다) 설명에 집중하지 않고, 하나님과 인간의 만남이라는 차원에서 설명한다. 하나님이 사랑을 주시면, 그것이 효과적으로 사람의 반응을 일으킨다고 한다. 그는 마치 악수할 때 한 사람이 힘을 주면 다른 사람도 덩달아 힘을 주는 것과 같다고 설명한다.[7]

반면에 개신교는 성례의 주관적 측면(subjectivity)을 강조한다. 즉 성례에는 믿음과 신앙고백, 성령의 사역이 필요하다는 것이다. 이것은 바빙크(Herman Bavinck)가 적절히 지적하듯이, 인간의 믿음에 따라서 은혜가

---

5 Laurence H. Stookey, *Baptism: Christ's Act in the Church* (Nashville: Abingdon, 1982), 182.
6 James White, *Sacraments as God's Self Giving* (Nashville: Abingdon, 2003), 33.
7 Edward Schillebeeckx, *Christ the Sacrament of the Encounter with God* (Lanham: Sheed & Ward, 1987), 40-45, 60-73.

변한다는 뜻이 아니다.[8] 로마 가톨릭은 개신교의 성례론을 지나치게 단순화해서 이해하면 안 된다.

존 칼뱅은 객관성과 주관성을 종합하는 통찰을 제공한다.[9] 그는 비가 내린다고 가정할 때 비는 하나님의 은혜를 상징하고 땅은 사람의 마음을 나타낸다고 한다. 굳은 땅에는 빗물이 스며들지 못하고 흘러가 버린다. 부드러운 땅에는 비가 스며든다. 빗물이 땅에 들어가지 않는 것은 빗물 자체에 능력이 없어서가 아니라 땅(개인의 마음)에 문제가 있기 때문이다. 이것을 성례론적 차원에서 생각해 보자. 성례를 시행할 때 하나님의 은혜가 사람들에게 주어진다. 즉 성례의 객관적 차원이다. 그러나 성례는 개인의 신앙고백과 돌아봄을 요구한다. 즉 주관적 차원이다. 성례의 객관적 효력을 지나치게 강조하면 로마 가톨릭의 사효성을 따라가게 된다. 주관적 차원을 강조하면 재세례파와 같이 유아 세례까지 거부해 버리는 극단적 주지주의에 빠진다.

세례를 받았는데 마음의 확신을 가지려고 다시 세례받기를 원하는 성도들이 있다. 어떤 교단에서는 그 교단의 목회자가 되려면 세례를 다시 받아야 한다. 그러나 세례를 다시 받는다는 것은 세례를 통해 주님께 받은 인치심과 약속을 믿지 못하는 불신앙적인 표현이다. 물론 성례 자체에 은혜를 저절로 받게 하는 기능이 있는 것은 아니다. 개인의 신앙고백이 필요하다. 교육도 제대로 받지 못했고 확신이 부족했다 하더라도 일단 세례를 거부하지 않고 그 자리에 나아가서 세례를 받았다는 것

---

8   Herman Bavinck, *Reformed Dogmatics*, Vol. 4 (Grand Rapids: Baker, 2008), 578.
9   Calvin, *Institutes*, IV.xvii.33.

은 하나님의 가족으로 입문한 것이다. 최근 미국에서는 "세례 재확인 예식"(baptismal reaffirmation)을 시행하는 교회들이 있다. 다시 세례를 받는 것이 아니라 자신이 받았던 세례를 기억하며 새롭게 다짐하는 것이다. "재확인" 프로그램이 아니어도 타인이 세례를 받을 때, 함께 기도하며 하나님이 주신 은혜를 떠올린다면 성찬 때마다 새로워질 수 있다.

세례를 기획할 때 고려할 문제들

1) 기억에 남는 세례 예식

세례에는 세 가지 방식이 있다. 물 흩뿌리기(sprinkle), 물 붓기(pouring), 침수(immersion)이다. 각 교회에서는 신학적 견해와 상황에 따라 이 중 하나를 택해서 세례를 진행한다. 존 칼뱅은 『기독교 강요』에서 이러한 방식 자체는 중요하지 않다는 입장을 표명했다.[10]

물론 방식 자체가 은혜와 효력을 결정하지는 않지만, 그래도 일생에 단 한 번뿐인 세례식을 의미 있게 기억하게 하는 것도 중요하지 않을까? 어떤 교회는 세례식을 마치 '해치워 버린다'는 식으로 집례하기도 한다. 감격이 넘치고 평생 기억에 남을 예식이 되게 하려면 어떻게 해야 할까?

유아 세례의 경우, 개혁교회 전통에는 담임 목사가 세례를 준 후, 아기를 안고 걸어가면서 언약 공동체에 아기의 얼굴을 보여 주고 덕담을 듣는 순서가 있다. 이는 언약 공동체 전부가 이 세례의 증인일 뿐 아니라 부

---

10 Calvin, *Institutes*, IV.xv.19.

모와 함께 아기의 교육에 대해 책임을 지고 아기를 위해 계속 기도한다는 차원에서 의미가 있다. 아니면 부모가 아기를 안고 예배당을 돌며 성도들에게 축하를 받는 방식도 좋다. 이는 이 아기가 하나님이 회중에게 주신 선물이라는 의미를 가시적으로 드러내 준다.

성인 세례는 윌로우 크릭 교회의 세례식을 직접 보기를 권한다. 그 교회 홈페이지나 유튜브에서 볼 수 있다. 이 교회는 침례 방식으로 세례를 준다. 가족과 친구들이 참석한 세례식에서 수세자는 자신의 죄를 고백한 후 허리까지 차 있는 물에 들어가, 물속에서 목회자와 세례 문답을 하고, 완전히 침수되었다가 나온다. 이는 죄에 대하여 죽고 주님의 의로 새 생명을 얻었음을 가시적으로, 또 상징적으로 보여 준다. 수세자는 주변의 축하와 환호를 받으며 세례가 공개적인 부활 축제임을 되새긴다. 거의 모든 수세자가 깊은 감격을 표현한다. 아마도 평생 잊을 수 없는 날일 것이다.

2) 경건의 시작, 세례(Baptismal Piety)

세례는 믿음의 가정에서 태어난 아이를 하나님의 말씀 안에서 키우겠다고 부모가 믿음으로 서약하는 유아 세례와, 하나님을 믿고 믿음의 공동체로 들어오려는 입문 의식인 성인 세례로 크게 나눌 수 있다. 유아 세례를 받은 입교인들은 세례를 기억할 수 없을뿐더러 성인 세례를 받은 신자들도 처음의 감격과 기쁨이 세월이 지나면 희미해진 기억으로만 남는다. 타인의 세례식을 지켜볼 때도 무디어진 마음으로 대하게 된다. 하지만 세례식에 입문이라는 의미보다 더 심오한 무언가가 있음을 알게 된다면 세례식은 지루한 의례가 아닌, 내 신앙과 경건을 새롭게 하는(renewal) 은혜로운 의식이 될 수 있다.

개혁주의 예배학자인 존 위트블리트는 존 칼뱅의 세례신학을 살펴보면서 이렇게 지적한다. "칼뱅의 예전 체계에서 세례는 일생을 통한 화해의 의식적 표지(ritual sign)이다." "칼뱅의 세례신학은 성화와 칭의의 이중 교리에 뿌리를 두고 있다."[11] 위트블리트는 칼뱅신학에서 세례란 단순히 칭의 차원에 그치지 않고 용서에 뒤따르는 성장까지도 포함하고 있다고 적절히 지적한다. 바꾸어 말하면, 세례는 죄의 용서와 밀접하게 연결되는데 여기서 죄는 세례 수여 이후의 죄까지도 모두 포함한다. 세례가 과거와 현재, 미래의 모든 죄를 사하는 사건이라면, 신자는 당연히 이 세례를 통해 구원을 새롭게 확신할 수 있다.

이는 개혁주의 신학자 존 머레이(John Murray)가 주장하는 즉각적인 성화(definitive sanctification)와도 일맥상통한다. 머레이에 의하면, 신자는 칭의를 얻음과 동시에 이전과는 다른 신분으로 변화된다.[12] 그러므로 공예배에서 경험하는 세례식은 단순히 남의 세례식을 지켜보는 시간이 아니라, 자신이 과거에 세례를 받았을 때 누린 감격을 되새기며, 그 세례가 주는 구원의 확신 속에서 오늘 내가 어떻게 성화되고 있는지를 되돌아보는 시간이다.

앞에서 언급했듯이, 마르틴 루터는 종교개혁이라는 그 치열한 영적 전

---

11 John D. Witvliet, *Worship Seeking Understanding: Windows into Christian Practice* (Grand Rapids: Baker, 2003), 151.
12 John Murray, "Definitive Sanctification", *Calvin Theological Journal* 2 (April 1967): 5–21.

투의 현장에서 힘들 때마다 "나는 세례를 받았다"라고 외치면서 새 힘을 얻었다고 한다.[13] 우리가 받는 세례는 반복될 수 없고 지워질 수 없는 성례의 표징(sacramental sign)이며 우리에게 성례전적 특징(sacramental character)을 부여한다. 그러므로 우리는 이 세례를 늘 기억하며 세례받은 자로서 충실하고 신실하게 살아가야 한다.

최근 세례 갱신 예식이 미국 연합 장로교와 감리교를 포함한 여러 교단에서 시행되고 있다. 이 예식은 재세례가 아니라, 앞에서 설명한 것처럼, 우리가 받았던 세례를 기억하고, 그때의 다짐을 떠올리며 앞으로도 그렇게 살겠다고 약속하는 차원에서 시행된다.

3) 세례식 음악

새찬송가에는 "세례(침례)"로 분류된 찬송가가 세 곡 있다. "정한 물로 우리 죄를"(224장), "실로암 샘물가에 핀"(225장), "성령으로 세례받아"(226장)이다. 이 외에도 세례식 때 부르면 좋은 찬송가를 소개하면 다음과 같다. "세상의 헛된 신을 버리고"(322장), "날 대속하신 예수께"(321장), "너 하나님께 이끌리어"(312장) 등이다. "하나님 사랑은"(299장, O Love of God Most Full)과 "겸손히 주를 섬길 때"(212장, O Master, Let Me Walk with Thee)도 세례식에서 많이 사용된다.

북미 개혁교회의 시편 찬송가(Psalter Hymnal)에는 "Baptized in Water", "Our Children, Lord, in Faith and Prayer", "We know That

---

13 Robert Kolb and Timothy J. Wengert, ed. *The Book of Concord: The Confessions of the Evangelical Lutheran Church* (Minneapolis: Fortress Press, 2000), 462.

Christ is Raised", "You are Our God; We are Your People", "Almighty Father, Covenant God", "O God, Great Father, Lord and King", "The Lord Our God in Mercy Spoke"가 수록되어 있다. 유튜브에서 감상이 가능하다.

복음성가 중에는 "위대하신 주"(How Great is Our God)나 "주님 뜻대로 살기로 했네"(I Have Decided to Follow Jesus)도 많이 사용된다. 세례식에서는 회중 찬송뿐 아니라 수세자가 앞으로 나올 때 등 중간 중간 여러 종류의 음악을 사용할 수 있다.

4) 그 밖의 고려 사항

(1) 유아 세례식 때, 부모가 아이를 오랫동안 안고 있어야 하기 때문에 본당에 부모가 앉을 의자를 미리 준비해 두면 좋다.

(2) 유아 세례의 강조점은 부모에게 주어진 교육 사명이다. 즉 부모는 아이들을 말씀과 신앙 안에서 양육해야 한다. 그렇다면 각 교단에서 자녀의 성장에 따른 교육 지침서를 만들어 선물하면 어떨까? 교단 차원에서 성경과 교리 내용을 연구하여 지침을 제시해 준다면 부모에게나 아이에게 귀한 선물이 될 것이다.

(3) 성인 세례식 때는 이 세례가 신앙 공동체 안으로 들어오는 예식이라는 점을 가시적으로 드러내는 것이 좋다. 예를 들어, 회중이 수세자에게 축하 메시지를 전하고 함께 찬양을 부른다면 더 기억에 남을 것이다.

(4) 학습, 입교, 세례 예식을 한 번에 같이 집례하는 제도는 재고해 볼 필요가 있다. 학습 제도는 선교사들이 우리나라의 상황에 맞게 만든 것

이다. 물론 세례 예비자 교육은 반드시 필요하다. 하지만 이 세 가지를 한꺼번에 진행하는 것은 세례의 의미를 정확하게 전달하지 못한다는 단점이 있다.[14]

나가면서

우리의 세례 예식에는 이 세례가 신앙의 여정에서 매우 중요한 의미가 있다는 사실이 효과적으로 반영되고 있는가? 우리가 과거에 받은 세례, 혹은 입교 예식은 지금 어떻게 기억되고 있는가? 동료 신자의 세례식에 참여하면서 우리는 그때의 세례의 의미를 떠올리며 하나님께 받은 은혜에 감사하고 있는가?

우리의 신학과 예배 실천은 긴밀하게 관련이 있다. 앞에서 살펴본 세례의 성경적, 신학적 의미들이 세례식에 잘 반영되도록 예배를 기획해야 한다. 세례는 신앙 공동체로의 입문일 뿐 아니라 기독교인으로서의 정체성을 부여해 주며 신앙의 여정에서 힘을 더해 주는 예식이다.

---

14 한진환, "대한예수교 장로회 예배지침에 나타난 세례예식", 「개혁신학과 교회」 제6호 (1996): 169-192.

Q&A

1. 세례에 담긴 열 가지 의미를 적어 보세요.

2. 예전의 토착화는 상징(sign)과 의미(thing-signified)가 서로 어떤 관계에 있을 때 가능합니까?

3. 침례와 "내가 믿습니다"(credo)라는 신앙고백을 함께 하는 것을 통해, 세례에 어떤 의미가 있음을 알 수 있습니까?

4. 세례의 유효성에 있어서 어떻게 객관성과 주관성을 조화롭게 이해할 수 있을까요?

5. 전통적인 세례 방식에는 어떤 것이 있나요?

6. 세례 갱신 예식의 의미는 무엇입니까?

7. 세례식을 기획하고 시행할 때 주의할 점들은 무엇인가요?

8. 개인이 자신의 신앙을 다시 확인하고자 재세례를 요구하는 것을 어떻게 생각하는지 서로 나누어 보세요.

8

성찬에 대한 신학적 이해와 기획

성찬은 초대교회 때부터 공예배의 핵심 요소였다. 모든 시대와 예배 전통에서 말씀 선포와 성찬은 예배의 기본 골격이다. 그러나 츠빙글리의 성찬 사상에 영향을 받은 한국 교회는 성찬을 자주 시행하지 않을 뿐 아니라 성찬에 담긴 깊은 신학적 의미를 제대로 흡수하지 못했다. 이는 한국 장로교회에 예배와 신학을 전수해 준 초창기 선교사들의 신학적 성향과도 관계가 있다.[1] 그들은 세례를 주고 난 후에도 이십오 년간 성찬식을 시행하지 않았다.[2]

---

1 장로회신학대학원에서 오랫동안 예배학을 가르쳤던 김경진 교수는 학위 논문에서 이에 대한 많은 정보를 제공한다. Kyeong-Jin Kim, "The Formation of Presbyterian Worship in Korea 1879-1934" (Th. D. Dissertation, Boston University School of Theology, 1999).

2 "'세례, 성만찬, 교역'에 대한 한국기독교교회협의회 신학연구위원회의 입장(세계교회협의회 신앙과 직제 위원회 문서)", 「종교신학연구」 제3권 (1990): 395.

여기에는 여러 이유가 있을 수 있다. 먼저 한국 교회가 태동기에 있었기 때문에 선교사들이 판단하기에 성찬을 받기에는 아직 미성숙하다고 생각했을 수도 있다. 또한 목회자가 부족했기에 성찬을 자주 시행할 수도 없었을 것이다. 무엇보다 한국 교회에 복음을 전해 준 선교사들 대부분이 신학적으로 프린스턴의 구학파(old school)와 변경의 예배(frontier worship)에 영향을 받았기 때문에 성찬보다는 말씀 선포를 강조했을 수도 있다.[3]

최근 한국 교회가 성찬에 많은 관심을 보이고 있다. 고무적인 일이다. 그러나 성찬을 자주 하는 것만이 능사는 아니다. 목회자와 성도가 성찬의 의미를 제대로 이해하지 못한다면 매주 성찬을 할지라도 아무 소용이 없을 것이다. 한국 교회 성도 대부분은 "성찬" 하면 주님의 죽음과 고난을 떠올린다. 그래서 마치 주님의 장례식에 참석한 것처럼 슬퍼한다. 이러한 이해의 수준에 머물러 있다면 개교회에서 매주 성찬을 진행하기도 껄끄러울뿐더러 설교자들도 예배 기획에 큰 압박을 받을 것이다.

이 장에서는 성찬이 무엇이며, 어떤 의미가 있는지를 살펴보려고 한다. 그리고 그 이해를 바탕으로 성찬식을 기획해 보자.

성찬 용어

우리가 "성찬"이라고 부르는 성례를 종파마다 다양하게 부른다. 이 용어들은 각 신학의 강조점을 나타낸다. 먼저 "Eucharist"(감사)는 감사를 표현하는(thanksgiving) 헬라어 단어에서 유래되었다. 이는 성찬이 우리를

---

3 Kyeong-Jin Kim, "The Context, Contour and Contents of Worship of the Korean Church", 85.

초대하시고 은혜를 주시는 하나님께 감사하는 식사 자리임을 강조한다.[4] "Communion"(교제)은 음식을 나누려고 모인 회중에게 초점을 맞춘 용어이다. 개혁파나 개신교회(성공회를 포함)에서 주로 사용하고, 하나님과 사람 사이의 교제가 중요함을 보여 준다.[5] "Lord's Supper"(주의 만찬)는 예수님이 제자들과 함께 나누었던 마지막 식사를 생각나게 한다. 그리고 "Mass"는 라틴어 "ite, missa est"(예배가 끝났으니 가라)에서 왔고, 예배 끝에 사람들을 해산할 때 사용된 어구였다.[6]

본 장에서는 성경의 문맥에서 성찬이 어떤 의미를 내포하고 있는지를 먼저 살펴보고, 그에 따른 신학 및 실천에 관한 논의를 개진하고자 한다. 루터교 신학자 브릴리오스(Yngve Brilioth)는 성찬의 의미를 "감사"(eucharist), "교제"(communion 또는 fellowship), "기억"(commemoration), "희생"(sacrifice), "신비"(mystery)로 설명한다.[7] 존 위트블리트는 브릴리오스의 이론을 더욱 발전시켜서 성찬의 의미를 언약, 그리스도의 임재, 감사, 용서, 종말론적 희망, 속죄, 나타남, 영적 영양 공급, 몸의 연합, 윤리적 헌신의 표지, 기억, 선포로 설명한다.[8]

---

[4] Martha L. Moore-Keish, "Eschatology", in *A More Profound Alleluia*, ed. Leanne Van Dyk (Grand Rapids: Eerdmans, 2005), 110.
[5] Paul Bradshaw, *The New Westminster Dictionary of Liturgy & Worship* (Louisville: John Knox Press, 2002), 123.
[6] Moore-Keish, "Eschatology", 110.
[7] Yngve Brilioth, *Eucharistic Faith and Practice: Evangelical & Catholic* (London: Society for promoting Christian knowledge, 1953).
[8] 성찬의 열두 가지 의미와 관련된 성경 구절은 칼빈 신학교 교수 John D. Witvliet의 2009년도 강의안을 참조하였다. 사용 허락을 받았음을 밝힌다.

1) 언약

또 모세에게 이르시되 너는 아론과 나답과 아비후와 이스라엘 장로 칠십 명과 함께 여호와께로 올라와 멀리서 경배하고 너 모세만 여호와께 가까이 나아오고 그들은 가까이 나아오지 말며 백성은 너와 함께 올라오지 말지니라 모세가 와서 여호와의 모든 말씀과 그의 모든 율례를 백성에게 전하매 그들이 한 소리로 응답하여 이르되 여호와께서 말씀하신 모든 것을 우리가 준행하리이다 모세가 여호와의 모든 말씀을 기록하고 이른 아침에 일어나 산 아래에 제단을 쌓고 이스라엘 열두 지파대로 열두 기둥을 세우고 이스라엘 자손의 청년들을 보내어 여호와께 소로 번제와 화목제를 드리게 하고 모세가 피를 가지고 반은 여러 양푼에 담고 반은 제단에 뿌리고 언약서를 가져다가 백성에게 낭독하여 듣게 하니 그들이 이르되 여호와의 모든 말씀을 우리가 준행하리이다 모세가 그 피를 가지고 백성에게 뿌리며 이르되 이는 여호와께서 이 모든 말씀에 대하여 너희와 세우신 언약의 피니라(출 24:1-8)

성찬은 하나님과 그분의 백성이 맺은 언약과 관련이 있다. 언약은 계약과는 달리 하나님이 주도적으로 우리를 인도하시고 약속에 묶어 주신다. 신구약 전반에 나타나는 언약 체결의 모습과 주님이 우리에게 허락하신 성찬은 심상이 비슷하다. 언약과 동일하게, 주님께서는 성찬을 통해, 우리를 택하시고 교제의 식탁으로 초대하시며 주님의 은혜를 우리에게 허락하여 주신다. 성찬을 시행하면서 우리는 하나님을 향한 사랑과 충성을 확인하고, 하나님의 한 백성임을 확신하게 된다.

2) 하나님/그리스도의 임재(Presence of God/Christ)

모세와 아론과 나답과 아비후와 이스라엘 장로 칠십 인이 올라가서 이스라엘의 하나님을 보니 그의 발 아래에는 청옥을 편 듯하고 하늘 같이 청명하더라 하나님이 이스라엘 자손들의 존귀한 자들에게 손을 대지 아니하셨고 그들은 하나님을 뵙고 먹고 마셨더라(출 24:9-11)

로마 가톨릭의 성찬신학은 빵과 포도주의 물질 변화에 초점을 맞춘다. 아리스토텔레스의 본체(substance)와 표징(accidents) 개념으로 물질적인 빵과 포도주가 어떻게 그리스도의 몸과 피로 변화하는지를 설명한다. 즉 눈에 보이지 않는 철학적 개념인 본체가 변하는 것이지 우리의 감각으로 지각할 수 있는 표징(맛, 냄새, 색깔)이 변한 것은 아니라는 것이다. 그러나 개혁파는 그리스도의 임재 자체에 관심을 집중한다. 존 칼뱅은 성찬의 자리에 하나님이 실재하신다는 점을 강조하였다. 그런 차원에서 칼뱅의 성찬론을 실재론이라고 부른다. 그러나 실재하시는 방식은 영적(spiritual)이다. 두세 사람이 하나님의 이름으로 모인 곳에 임재하겠다고 약속하신 하나님이 영적으로 함께하신다.

3) 감사(Eucharist)

내가 너희에게 전한 것은 주께 받은 것이니 곧 주 예수께서 잡히시던 밤에 떡을 가지사 축사하시고 떼어 이르시되 이것은 너희를 위하는 내 몸이니 이것을 행하여 나를 기념하라 하시고(고전 11:23-24)

성찬을 나타내는 영어 단어 중 "Eucharist"가 있다. 이 단어 자체는 "감사를 드리는 행위"를 의미하지만, 실제로는 성찬을 의미한다. 하나님께서 자신의 몸과 살을 우리에게 내주시면서 우리를 식탁 교제로 초청하신다. 우리는 감사하는 마음으로 그 자리에 나아가서 하나님을 예배하고 하나님 및 성도들과 교제를 나눈다. 성찬도 세례처럼 하나님의 "자기 주심"(self-giving)이 우선이다. 물론 우리가 신앙을 고백하고 스스로를 돌아보는 일이 성찬의 중요한 요소임은 틀림없다. 그러나 그전에 먼저 하나님이 우리에게 은혜를 주셔서 그 자리로 초대하셨음을 기억해야 한다. 우리는 감사밖에 드릴 것이 없다.

4) 용서

이것은 죄 사함을 얻게 하려고 많은 사람을 위하여 흘리는 바 나의 피 곧 언약의 피니라(마 26:28)

성찬에 참여하는 것만으로 죄를 용서받을 수 있는 것은 아니다. 이는 로마 가톨릭이 주장하는 "사효성"(ex opere operato: 교회가 성례를 시행하면 그 자체로 은총이 반드시 주어진다)이다. 우리는 성찬을 통해 예수님의 고난과 죽으심, 부활을 생각하며 주님이 걸어가신 그 길에 동참한다. 우리의 죄를 사해 주시려고 십자가에서 돌아가신 예수님을 묵상하면서 하나님께 용서를 구한다. 성찬은 죄 용서와 깊은 관련이 있다.

5) 천국 잔치를 기대함(Eschatological Hope)

그들이 먹을 때에 예수께서 떡을 가지사 축복하시고 떼어 제자들에게 주시며 이르시되 받아서 먹으라 이것은 내 몸이니라 하시고 또 잔을 가지사 감사 기도 하시고 그들에게 주시며 이르시되 너희가 다 이것을 마시라 이것은 죄 사함을 얻게 하려고 많은 사람을 위하여 흘리는 바 나의 피 곧 언약의 피니라 그러나 너희에게 이르노니 내가 포도나무에서 난 것을 이제부터 내 아버지의 나라에서 새것으로 너희와 함께 마시는 날까지 마시지 아니하리라 하시니라 이에 그들이 찬미하고 감람 산으로 나아가니라(마 26:26-30)

천사가 내게 말하기를 기록하라 어린 양의 혼인 잔치에 청함을 받은 자들은 복이 있도다 하고 또 내게 말하되 이것은 하나님의 참되신 말씀이라 하기로(계 19:9)

지상 교회에서 열리는 성찬식에 참여하면서 우리는 천국에서 열릴 잔치를 기대한다. 이 땅에서의 삶이 끝난 후 주님 앞에 서서 허다한 증인의 무리와 함께 주님과 영원토록 교제할 그날을 대망한다. 성찬은 성도 각자의 경제적 상황, 사회적 신분, 능력, 문화적 차이 등을 모두 초월하여 하나님 앞에서 서로가 하나임을 깨닫게 하는 예식이다. 이러한 점에서 성찬은 천국에서 누릴 교제를 미리 가시적으로 보여 주며 대망하게 하는 상징적인 역할을 한다.

6) 유월절/속죄의 표지

무교절의 첫날 곧 유월절 양 잡는 날에 제자들이 예수께 여짜오되 우리가 어디로 가서 선생님께서 유월절 음식을 잡수시게 준비하기를 원하시나이까 하매 예수께서 제자 중의 둘을 보내시며 이르시되 성내로 들어가라 그리하면 물 한 동이를 가지고 가는 사람을 만나리니 그를 따라가서 어디든지 그가 들어가는 그 집 주인에게 이르되 선생님의 말씀이 내가 내 제자들과 함께 유월절 음식을 먹을 나의 객실이 어디 있느냐 하시더라 하라 그리하면 자리를 펴고 준비한 큰 다락방을 보이리니 거기서 우리를 위하여 준비하라 하시니 제자들이 나가 성내로 들어가서 예수께서 하시던 말씀대로 만나 유월절 음식을 준비하니라 저물매 그 열둘을 데리시고 가서 다 앉아 먹을 때에 예수께서 이르시되 내가 진실로 너희에게 이르노니 너희 중의 한 사람 곧 나와 함께 먹는 자가 나를 팔리라 하신대 그들이 근심하며 하나씩 하나씩 나는 아니지요 하고 말하기 시작하니 그들에게 이르시되 열둘 중의 하나 곧 나와 함께 그릇에 손을 넣는 자니라 인자는 자기에 대하여 기록된 대로 가거니와 인자를 파는 그 사람에게는 화가 있으리로다 그 사람은 차라리 나지 아니하였더라면 자기에게 좋을 뻔하였느니라 하시니라 그들이 먹을 때에 예수께서 떡을 가지사 축복하시고 떼어 제자들에게 주시며 이르시되 받으라 이것은 내 몸이니라 하시고 또 잔을 가지사 감사 기도 하시고 그들에게 주시니 다 이를 마시매 이르시되 이것은 많은 사람을 위하여 흘리는 나의 피 곧 언약의 피니라 진실로 너희에게 이르노니 내가 포도나무에서 난 것을 하나님 나라에서 새 것으로 마시는 날까지 다시

마시지 아니하리라 하시니라(막 14:12-25)

때가 이르매 예수께서 사도들과 함께 앉으사 이르시되 내가 고난을 받기 전에 너희와 함께 이 유월절 먹기를 원하고 원하였노라 내가 너희에게 이르노니 이 유월절이 하나님의 나라에서 이루기까지 다시 먹지 아니하리라 하시고 이에 잔을 받으사 감사 기도 하시고 이르시되 이것을 갖다가 너희 끼리 나누라 내가 너희에게 이르노니 내가 이제부터 하나님의 나라가 임할 때까지 포도나무에서 난 것을 다시 마시지 아니하리라 하시고 또 떡을 가져 감사 기도 하시고 떼어 그들에게 주시며 이르시되 이것은 너희를 위하여 주는 내 몸이라 너희가 이를 행하여 나를 기념하라 하시고 저녁 먹은 후에 잔도 그와 같이 하여 이르시되 이 잔은 내 피로 세우는 새 언약이니 곧 너희를 위하여 붓는 것이라 그러나 보라 나를 파는 자의 손이 나와 함께 상 위에 있도다 인자는 이미 작정된 대로 가거니와 그를 파는 그 사람에게는 화가 있으리로다 하시니 그들이 서로 묻되 우리 중에서 이 일을 행할 자가 누구일까 하더라(눅 22:14-23)

성찬식은 유월절의 맥락 속에서 제정되었다. 유월절에 하나님의 사자가 어린양의 피가 묻은 집을 넘어갔듯이, 예수 그리스도께서 유월절 속죄의 어린양이 되셔서 그 피로 우리를 구원하시고, 주님의 식탁으로 초대해 주셨다. 유월절이 속죄와 밀접하게 연결되므로 성찬 역시 속죄의 심상을 가지고 있다. 성찬은 우리를 위해 죽으시고 죄를 사하여 주신 주님을 기념하고 속죄에 감사하는 예식이다.

7) 계시/현현/현시

그들이 가는 마을에 가까이 가매 예수는 더 가려 하는 것 같이 하시니 그들이 강권하여 이르되 우리와 함께 유하사이다 때가 저물어가고 날이 이미 기울었나이다 하니 이에 그들과 함께 유하러 들어가시니라 그들과 함께 음식 잡수실 때에 떡을 가지사 축사하시고 떼어 그들에게 주시니 그들의 눈이 밝아져 그인 줄 알아 보더니 예수는 그들에게 보이지 아니하시는지라 그들이 서로 말하되 길에서 우리에게 말씀하시고 우리에게 성경을 풀어 주실 때에 우리 속에서 마음이 뜨겁지 아니하더냐 하고 곧 그 때로 일어나 예루살렘에 돌아가 보니 열한 제자 및 그들과 함께 한 자들이 모여 있어 말하기를 주께서 과연 살아나시고 시몬에게 보이셨다 하는지라 두 사람도 길에서 된 일과 예수께서 떡을 떼심으로 자기들에게 알려지신 것을 말하더라 (눅 24:28-35)

성찬은 예수님의 계시, 현현, 현시와도 관련이 있다. 부활하신 주님께서는 엠마오로 가는 도상에서 두 사람에게 나타나셔서 떡을 가지고 축사하시고 그들에게 떼어 주셨다. 그러자 두 사람의 눈이 밝아져서 예수님을 알아보게 되었다. 어떤 학자들은 이 본문의 강조점이 "성경을 풀어 주실 때에" 즉 말씀 선포에 있다고 설명한다. 하지만 떡을 떼어 주신다는 문구를 간과해서는 안 된다. 많은 성경학자들은 이 본문이 성찬을 상징한다고 본다.[9]

9　John Nolland, *Luke 18:35–24:53*, Vol. 35C, Word Biblical Commentary (Dallas: Thomas Nelson Inc., 1993), 1206.

8) 영적 영양 공급

예수께서 이르시되 나는 생명의 떡이니 내게 오는 자는 결코 주리지 아니할 터이요 나를 믿는 자는 영원히 목마르지 아니하리라 그러나 내가 너희에게 이르기를 너희는 나를 보고도 믿지 아니하는도다 하였느니라(요 6:35-36)

세례가 교회 입문을 의미하는 성례라면, 성찬은 입문한 성도들에게 영적 양식을 공급하는 식사를 의미하는 성례이다. 성찬을 통해 우리는 예수님의 몸과 피를 상징하는 떡과 포도주를 먹고 마시며 예수님과 하나 됨을 경험한다. 신앙생활의 여정 속에서 주님께서 베푸시는 영적 영양분을 공급받으며 우리는 사명을 감당할 새 힘을 얻는다.

9) 교제/몸의 연합

떡이 하나요 많은 우리가 한 몸이니 이는 우리가 다 한 떡에 참여함이라(고전 10:17)

성찬에 참여하여 신자는 삼위 하나님과 교제를 나누고, 신자들을 교회로 부르신 하나님 앞에서 서로 한몸 됨을 체험한다. 이러한 성찬의 측면이 〈디다케〉에 잘 나타난다. 성찬 인도자는 손으로 빵을 들면서 이렇게 말한다. "이 빵조각이 산들 위에 흩어졌다가 모여 하나가 된 것처럼, 당신의 교회도 땅끝에서부터 당신의 나라로 모여들게 하소서."[10] 그리고 큰 빵을 두 손으로 찢는다. 이런 가시적인 행동을 통해 성도들은 하나님이 흩어져 있던 자신들을 부르셔서 하나가 되게 하셨다는 점과 자신들이 이 세상을 섬겨야 하는 자라는 점을 깨닫는다.

10) 윤리적 헌신의 표지

그런즉 내 사랑하는 자들아 우상 숭배하는 일을 피하라 나는 지혜 있는 자들에게 말함과 같이 하노니 너희는 내가 이르는 말을 스스로 판단하라 우리가 축복하는 바 축복의 잔은 그리스도의 피에 참여함이 아니며 우리가 떼는 떡은 그리스도의 몸에 참여함이 아니냐 떡이 하나요 많은 우리가 한 몸이니 이는 우리가 다 한 떡에 참여함이라 육신을 따라 난 이스라엘을 보라 제물을 먹는 자들이 제단에 참여하는 자들이 아니냐 그런즉 내가 무엇을 말하느냐 우상의 제물은 무엇이며 우상은 무엇이냐 무릇 이방인이 제사하는 것은 귀신에게 하는 것이요 하나님께 제사하는 것이 아니니 나는 너희가 귀신과 교제하는 자가 되기를 원하지 아니하노라 너희가 주의 잔과 귀신의 잔을 겸하여 마시지 못하고 주의 식탁과 귀신의 식탁에 겸하여 참여하지 못하리라 그러면 우리가 주를 노여워하시게 하겠느냐 우리가 주보다 강한 자냐(고전 10:14-22)

내가 명하는 이 일에 너희를 칭찬하지 아니하나니 이는 너희의 모임이 유익이 못되고 도리어 해로움이라 먼저 너희가 교회에 모일 때에 너희 중에

---

10 Kurt Niederwimmer, *The Didache* (Minneapolis: Fortress Press 1998), 144.

분쟁이 있다 함을 듣고 어느 정도 믿거니와 너희 중에 파당이 있어야 너희 중에 옳다 인정함을 받은 자들이 나타나게 되리라 그런즉 너희가 함께 모여서 주의 만찬을 먹을 수 없으니 이는 먹을 때에 각각 자기의 만찬을 먼저 갖다 먹으므로 어떤 사람은 시장하고 어떤 사람은 취함이라 너희가 먹고 마실 집이 없느냐 너희가 하나님의 교회를 업신여기고 빈궁한 자들을 부끄럽게 하느냐 내가 너희에게 무슨 말을 하랴 너희를 칭찬하랴 이것으로 칭찬하지 않노라(고전 11:17-22)

성찬을 통해 참여자는 하나님과의 화목이 곧 옆에 앉은 신자와의 화목임을 깨닫는다. 나아가, 사회적 약자를 돌보고 사회 구조를 개혁하는 일에 관심을 가지게 된다. 성찬을 하기 이전에 목회자는 성찬이 있음을 공고하고 성도들에게 자신을 돌아볼 것을 권면한다. 성찬 예식 중에도 "그리스도의 몸"을 분별할 것을 권고한다. 자기 성찰과 분별을 권고한다는 점에서 성찬은 기독교 윤리와 밀접한 관계가 있다. 교회의 권징 중 하나인 수찬 정지도 기독교 윤리와 관계가 있다. 징계를 받은 성도는 자신을 돌아보고 회개하며 하나님과 이웃을 사랑하는 마음을 가지게 된다.[11]

11) 기억

축사하시고 떼어 이르시되 이것은 너희를 위하는 내 몸이니 이것을 행하

---

11 성찬과 윤리의 관계에 대한 더 깊은 논의는 본서의 제6장 "예배와 기독교 윤리"를 참고하라.

여 나를 기념하라 하시고 식후에 또한 그와 같이 잔을 가지시고 이르시되 이 잔은 내 피로 세운 새 언약이니 이것을 행하여 마실 때마다 나를 기념하라 하셨으니(고전 11:24-25).

제자들은 예수님이 승천하신 후 성찬을 하면서 예수님을 기념하고 그분의 말씀들을 떠올렸다. 우리 역시 그렇게 해야 한다. 주님을 기억하고, 성령으로 함께하시는 주님과 교제해야 한다.

신약성경에 나오는 "기념"(ἀνάμνησις, 아남네시스)이라는 개념은 우리가 흔히 생각하는 기억 이상이다. 원 사건이 지금 이 시간 동일하게, 그리고 생생하게 일어난다는 의미이다. 이 기억은 단순히 인간의 기억이 아니라, 성령이 우리로 하여금 그 사건을 다시 체험하게 해 주시는 독특한 기억이다(요 14:26). 초대교회 예배부터 시작되었고, 종교개혁자들도 강조했던 성찬 기도 속의 "수르숨 코르다"(sursum corda, 마음을 드높이)와 "에피클레시스"(epiclesis, 성령을 부름)가 바로 이 성령의 사역과 관련이 있다. 이 기도를 통하여 예배자들은 우리의 예배와 기도를 도우시는 성령의 사역을 더욱 생생히 떠올린다. 신앙의 선배들은 성찬에서 성령의 사역이 매우 중요하다는 점을 알고 있었다.

12) 선포

내가 너희에게 전한 것은 주께 받은 것이니 곧 주 예수께서 잡히시던 밤에 떡을 가지사 축사하시고 떼어 이르시되 이것은 너희를 위하는 내 몸이니 이것을 행하여 나를 기념하라 하시고 식후에 또한 그와 같이 잔을 가지시고 이르시되 이 잔은 내 피로 세운 새 언약이니 이것을 행하여 마실 때마다 나를 기념하라 하셨으니 너희가 이 떡을 먹으며 이 잔을 마실 때마다 주의 죽으심을 그가 오실 때까지 전하는 것이니라 그러므로 누구든지 주의 떡이나 잔을 합당하지 않게 먹고 마시는 자는 주의 몸과 피에 대하여 죄를 짓는 것이니라 사람이 자기를 살피고 그 후에야 이 떡을 먹고 이 잔을 마실지니 주의 몸을 분별하지 못하고 먹고 마시는 자는 자기의 죄를 먹고 마시는 것이니라 그러므로 너희 중에 약한 자와 병든 자가 많고 잠자는 자도 적지 아니하니 우리가 우리를 살폈으면 판단을 받지 아니하려니와 우리가 판단을 받는 것은 주께 징계를 받는 것이니 이는 우리로 세상과 함께 정죄함을 받지 않게 하심이라 그런즉 내 형제들아 먹으러 모일 때에 서로 기다리라 만일 누구든지 시장하거든 집에서 먹을지니 이는 너희의 모임이 판단 받는 모임이 되지 않게 하려 함이라 그밖의 일들은 내가 언제든지 갈 때에 바로잡으리라(고전 11:23-34).

성찬은 "주의 죽으심을 그가 오실 때까지 전하는 것"(고전 11:26)이다. 고든 피(Gordon D. Fee)는 이 구절의 핵심이 말로 하는 선포라고 주장한다.[12] 즉 성찬식에서 주님의 죽으심에 대해 설교해야 한다는 것이다. 그러나 베일러 대학교(Baylor University)의 가벤타(Beverly Gaventa) 교수는 우리가 성찬식을 행할 때, 그것 자체가 가시적으로 주님의 죽으심을 선포하는 것이

---

12 Gordon D. Fee, *The First Epistle to the Corinthians*, The New International Commentary on the New Testament (Grand Rapids: Wm. B. Eerdmans Publishing Co., 1987), 557.

라고 해석한다.¹³ 두 해석이 모두 성찬과 선포가 관계가 있다고 본다.

성찬에 관한 신학적 고찰

로마 가톨릭은 성찬에 있어 실체 변화(화체설)에 초점을 둔다. 일반적으로 루터교는 공재설, 츠빙글리는 기념설, 칼뱅은 영적 임재설로 성찬을 설명한다. 그러나 칼뱅의 입장이 츠빙글리에 가까운지, 아니면 루터의 입장에 가까운지에 대한 논의가 제기되었다. 이러한 논의는 19세기에 찰스 하지(Charles Hodge)와 존 네빈(John Williamson Nevin)의 논쟁으로 이어진다. 찰스 하지의 『조직신학』(The Way of Life) 제3권과 존 네빈의 Mystical Presence(신비로운 임재)에서는 칼뱅의 『기독교 강요』, 서신, 논문들에 나타난 그의 입장을 잘 설명하고 있다.

찰스 하지는 칼뱅의 주장에 일관성이 없다고 비난한다. 그는 성찬에서 인간의 이성과 판단 능력이 중요하다고 보며, 결국 츠빙글리의 견해를 지지한다.¹⁴ 그러나 네빈은 자신이 쓴 책 제목에 걸맞게 성찬은 단순한 기념이나 공허한 표지가 아니며, 하나님의 신비로운 임재라는 점을 강조한다.¹⁵ 학계에서는 칼뱅의 성찬론이 츠빙글리보다는 루터교 신학에 가깝다는 평가가 지배적이다.

---

13 Anthony C. Thiselton, *The First Epistle to the Corinthians: A Commentary on the Greek Text*, New International Greek Testament Commentary (Grand Rapids: Wm. B. Eerdmans Publishing Co., 2000), 887.
14 츠빙글리의 견해는 기념설로 요약할 수 있다. 기념설이란 성찬이 예수님이 우리를 위해 피를 흘리시고 살을 찢으셨다는 일을 기억하고 기념하는 행위에 불과하다는 주장이다.
15 John Williamson Nevin, *The Mystical Presence and Other Writings on the Eucharist* (Philadelphia: United Church Press, 1966).

한국 교회에서는 성찬식을 거행할 때 주님의 죽으심과 수난에만 초점을 맞추는 경향이 있다. 단적인 예로, 찬송가에 성찬 찬송으로 분류된 일곱 곡이 거의 다 주님의 죽으심에 대한 내용이다. 최근 성찬의 횟수를 늘리자는 주장이 나오고 있는데 이보다 더 시급한 것은 목회자들이 먼저 성찬신학에 대해 깊이 알고, 설교와 교육으로 성도들을 가르쳐야 한다는 것이다.

칼뱅의 주장처럼 매주 성찬을 시행한다는 것은 쉬운 일이 아니다. 설교 중심의 현재 예배에서 성찬까지 시행한다면 예배 시간이 무척 길어질 것이며, 전체 시간을 조율하다 보면 말씀 선포가 약화될 수 있다. 무엇보다 성찬 예식문과 감사 기도에 대한 목회자들의 공부와 준비가 필수적이다.

성찬식을 신학교에서 많이 연습해야 한다는 견해도 제기되고 있다. 성찬 기도문을 다 외우고, 예식문을 보지 않고도 능숙하게 진행할 수 있을 정도가 되어야 성찬의 의미를 더욱 풍성히 전달할 수 있고 전체적인 시간도 단축할 수 있다. 진행이 미숙하면 성찬의 의미를 제대로 전달할 수 없다.

성찬과 사회 윤리

성찬과 사회 윤리의 연관성을 다루는 예배학자들의 글이 많이 출판되고 있다. 카바나(William T. Cavanaugh)의 *Torture and Eucharist*(고문과 성찬)가 대표적이다.[16] 이 책은 칠레의 피노체트 정권하에서 국민들이 정치적, 경제적으로 힘들어할 때, 로마 가톨릭교회에서 실정(失政)을 거듭

16　William T. Cavanaugh, *Torture and Eucharist: Theology, Politics, and the Body of Christ* (Oxford: Blackwell Publishing, 1998).

하는 정치가들을 종교적으로 파문하면서 일어나는 일들과 신학적 고찰을 다룬다. 이 책에서는 성찬의 시행 및 성찬과 관련된 권징이 성도들의 윤리적 삶과 사회적 실천에 영향을 미칠 수 있음을 그린다. 사실 이는 새로운 통찰이 아니다. 칼뱅도 수찬 정지를 통해 성도가 자신의 삶을 회개하게 하고 영적으로 회복하도록 하였을 뿐 아니라, 성찬 구제 헌금으로 사회 봉사(디아코니아)를 행하였다.[17]

현대의 많은 장로교회가 성찬에 관심을 두지 않는 현상은 츠빙글리가 주장했던 기념설의 영향도 있다. 츠빙글리의 설교 중심적인 예배는 성도들을 의자에만 앉아 있게 하는 수동성을 강화했다. 이러한 예배에서 이웃과 사회를 돌아보는 참여적인 요소가 있다면 바로 성찬이다. 우리는 성찬에 참여하면서 하나님과의 화목이 옆자리에 앉아 있는 성도와의 화목으로 연결되어야 함을 깨닫게 되고, 교회 안에서의 성결이 사회 변화의 차원으로 나아가야 함을 알게 된다. 하지만 일 년에 한두 번 거행하는 성찬으로는 이러한 참여를 기대할 수 없다. 그러한 성찬은 개인의 능동적인 참여를 약화하고 주관적인 성숙과 성장에만 초점을 맞추게 하였다.

일반적으로 한국의 보수 신학계에서는 하나님의 초월성을 중요시한다. 진보 교회들은 보수 교회가 중요시하는 하나님의 영광과 주권에 대한 관심이 진정한 사회 참여와 변혁으로 이어지지 못했다고 비판한다.[18] 한편

---

17 Robert M. Kingdon, "Calvin and the Family: The Work of the Consistory in Geneva", in *Calvin's Work in Geneva*, ed. R. D. Gamble (New York: Garland, 1992), 96.
18 필자는 이 주제를 예배학 저널 *Worship*에서 다루었다. 더 깊은 논의는 다음의 글을 참조하라. Hwarang Moon, "A Liturgical Comparison of the Conservative and Liberation Churches in South Korea and Their Impact on Korea Society", *Worship* 89.3 (May 2015): 214-237.

한국의 진보 신학계에서는 하나님의 내재성에 초점을 둔다. 보수 교회들은 진보 측이 사회 참여와 변혁에는 바른 목소리를 냈지만, 신학과 성경 해석에 있어서는 하나님보다 인간 중심적인 자세를 견지했다고 지적한다.

"하나님의 초월성"과 "하나님의 내재성"을 온전히 조화시키는 데 가장 중요한 예배 요소는 성찬이다. 성찬에 참여함으로써 성도는 하나님에 대한 사랑이 이웃과 세상을 향한 사랑으로 이어져야 함을 깨닫는다. 그리고 하나님 중심적 예배가 세상을 변혁하는 차원으로까지 연결되어야 함을 느낀다. 이렇게, 예배의 법칙(lex orandi)에서 믿음의 법칙(lex credendi)이 나오고, 믿음의 법칙이 결국 행동의 법칙(lex agendi)으로까지 이어진다.

성찬식 기획

교단별로 성찬식 순서를 소개하는 예전 예식서가 있다. 감리교나 성결교는 예배서가 있고, 합동이나 고신, 합신 등은 예전 예식서가 있다. 개교회는 일차적으로 자신이 속한 교단의 예식 지침을 참고할 필요가 있다. 성찬식을 더욱 의미 있고 풍성하게 시행하기 위해 고려해야 할 요소들은 다음과 같다.

1) 어떤 메시지를 준비할 것인가?

성찬식을 자주 거행하다 보면 설교자는 더 이상 설교할 본문이 없다는 상황에 봉착하고, 청중은 목회자가 성찬만 하면 늘 똑같은 소리만 한다는 불만이 생길 수 있다. 이 장에서 제시하는 성찬의 열두 가지 주제는 각기 설교 한 편의 핵심 본문이 될 수 있다. 그렇다면 최소 열두 편의 설교 주제를 확보하는 셈이다.

2) 빵과 포도주를 어떻게 분배할 것인가?

일반적으로 빵과 포도주는 옆으로 전달하여 분배한다. 이는 츠빙글리로부터 유래하였다. 그런데 이러한 방식은 하나 됨보다는 고립, 또는 개인적인 묵상의 시간으로 성도들을 이끈다. 성도가 서로 한몸이라는 성찬의 의미를 온전히 느낄 수 없다.

이를 개선하기 위한 방법으로, 성도들이 예배당 앞으로 나가 떡과 포도주를 받기도 한다. 루터교와 개혁파 교회들은 교회의 하나 됨을 강조하려고 하나의 잔을 돌리기도 한다. 이때 발생하는 위생적인 문제를 해결하고자 원을 만들어 서서 개인 잔을 배분하기도 한다.

윌로우 크릭 교회에서는 예배당 입구에서 빵과 포도주를 나누어 주고 먼저 먹지 말라고 당부한다. 그리고 인도자의 지시에 따라 모든 성도가 동시에 빵과 포도주를 먹는다. 수천 명의 성도가 동시에 같은 행동을 한다는 것은 하나 됨을 가시적으로 보여 주는 행위이다. 감리교와 정교회는 빵을 포도주에 찍어 먹기도 한다(intinction).

3) 대감사 기도를 준비할 것인가, 아니면 즉흥적으로 기도할 것인가?

성찬 기도인 "대감사 기도"(Great Thanksgiving)는 초대교회부터 지금까지 전해 내려오는 중요한 성찬 예식이다. 히폴리투스가 작성했을 것이라고 간주되는 기도문을 근간으로 각 교파는 대감사 기도의 모델을 제시해 놓았다. 대감사 기도는 하나님의 창조와 예수 그리스도의 대속 은혜, 그리고 우리에게 베푸신 것들을 기억하고 감사하며, 베푸실 것들을 기대하는 내용으로 구성되어 있다.

예식서가 있는 교단의 교회 성찬식에서는 그 내용을 따르면 되는데, 그럼에도 대감사 기도문보다는 개인 즉흥 기도를 선택하는 경우가 많다. 만약 대감사 기도문을 사용한다면 암송해서 하는 것이 좋다. 인도자가 예식서를 바라보느라 청중과 눈을 맞추지 못하면 예식의 무게감과 집중도가 낮아질 수밖에 없다. 예식에 대한 깊은 이해와 반복된 연습을 통해 인도자는 더 능동적으로 예식을 진행할 수 있다.

4) 성찬과 음악

북미주 개혁교회의 이전 찬송가였던 시편 찬송(Psalter Hymnal)에는 성찬 찬송으로 분류된 것이 열여덟 곡이다. "I Come with Joy to Meet My Lord"처럼 기쁨과 기대를 표현한 곡, "Lift up Your Hearts unto the Lord"와 같이 우리의 마음을 하나님께로 들어 올리는, 즉 "마음을 드높이"(Sursum Corda)의 의미를 담은 곡, 부활의 주님께서 이곳에 임재해 달라는 가사의 "Come, Risen Lord, as Guest among Your Own", 공동체가 함께 먹고 마시자는 의미를 담은 "Come, Let us Eat", "Let Us Break Bread Together"와 같은 다양한 주제의 찬송들이 있다.

한국 교회의 찬송가에는 성찬 찬송이 총 일곱 곡 나온다. "주 앞에 성찬 받기 위하여"(227장), "오 나의 주님 친히 뵈오니"(228장), "아무 흠도 없고"(229장), "우리의 참되신 구주시니"(230장), "우리 다 같이 무릎 꿇고서"(231장), "유월절 때가 이르러"(232장), "자비로 그 몸 찢기시고"(233장). 이 외에도 성찬 때 사용하면 좋은 곡들은 다음과 같다. "큰 영광 중에 계신 주"(20장), "주 예수 해변서"(198장), "성자의 귀한 몸"(216장), "나의 죄 모두 지신 주님"(256장), "큰 죄에 빠진 날 위해"(282장), "외롭게 사는 이 그 누군가"(291장), "하나님은 외아들을"(294장), "나 같은 죄인 살리신"(305장), "내 평생 살아온 길"(308장), "내 너를 위하여"(311장), "내 주 되신 주를 참 사랑하고"(315장), "못 박혀 죽으신"(385장), "십자가 그늘 아래"(415장), "십자가로 가까이"(439장) 등이 있다. 복음성가 "살아 계신 주", "성찬의 식탁으로" 등도 성찬에 사용할 수 있다.

성찬식에서는 분병과 분잔 시, 그리고 성도들이 묵상할 때 다양한 음악이 들어갈 수 있다. 특송이나 회중 찬송, 악기를 활용한 독주나 중주 연주도 가능하다. 음악 선곡에 있어서 절대적인 기준을 한마디로 정리하기란 쉽지 않다. 그 음악을 통해 우리의 마음이 하나님께 집중하게 되는지, 우리의 마음이 하나님께로 가까이 가는지를 확인해 본다면 선곡에 큰 도움이 될 것이다.

5) 구제 헌금 순서를 넣을 것인가?

초대교회 교부 순교자 유스티누스의 〈제1변증서〉 67장을 보면, 성찬 순서에 이웃을 위한 구제 헌금이 있다.[19] 칼뱅을 포함한 종교개혁자들은 이 구제 헌금으로 이웃을 돕는 봉사(디아코니아) 사역을 감당하였다. 해외 여러 교회에서도 성찬식 중에 구제 헌금을 걷는다. 이때 모인 돈은 이웃을 돕는 일에만 사용된다. 성찬 안에 하나님과 교제하고 그 교제를

---

19 St. Justin Martyr, *St. Justin Martyr: The First and Second Apologies*, ed. Walter Burghardt, John Dillon, and Dennis McManus, trans. Leslie William Barnard, Ancient Christian Writers 56 (New York: Paulist Press, 1997), 71.

이웃과의 교제로 이어지게 하는 교육적 의미가 있다고 할 때 이 순서는 꼭 필요하다.

나가면서

한국 교회가 성찬의 의미를 회복하려는 일에 관심을 가지는 것은 바람직한 일이다. 그러나 단순히 성찬을 많이 시행한다고 해서 자동적으로 성찬이 회복되는 것은 아니다. 성경에 나오는 성찬의 풍성하고도 다양한 의미를 제대로 파악하고, 그것을 예배 속의 설교, 찬송, 기도, 봉헌 등의 순서에 적용해야 한다.

예를 들어 성찬의 이해가 "주님의 죽으심과 고난"의 수준에만 머물러 있다면, 찬송 선곡이나 기도도 주님의 죽음에만 초점을 맞출 것이고, 결국 성도들은 성찬식을 주님의 장례식 정도로 여길 것이다. 그렇다면 성찬을 자주 시행하기가 쉽지 않다. 장례식을 자주 치르기를 원하는 성도들이 몇이나 되겠는가? 그러나 앞에서 살펴보았듯이, 성찬에는 열두 가지의 의미가 들어 있다. 성도들이 성찬에 담긴 "감사", "영적인 양식 공급", "주님 나라에서 경험할 천국 잔치"와 같은 의미들을 메시지나 찬양, 기도에서 느낄 수 있도록 예배를 기획해야 한다. 보이는 말씀인 성찬에 대한 이해의 지평이 넓어질 때 성찬을 사모하는 마음도 더욱 커질 것이다.

Q&A

1. 성찬을 가리키는, "Eucharist", "Communion", "Lord's supper", "Mass"는 각각 성찬의 어떤 차원을 강조하는 용어인가요?

2. 성찬의 열두 가지 의미를 적어 보세요.

3. 로마 가톨릭, 루터교, 츠빙글리, 칼뱅은 성찬에 대해 각각 어떤 신학적 입장을 취하나요?

4. 성찬 참여를 금지하는 것과 같은 권징들이 성도의 사회 윤리적 삶을 변화시킬 수 있을까요? 그렇다면 성찬의 어떤 특징 때문인가요?

5. 예배의 법칙(lex orandi)과 믿음의 법칙(lex credendi), 행동의 법칙(lex agendi)은 서로 어떤 관계가 있나요?

6. 빵과 잔을 어떤 방식으로 분배할 수 있나요? 일반적으로 시행하는 "전달하기"(passing)의 한계와 대안에 대해 나누어 봅시다.

7. 성찬식에서 기도와 찬양, 헌금은 어떤 내용을 담아 드리는 것이 적절한가요?

9

예배를 어떻게 기획할 것인가?[1]

 우리는 예배가 중요하다고 말하지만 예배 준비에 얼마나 많은 시간과 마음을 쏟고 있는가? 정성스럽게 작성된 설교만으로 준비가 끝났다고 볼 수 있는가? 한국 교회 담임 목사들은 새벽 기도회, 수요 기도회, 금요 철야 기도회, 주일 오전 및 오후 예배, 심방 설교 등 세계 어떤 목사보다 설교를 많이 한다.

 담임 목사는 토요일 저녁까지(혹은 주일 새벽까지도) 완성되지 않은 설교 원고와 씨름할 때가 많다. 이때 교회 음악 담당자와 반주자는 목사님이 설교 전후에 어떤 찬양을 할지 기다릴 수밖에 없다. 실력이 뛰어난 연주자는 갑

---

1 이 장은 고려신학대학원 교수 논문집에 실린 필자의 글을 수정 보완한 것이다. 문화랑, "예배기획, 어떻게 할 것인가?",「개혁신학과 교회」제33호 (2019): 45-61.

자기 어떤 찬양이 주어져도 당황하지 않지만 그렇지 못한 연주자들도 많다.

담임 목사는 때로 별다른 고민 없이 찬양을 선택해서 주보에 넣거나 아니면 부교역자에게 이러한 일들을 다 맡겨 버리기도 한다. 이러니 설교 내용과 찬양이 전혀 연관이 없을 때도 있다. 예를 들어, 부활절 예배의 설교 주제가 부활인데 설교 앞뒤 찬양은 십자가의 보혈에 대한 내용이라면 성도들은 다시 고난 주간으로 돌아가는 듯한 느낌을 받는다. 찬송은 설교의 메시지를 생각나게 하고 그 의미를 다시 전달해 주는 역할을 한다. 설교와 동떨어진 찬송은 예배 구성 요소들의 통일성을 깨고, 초점을 흐린다. 그러한 예배에서는 구성 요소들이 성도들에게 줄 수 있는 신앙 형성의 효과를 제대로 누릴 수 없다.

어떤 목회자는 오직 설교에만 집중하겠다고 하면서 예배의 다른 순서들을 부교역자나 평신도 찬양 인도자에게 일임하기도 한다. 언뜻 들으면 말씀 선포에 최선을 다하는 말 같지만 한편으로는 매우 무책임한 발언이다. 성경과 신학에 대한 기초가 없는 상태에서는 찬양이라는 귀한 도구를 잘못 사용할 수도 있다. 목회자는 교회의 찬양을 지도할 책무가 있다. 단순히 설교만 전하는 자가 아니라 예배 전체를 이끌어 가는 인도자이다.

예배 기획의 예시

필자가 한 교회의 예배 기획 회의에 참관했던 내용을 나누고자 한다. 미시간 주 그랜드래피즈에 있는, 옥스퍼드 대학교에서 신약학 박사 학위를 받은 짐 삼라(Jim Samra) 목사가 시무하는 갈보리 교회이다. 이 교회는 은혜로우면서도 대중성 있게 예배를 드리는 것으로 유명하다. 이 교회의 예배 기획팀(worship planning team)인 담임 목사, 부목사들, 찬양 인도자, 지휘자, 무대 담당자, 음향 엔지니어는 월요일 오전 11시에 모여 회의를 한다. 이들은 어제 주일 예배에 대한 분석과 평가를 주일 오후 예배 후 이메일로 이미 나눈 상태였다. 사전 평가를 마친 상태에서 회의를 시작했기 때문에 내용이 매우 밀도 있고 건설적이었다. 그리고 서로 격의 없이 대화와 토론을 이어 갔다. 심지어 담임 목사의 설교에 대해서도 어떤 부분이 좋았다고 칭찬을 주고받았다.

그들은 분기별 예배 계획과 일 년 예배 계획을 다 세워 두었다. 절기에 맞추어 예배의 전체적인 밑그림을 다 짜 놓았고, 한 주 한 주 연주자, 찬양팀, 성가대(혹은 특별 찬양), 음향·조명 책임자들을 미리 정해 두었다. 이들은 예배를 정말로 소중하게 여기면서 정성껏 준비하였다. 예를 들어, 자신이 연주해야 할 예배의 날짜를 미리 알고 있다면 목표를 가지고 기도하고 연습하여 성실히 준비하게 될 것이다.

예배 기획의 구성을 위한 조언

교회 규모에 따라 예배 기획팀의 구성과 규모가 달라진다. 어떤 교회는 음악가도 많고, 음향실과 방송실에 유급 직원을 둘 수도 있는 반면에 어떤 교회는 반주자 없이 예배를 드리기도 한다. 대형 교회에서는 여러 개의 예배 기획팀을 두기도 한다. 각 팀에 상반기와 하반기, 혹은 분기별, 아니면 특정한 절기를 준비하도록 과제를 부여하는 것도 좋은 방법이다.[2]

---

2 Norma de Waal Malefyt and Howard Vanderwell, *Designing Worship Together: Models and Strategies for Worship Planning* (Herndon: Alban Institute, 2005), 42-43.

소형 교회 역시 기획팀이 필요하다. 담임 목사와 음악 담당 부교역자(또는 평신도 음악 지도자)로 예배팀을 구성할 수 있다. 우리 교회는 사람이 없다고 먼저 포기하지 말고, 담임 목사는 악기 연주나 찬양을 잘하거나 음향 시스템 등을 잘 다루는 성도가 있는지 파악해 보아야 한다. 때로 중고등학생 중에서도 음악에 재능이 있는 학생이 있다면 레슨을 받게 해서 예배의 음악팀에 세울 수도 있다.

담임 목사는 설교와 주보 칼럼, 그리고 심방 등을 통해서 예배가 얼마나 중요한지를 성도들에게 가르쳐 주고, 예배를 준비하는 일이 얼마나 영광스럽고 귀한 일인지를 인지시켜 주어야 한다.

일 년간의 예배 계획

예배 기획은 일 년이라는 큰 틀 안에 분기별, 매주의 계획이 들어간, 세 가지 차원으로 구성할 수 있다. 일 년 52주의 전체 계획을 세우는 것이 어렵게 느껴진다면 다음의 제안을 눈여겨보라.

1. 교회력을 활용하라[3]

교회력을 부정적으로 여기는 장로교인이 많다. 복음주의 예배학자인 로버트 웨버(Robert E. Webber)는 많은 개신교인이 교회력을 로마 가톨릭

---

[3] 각 교단은 교회력에 대해 다양한 반응을 보인다. 일반적으로 절기는 성탄절을 중심으로 한 절기들의 순환(cycle)과, 부활절을 중심으로 한 절기들의 순환으로 분류된다. Robert E. Webber는 절기를 빛의 주기와 생명의 주기로 나누고 절기의 신학적 핵심과 설교 포인트를 자세히 제시한다. Robert E. Webber, *Ancient-Future Time: Forming Spirituality through the Christian Year* (Grand Rapids: Baker, 2004).

의 잔재로 받아들여서, 교회력을 지킬 때 누릴 수 있는 유익을 놓치고 있다고 지적한다.[4] 그러나 오히려 개신교인들이 세상의 절기와 개념을 예배에 도입한다. 예를 들면, 스승의 주일, 어버이 주일, 6·25 기념 주일, 광복 기념 주일 등과 같은 개념과 사건을 공예배의 이름 앞에 둔다.

교회력이란 무엇인가? 보스턴 대학 신학부에서 예배학을 가르쳤던 장로교 신학자 호레이스 알렌(Horace Allen)은 교회력을 "예수 그리스도의 탄생, 죽음, 부활, 그리고 다시 오심 안에서 완성된 우리 구원의 역사의 리허설"이라고 설명한다.[5] 로마 가톨릭처럼 성경적인 핵심 절기 외에도 여러 절기를 지키는 과도한 교회력은 문제가 될 수 있지만, 교회력은 매년 예수 그리스도를 기념하며 자신을 돌아본다는 차원에서 개인의 신앙을 굳게 하는 역할을 한다.[6]

교회력과 절기들은 초대교회 때부터 형성되기 시작하였다. AD 386년에 작성된 요한 크리소스토무스(Johannes Chrysostomus)의 설교에는 교회력이 요약적으로 설명되어 있다.[7] 4세기 문헌인 〈에게리아 여행기〉(*Egeria's Travels*)에서는 수사인 에게리아가 당시 키릴로스(Cyril)가 목회하던 예루살렘 교회를 방문해서 본, 그 교회의 예배와 절기 준수를 자세히 언급하는 내용이 나온다.[8] 시카고 대학에서 의례학(ritual studies)을

---

4 Robert E. Webber, *Blended Worship: Achieving Substance and Relevance in Worship* (Peabody: Hendrickson, 1996), 119.
5 Horace T. Allen, *A Handbook for the Lectionary* (Philadelphia: Geneva Press, 1980), 25.
6 James F. White, *Introduction to Christian Worship* (Nashville: Abingdon Press, 2000), 78.
7 White, *Introduction to Christian Worship*, 64.
8 John Wilkinson, *Egeria's Travels* (London: S.P.C.K, 1971).

가르쳤던 조너선 스미스(Jonathan Z. Smith)는 교회력을 독특하게 분석한다. 그에 따르면, 초대교회 이후 기독교가 온 유대와 유럽으로 퍼져 나간 후 예루살렘을 성지로 생각하고 방문하고자 하는 움직임이 있었는데, 나중에 예루살렘이 접근 불가능한 장소가 되자 성지 순례를 못 하게 된 사람들이 의례적인 대안으로 시간을 거룩하게 하는 방법(교회력)을 택하였다고 한다.[9]

본 장에서는 교회력이 신학적으로 정당한지를 살피는 논쟁이 아니라, 절기를 준수하면 기독교의 진리를 머리뿐 아니라 전인으로 기억하고 배울 수 있다는 차원에 집중하고자 한다. 성경적인 절기를 지킬 때 우리는 삼위 하나님의 은혜를 생생히 기억할 수 있고, 또한 그 리듬 속에서 신앙생활을 해 나갈 수 있다.[10] 예배학자인 게일 람쇼(Gail Ramshaw)는 이렇게 주장한다. "우리가 절기를 지키면, 그 절기가 우리를 지킬 것이다."[11] 성경에 근거를 둔 교회력과 절기는 우리에게 교육적 경험을 선사한다. 그리고 그 경험은 신앙의 형성과 경건한 생활에 영향을 준다. 그러므로 한국 장로교는, 각 교단의 성향에 맞는 절기에 대한 지침을 주는 것을 고려해 보아야 한다. 개교회는 절기를 일 년 예배의 계획안에 넣어 큰 골격을 완성할 수 있다.

---

9 Jonathan Z. Smith, *To Take Place: Toward Theory in Ritual* (Chicago: University of Chicago Press, 1992), 74-95.
10 Robert E. Webber, *Worship Old & New: A Biblical and Practical Introduction* (Grand Rapids: Zondervan, 1994), 219.
11 Gail Ramshaw, *The Three-Day Feast: Maundy Thursday, Good Friday, Easter* (Minneapolis: August Fortress, 2004), 10.

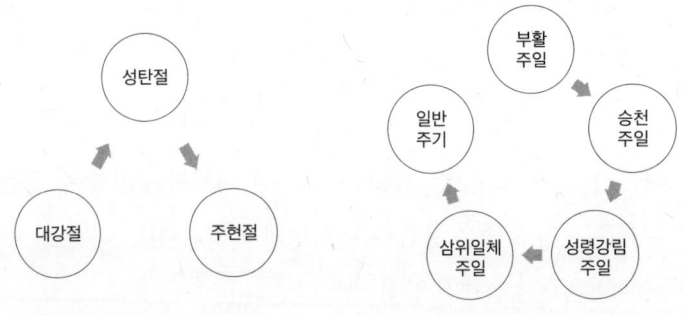

2. 설교 시리즈를 활용하라

윌로우 크릭 교회의 일 년 예배 계획을 보면, 특정한 주제에 초점을 맞춘 예배들이 있다는 것을 알 수 있다. 예를 들어, 성경적인 가정상을 가르침으로써 가정 회복을 촉구하는 가정 시리즈, 해외 선교와 사회 정의가 얼마나 중요한지를 다시 한 번 생각해 보게 하는 "연민과 정의"(compassion and justice) 시리즈, 지혜의 말씀인 잠언의 가르침을 강해하는 설교 시리즈 등 6-8주 정도의 시리즈 설교를 하는 동안에는 이 주제에 맞추어서 예배를 기획한다.

연속 설교를 미리 설정해 놓으면, 그 설교의 주제에 맞게 예배의 흐름을 통일성 있게 구성할 수 있다. 예를 들어, 선교를 주제로 연속 설교를 한다면, 그 주제에 맞는 찬양을 선곡해서 미리 연습하고, 가능하다면 교회가 후원하는 선교지의 실황을 화면에 담아 예배 중에 성도들에게 보여 줄 수도 있다. 또는 선교지 현지인 목사를 초청해도 좋을 것이다.

설교자를 초청할 때는 해당 시리즈의 주제를 잘 다루는 사람을 선별

해야 한다. 예를 들어, 가정에 대한 내용으로 한 달간 예배를 기획했다고 하자. 먼저 담임 목사가 성경에서 말하는 참된 가정의 모습이 무엇인지를 설교하면서 첫 주를 시작한다. 담임 목사가 몇 주 연속으로 이어서 설교할 수도 있지만, 그 주제의 전문가를 초청해서 새로운 시각으로 설교를 듣는 것도 좋다. 가정 시리즈에 합당한 메시지를 전할 수 있는 부목사를 세우는 것도 좋은 방법이다. 이렇게 계획된 설교 시리즈는 메시지와 예배의 콘텐츠를 더욱 풍성하게 해 준다.

3. 분기별로 세부 계획을 세우라

일 년 계획을 세웠다면 이제 3개월 또는 6개월 단위로 세부 계획을 세우고 각 팀별로 일을 분배해야 한다. 예를 들면, 오르간, 전자 키보드, 드럼, 현악기 등과 같은 연주자들과 음향 담당자 등을 미리 배치하는 것이다. 일 년에 두 번 정도는 모든 연주자와 담당자가 함께 모여 기도하고, 음식을 나누고 교제하며, 예배를 전체적으로 점검하고, 앞으로 남은 예배들을 준비하는 시간이 필요하다. 교회는 예산을 편성하여 이들이 재교육을 받을 수 있도록 강사를 섭외하거나, 특정 콘퍼런스에 참여하여 새로운 것을 배울 수 있도록 투자할 필요가 있다.

날짜	설교 주제	성경 본문	피아노/오르간/건반	기타/베이스/드럼	조명/음향
고난 주간					
부활절					
4월 둘째 주					
4월 셋째 주					
4월 넷째 주					
성령 강림절					

4. 교회의 찬송을 점검하라

예배 기획팀과 예배를 지도하는 예배 위원회는 교회에서 즐겨 부르는 찬송가들을 분류하여 신학적으로 건전한지, 예배의 내용에 적합한지를 점검해 보아야 한다. 찬송은 교회의 영적 분위기를 이끌어 가는 데 중요한 역할을 한다. 찬송은 신학을 반영한다. 그러므로 교회에서 자주 부르는 찬송들이 성도들의 신앙과 신학적 성향을 형성한다.[12] 단지 곡조가 좋아서 찬송을 선정하는 것은 성도들의 신앙관과 신학적 견해를 바꿀 수도 있는 위험성을 내포한다.

"경배와 찬양 운동"은 오순절 운동 및 신학과 밀접한 연관이 있다.[13] 장로교회에서 가사가 감동적이고 선율이 좋다는 이유로 "경배와 찬양 운동"의 복음성가만 부른다면 그 신학이 회중의 신앙관을 새롭게 형성할 수도 있다. 그러므로 담임 목사와 예배 기획팀은 회중 찬송 선곡을 평신도 인도자나 부교역자에게 전적으로 일임하기보다는 함께 연구하고 기획하는 작업을 거쳐야 한다. 미국 그랜드래피즈에 있는 종의 교회(Church of Servant)에서 음악을 담당하는 그렉 시어(Greg Scheer)는 좋은 찬양의 기준 중 하나를 "견고한 신학적 기초"와 "표현의 예술성"이라고 제시한다.[14] 즉 가사가 신학적으로 건전하여 신앙을 형성하는 데 도움을 주며, 음악적으로도 예술성이 있어야 한다는 뜻이다.

기획팀은 예배 때 성도 "개인"(I)의 내면과 감정 토로, 문제 해결에 초

---

12 Greg Scheer, *The Art of Worship* (Grand Rapids: Baker, 2006), 59.
13 Scheer, *The Art of Worship*, 15.
14 Scheer, *The Art of Worship*, 63-64.

점이 맞추어진 찬양만 부르지 않도록 주의해야 한다. 회중 찬송은 예배 공동체인 "우리"(We)가 하나님 앞에서 함께 그분을 높이고 찬양한다는 것이 기초가 되어야 한다. 그러므로 "나"(I)와 "우리"(We) 사이의 균형 잡힌 선곡이 필요하다.

담임 목사와 찬양 인도자와의 관계

담임 목사와 찬양 인도자는 예배에서 중요한 역할을 맡고 있지만, 상호 소통이 잘 되지 않아서 서로 오해하는 경우도 많다. 담임 목사는 때로 찬양 인도자가 신학적으로 훈련을 받지 못한 것을 아쉬워하거나 또는 인도자가 본인의 간증이나 말을 과도하게 많이 할 때 마치 한 편의 설교를 하는 것 같아서 불만을 가진다. 찬양 인도자도 마찬가지이다. 일반적으로 담임 목사는 음악에 대한 조예가 깊지 않다. 찬양에 대해 신학적으로 설명할 수는 있지만, 곡을 다양하게 알지 못하고 악보를 잘 못 읽기도 한다. 조 바꿈 같은 음악적인 기술을 사용하는 데에도 서툴다. 그래서 찬양 인도자는 담임 목사의 음악적 무지(?)에 답답함을 느끼기도 한다.

성장하는 교회들에는 공통적인 특징이 있다. 첫째, 담임 목사의 설교가 깊이가 있거나 신선하다. 둘째, 교회 음악과 찬양 인도자의 수준이 높다. 이것은 새로운 발견이 아니다. 무디의 부흥 운동 당시에는 당대의 유명한 음악가인 생키(Ira D. Sankey)의 도움이 있었다. 윌로우 크릭 교회만 보아도 빌 하이벨스(Bill Hybels)라는 탁월한 설교자와 뛰어난 실력을 가진 음악가들이 서로 협력하고 있다. 목사와 음악가는 하나님이 주신 달란트를 서로 나눔으로써 전체 예배를 조화롭게 구성해 나가는 시너지 효과를 거둘 수 있도록 해야 한다.

담임 목사와 찬양 인도자는 서로 협력자요 동역자라는 의식을 가지고, 평소에 신학과 음악에 대한 신념을 나누는 것이 중요하다. 담임 목사는 그 주의 설교 본문과 주제를 미리 찬양 인도자에게 알려 주어야 한다. 그래야 주제에 맞는 찬양을 선곡할 수 있고, 악기 연주팀도 충분히 연습할 수 있다. 만약 담임 목사가 설교에 대한 정보를 전혀 주지 않거나, 늦게 주거나, 또는 토요일 아침에 설교 본문이 바뀌었다고 통보하면, 음악을 담당하는 자들은 좌절과 분노, 절망감을 느낄 수밖에 없다.[15]

현실적으로 목사가 몇 주 정도의 설교 계획을 미리 세워 두기는 쉽지 않다. 미국의 목회자들은 일 년에 한두 달 정도를 할애하여 설교를 연구하는 기간으로 보내기도 하지만 한국의 목회자들은 설교와의 전쟁이라고 부를 만큼 빡빡한 일정 가운데 설교를 준비한다. 이러한 상황에서는 일 년 계획 중 절기와 교회의 특별 사역 기간을 먼저 분류해 놓고, 시리즈 설교를 그 중간 중간에 배치하면서 음악가들과 미리 교감을 나누는 과정이 필요하다.

예배의 기획 과정

예배를 기획하려면 어떤 과정을 거쳐야 할까? 사십 년간 지역 교회에서 담임 목회를 한 후, 칼빈 신학교에서 학생들을 가르쳤던 하워드 반더웰(Howard Vanderwell)은 경험에서 우러나온 조언을 한다.

---

15 Malefyt and Vanderwell, *Designing Worship Together: Models and Strategies for Worship Planning*, 1.

1. 먼저 담임 목사가 그 주 예배의 성경 본문과 봉독에 대한 정보를 예배 기획팀에 전달한다.
2. 기획팀은 해당 주간 예배의 전반적 주제를 확인한다.
3. 기획팀과 담임 목사가 모여 예배 요소들, 예를 들면 찬송, 다양한 형태의 기도, 특별 순서에 대한 의견들을 주고받는다.
4. 다른 특별한 순서들을 고려한다.
5. 예배 요소들을 최종화한다.
6. 예배 요소들을 적절히 배열한다.[16]

주일 예배 기획은 그 주간의 월요일이 아니라 그 전주 목요일부터 시작해야 한다. 해당 주간의 월요일은 너무 촉박하다. 다음 주일 예배에 대한 특별한 지침이나 아이디어는 늦어도 이번 주 주일 저녁까지는 공유되어야 한다.

어떤 사람들은 예배를 기획하고 예배의 요소와 순서를 정하는 것 자체가 성도들을 얽어매는 일이라고 주장한다. 잘못된 생각이다. 존 위트블리트는 이를 재즈 음악으로 예를 들어 설명한다. "재즈는 보통 즉흥적으로 연주하지만, 이것은 일단의 연주자들이 규칙적이고, 예견할 수 있고, 반복되는 화음의 구조를 따르기 때문에 가능한 것이다. 만일 이러한 구조가 없다면 그 음악은 무질서한 연주에 지나지 않는다. 이와 마찬가

---

16 Malefyt and Vanderwell, *Designing Worship Together: Models and Strategies for Worship Planning*, 139. Vanderwell이 제시한 여섯 가지를 직접 인용하였다.

지로 예배에서도 즉흥은 구조 내에서 일어나야 한다."[17] 즉 교회가 역사적으로 물려받은 예배의 요소와 구조는 불필요한 것이 아니라 예배에 질서와 의미를 부여해 주는 중요한 부분이다.

예배 인도의 자세와 기술

예배 인도란 단순히 설교만 하는 것이 아니다. 예배를 말씀, 기도, 성례, 찬송 등이 포함된 종합 예술이라고 했을 때, 인도자는 말씀 선포를 뛰어넘어 예배 전체의 흐름과 분위기를 주도하는 감독(혹은 프로듀서)과도 같다. 인도자는 청중이 하나님을 주목하도록 돕는 영적 지도력이 있어야 한다. 예배 인도에도 어느 정도 기술적 요소들이 작용한다. 다음 설명들은 위트블리트의 "당신은 예배를 인도하도록 요청받았습니까"(So You've Been Asked to Lead Worship)라는 글의 주요 항목에 필자의 해설을 덧붙인 것이다.[18]

첫째, 예배 인도자는 예배 전 기도로 준비해야 한다. 예배에 성령의 임재와 도우심이 있도록 간절히 기도해야 한다. 기도 없는 준비는 모래 위에 집을 세우는 것과 같다. 이 예배에 하나님이 은혜를 주시도록 간절한 마음으로 기도하라.

둘째, 계획 중인 예배를 집에서, 사무실에서, 혹은 예배당에서 사전에 전체적으로 진행해 보라. 직접 단상에 올라가서 회중석도 바라보고, 마

---

17 John D. Witvliet, "So You've Been Asked to Plan Worship", *Calvin Institute of Christian Worship*, November 11, 2014. https://worship.calvin.edu/resources/resource-library/so-you-ve-been-asked-to-plan-worship.

18 Witvliet, "So You've Been Asked to Lead Worship."

이크 높이도 확인해 보라. 전체 순서를 머릿속에서 그려 보거나 직접 연습해 보는 것은 실제 예배 진행을 원활하게 해 준다.

셋째, 공중 기도를 준비하라. 기도는 성령의 도우심을 전적으로 의지하여 즉흥적으로 드리면 된다고 생각하는 이들이 있다. 물론 즉흥적으로 기도할지라도 글로 써서 미리 준비하면 중언부언하지 않게 된다.

넷째, 예배의 한 요소와 요소 사이를 기계적으로 연결하지 말고 적절한 설명을 덧붙여서 분위기를 부드럽게 전환하라. 예를 들어, 설교의 주제가 "성령의 역사로 우리의 영혼이 소생된다"였고, 바로 다음 찬송이 "빈 들에 마른풀같이"라고 할 때, 인도자는 설교가 끝난 후 이렇게 말할 수 있을 것이다. "여러분, 우리는 성령의 사역으로 말미암아 우리의 영혼이 다시 살아날 수 있음을 배웠습니다. 이것을 찬송으로 함께 고백합시다."

다섯째, 성경 낭독을 연습하라. 성경 봉독은 예배의 중요한 요소이다. 봉독 자체를 성례전적으로 보는 경우도 있다. 성경 본문에 나오는 어려운 이름들과 낱말들을 제대로 발음하고, 화자가 바뀔 때마다 어조에 변화를 주며, 화자의 감정이 전달되도록 읽어야 한다.

여섯 번째, 교회에 처음 온 사람들을 배려해야 한다. 그들이 찬송가와 성경 구절을 잘 찾을 수 있도록 충분히 안내하고 기다려 주어야 한다.

일곱 번째, 복장을 단정하게 갖추어야 한다. 개신교에서는 인도자가 가운을 입지 않으므로, 인도자는 자신의 옷 자체에 성도들이 관심을 가지지 않도록 수수하고 기품 있게 옷을 입는 것이 좋다.

여덟 번째, 예배 전에 음향 시설을 점검해야 한다. 때때로 예배 시간에 담임 목사가 방송실 직원을 나무라거나 안 좋은 눈빛을 보내기도 한다. 유급 직원이든 일반 성도이든 어떤 상황에서 즉각적으로 반응하지 못하고 실수할 때가 있기 마련이다. 예배 인도자가 먼저 음향과 기구를 점검하는 지혜를 발휘하자.

아홉 번째, 참석자들과 미리 의논하라. 세례와 성찬과 같은 예식이 있을 때는 그 순서를 맡은 이들에게 자리 배치나 동선 등을 미리 알려 주고, 가능하다면 먼저 연습을 해 보는 것도 좋다.

열 번째, 성도들을 혼란스럽게 하지 말아야 한다. 예를 들어, 시간에 쫓겨서 찬송가의 일부만 불러야 할 때 인도자가 1, 2, 5절을 부르자고 하면 성도들은 찬양에 집중하지 못하고 혹시 자신이 실수할까 봐 계속 긴장한다. 이러한 상황에서는 최대한 단순하게 지시하여 혼동이 없도록 해야 한다. 다른 경우도 있다. 만약 시간이 없어서 "내 주는 강한 성이요"를 1절만 불렀다고 치자. 이 찬양의 1절은 마귀의 모략과 권세를 누가 당하겠느냐고 반문하며 끝난다. 2, 3절을 불러야 내용이 완성되는데 1절만 부르고 끝내면 성도들이 찜찜함을 느낄 수밖에 없다. 인도자는 이러한 부분까지도 사전에 미리 고려해야 한다.

열한 번째, 예배 요소 중에 어떻게 움직일지를 계획하라. 신앙고백을 할 때 일어나거나 공중 기도를 할 때 앉는 등 예배 요소마다 여러 움직임이 있다. 인도자가 세례를 받는 이들을 향해 걸어가기도 하고 유아 세례 때는 아기를 안고 회중석을 돌아다니기도 한다. 이러한 움직임을 머릿속으로 미리 그려 보라.

예배 인도 중 주의할 점[19]

1. 몸짓, 자세, 태도: 태도는 언어만큼이나 메시지를 잘 전하는 기능을 한다. 어떤 인도자는 강단에 올라가서 다리를 벌리거나 쭉 뻗고 앉아 있기도 한다. 성도들은 인도자가 강단 위에서 어떻게 행동하는지에 관심이 많다. 그 행동을 보고 인도자를 판단하기도 한다. 그러므로 겸손하고 정중한 태도를 취하는 것이 좋다. 외국의 경우 설교자가 주머니에 손을 넣고 말씀을 전하기도 한다. 그러나 한국의 상황에서는 더 정중한 자세가 요구된다. 그리고 가식적이지 않고 편안한 모습으로 성도들을 대해야 한다.

2. 예배의 진행 속도: 예배가 진행되는 속도나 예배드리는 시간에는 정답이 있을 수 없다. 교회나 회중마다 견해가 다를 것이다. 중요한 것은, 예배가 쫓기듯이 진행되어서도 안 되고, 그렇다고 너무 느려서 지루하게 진행되어서도 안 된다는 것이다. 때때로 침묵과 묵상의 시간이 필요할 때도 있고, 빠르게 연결해야 할 순서도 있다. 인도자가 연륜과 경험이 많을수록 더 자연스럽게 예배가 진행된다.

3. 발음과 어조: 인도자와 설교자는 성도들이 잘 알아들을 수 있도록 정확하게 발음하고 차분한 어조로 말해야 한다.

4. 눈 맞춤: 예배자들과 눈을 맞추며 이야기하면 메시지를 더 강력하게 전달할 수 있다. 예를 들어, 설교의 결론 부분에서 원고만 보면서 읽는 것보다는 성도들을 바라보면서 한 명 한 명 눈을 맞추며 이야기하면 더 감동적으로 메시지를 전할 수 있다. 그러나 원고를 다 외운 것을 뽐내듯이 시선을 과도하

---

19 위와 같이 항목들은 Witvliet가 제시하는 것들을 따랐고, 필자의 설명을 추가하였다.

게 돌리거나 한 방향만 뚫어지게 바라보면 성도들이 부담스러워할 수 있다.

예배를 함께 기획하는 것의 유익

하워드 반더웰은 사람들이 모여 예배를 함께 기획하는 것의 유익을 이렇게 밝힌다. "함께 작업하면 서로 창의성이 증가하고, 더 넓은 범위의 통찰, 지식, 기술을 얻을 수 있으며, 부족함과 근시안적인 사고를 교정할 수 있고, 건강하고 다양한 예배 요소들을 취할 수 있다."[20] 예배 기획을 함께할 때의 큰 장점은 넓은 시각을 가질 수 있고, 서로 지혜를 모아 시너지 효과를 낼 수 있다는 것이다. 더 나아가, 교회에도 유익이 되는데, 교회는 균형 잡힌 예배를 드릴 수 있고, 각 예배의 주제가 다양한 방법으로 강화될 수 있으며, 예배에 통일성이 생긴다.[21]

창의적인 기획

예배 기획팀은 하나님이 기뻐하시는 예배, 성도들이 하나님을 만나는 예배를 드리도록 계속 공부하고 기도로 준비해야 한다. 자료를 찾아보고 연구하며, 담임 목사에게 신학 지도도 받아야 한다. 새로운 것을 공급받지 못하면 곧 무기력해지고 만다. 마치 목회자가 성령의 능력으로 늘 새롭게 되지 않으면 때때로 번아웃(burn out)을 경험하는 것과 비슷하다. 교회에서는 예산을 충분히 책정하여 악보와 도서를 구입해 주고,

---

20 Malefyt and Vanderwell, *Designing Worship Together: Models and Strategies for Worship Planning*, 6.
21 Malefyt and Vanderwell, *Designing Worship Together: Models and Strategies for Worship Planning*, 8.

노래와 악기 레슨도 지원해 주어야 한다.

무엇보다 기획팀의 모임이 구태의연해지지 않도록 해야 한다. 매주 같은 내용과 뻔한 피드백을 나누다 보면 팀원들은 권태를 느끼거나 개인 간의 감정적인 대립이 발생할 수 있다. 갈보리 교회의 예배 기획팀을 기억하라. 그들은 이미 회의의 방향성과 의제들을 나눈 상태에서 모임을 시작했다. 그럴 때 창의적이고 생산적인 생각과 평가가 나올 수 있다.

예배 기획팀의 주의 사항

예배를 기획하거나 순서를 맡은 담당자는 마음의 중심에 어떻게 하면 내 행위로 하나님을 영화롭게 하고 찬양할 것인지를 늘 염두에 두어야 한다. 이들이 흔히 범하기 쉬운 잘못 중의 하나는 사람들의 관심을 끌어 인기를 얻고 싶은 내적 욕망일 것이다. 의식하든지 못 하든지 간에 인간의 죄악 된 본성은 이 부분에 취약하다.

찬양 인도자가 들을 최고의 찬사는 "찬양을 통해서 하나님께 더욱 기도하게 되었습니다"이지, "가창력이 좋군요", "선곡이 훌륭했습니다"가 아님을 명심하라. 설교도 마찬가지이다. 설교자 자신은 예수 그리스도의 십자가 뒤에 숨겨지고, 성도들로 하여금 하나님을 더욱 사랑하고 그분께 집중하게 하는 것, 이것이 최고의 설교가 아니겠는가? 하나님 중심성은 예배의 모든 것을 이끌어 가는 최고의 명제이다.

둘째, 예배는 항상 성경적, 신학적 건전성을 바탕으로 기획해야 한다. 창의적인 예배 요소를 넣겠다고 기독교의 본질을 훼손한다면 차라리 안 넣는 것이 낫다. 또한 사람들의 반응을 인위적으로 이끌어 내는 것은 예전적인 펠라기우스주의(liturgical Pelagianism)로 변질될 수 있음을 기억하라.

셋째, 기획팀은 예배의 주제와 요소들이 일관성(coherent) 있게 계획되고 실천되고 있는지 점검해야 한다.[22] 설교 본문과 관련이 있는 찬송가는 설교의 메시지를 더욱더 깊이 각인해 주는 좋은 도구가 된다. 기도도 예배의 주제와 내용에 부합할 때 더 기억에 남을 뿐 아니라 성도들을 더 깊은 기도의 자리로 인도할 수 있다.

넷째, 성도들이 능동적으로 참여할(active participation) 수 있는지를 점검해 보라.[23] 처음부터 끝까지 앉아서 드리는 예배는 성도들을 참여자라기보다는 구경꾼으로 만들기 쉽다. 다 같이 서서 신앙고백을 한다거나 박수를 치며 찬양을 하는 등의 움직임은 작은 부분이지만 성도들을 집중하게 하는 효과가 있다.

다섯째, 예배팀은 매주 그리고 분기별로 예배를 전체적으로 점검하고 평가해 보아야 한다. 여기에는 설교, 찬양, 시스템 등 모든 것이 포함된다. 설교를 평가하는 것이 가능한가 하고 생각할 수 있지만 얼마든지 가능하다. 상호 존중의 자세를 유지하면서 예의를 갖춘 조언은 순서 맡은 이들을 더 성장하게 한다. 스스로 자신의 부족함을 깨닫는 것은 쉽지 않다. 조언이 처음에는 껄끄럽게 들릴 수 있지만 마음을 열고 받아들이면 도움을 얻을 수 있다. 찬양팀도 마찬가지이다. 음악적으로, 신앙적으로 부족한 부분과 잘한 부분을 나눔으로써 더 발전할 수 있다.

---

22 Malefyt and Vanderwell, *Designing Worship Together: Models and Strategies for Worship Planning*, 142.
23 예배신학적 차원에서의 능동적 참여에 관해서는 다음의 책을 참조하라. Craig Douglas Erickson, *Participating in Worship: History, Theory and Practice* (Louisville: John Knox Press, 1989).

그러나 이렇게 평가하고 점검하는 일은 기획팀 내에서만 해야 한다. 성도 전체에게 예배에 대해 설문 조사를 벌이는 것을 조심해야 한다.[24] 성도들 중에는 신학적으로, 목양적으로 지혜를 가진 사람들도 많지만 개인적인 취향을 강하게 주장하는 사람들도 많다. 사소한 문제로도 의견이 갈라져서 성도들끼리 편을 나누어 대립할 수도 있다.

마지막으로, 예배를 기획하는 사람들은 성도들에게 어떤 은사가 있는지를 알고 있어야 하며, 성경적 지식과 영적인 감각을 가지고 지금 이 교회에 무엇이 필요한지를 파악하고 있어야 한다.[25]

나가면서

지금까지 예배 기획의 필요성과 장점 등을 살펴보았다. 예배를 기획하는 일은 단순히 사람들의 요구에 부응하기 위함이 아니다. 위트블리트가 말하듯이 "예배 기획자는 사람들의 입술에 기도의 말을 얹어 놓는, 중요하고도 무서운 직무를 맡고 있다."[26] 예배의 주제를 정하고, 성경 본문을 선택하며, 그에 따라 찬송을 고르는 것은 성도들에게 영적인 양식을 공급하는 중차대한 일이다. 예배를 기획하는 일은 결과적으로 예배자의 신앙을 형성하고 자라게 한다(formative function). 그러므로 예배 기획자들은 하나님 앞에서 영적으로 늘 깨어 있을 뿐 아니라 말씀을 연구하여 예배가 풍성해질 수 있도록 노력해야 한다.

---

24 마르바 던, 『고귀한 시간 '낭비' - 예배』, 김병국 · 전의우 역(고양: 이레서원, 2004), 104.
25 콘스탄스 M. 체리, 『예배 건축가』, 양명호 역(서울: CLC, 2015), 491.
26 Witvliet, "So You've Been Asked to Plan Worship."

Q&A

1. 예배 기획이 필요한 이유와 그 유익은 무엇입니까?

2. 교회 규모에 따라 예배 기획팀의 구성은 어떻게 달라지나요?

3. 일 년 예배를 기획할 때 생각할 수 있는 세 가지 차원은 무엇입니까?

4. 빛의 주기와 생명의 주기로 교회력을 설명해 보세요. 교회력을 지키면 어떤 교육적 효과가 있습니까?

5. 담임 목사와 찬양 인도자가 어떻게 동역해야 가장 좋은 효과를 낼 수 있을까요?

6. 매주 예배를 기획할 때 어떤 과정을 거쳐야 합니까?

7. 이 장에서 설명하는, 예배 인도자의 자세를 적어 보세요.

8. 예배 기획팀은 어떤 자세로 협력하며 예배를 기획해 나가야 할까요?

10
•

세대 통합 예배에 대한 고찰과 제언

최근 한국 교회는 세대 통합 예배에 대한 관심이 부쩍 높아졌다. 주일 공예배 전체를 세대 통합 예배로 드리는 교회도 있고, 오후 예배 시간을 이용하여 한 달에 한 번 정도 세대 통합 예배를 드리는 교회들도 많다. 새로움을 주기 위한 프로그램의 일환으로 이러한 형태로 예배를 드리기도 하지만, 근래에 세대 통합 예배의 필요성이 제기되는 데에는 중요한 신학적, 실천적 이유가 있다.

미국의 교회 교육학자인 존 웨스터호프는 "한 세대의 신앙이 왜 다음 세대로 전수되지 않는가"에 대해 수십 년을 연구하며 저작들을 발표하였다. 특히 그의 주저, 『교회의 신앙 교육』(*Will Our Children Have Faith?*)에서는 적어도 삼 세대가 함께하는 예배를 통해 신앙이 자연스럽게 후손들에게 전수될 수 있다고 주장한다.[1] 교육학자인 존 웨스터호프가 공적 예배에 참여함으로써 아이들이 신앙의 유산을 자연스럽게 접할 수 있고, 그것이 결국 신앙의 전수에 큰 기여를 할 것이라고 주장한 점은 흥미롭다.

필자는 이 챕터에서 예배학의 관점에서 세대 통합 예배가 왜 필요하며, 어떤 성경적 근거(warrant)가 있는지, 그리고 어떻게 기획되어야 하는지를 논하고자 한다.

세대 통합 예배의 필요성이 제기되는 이유

주일학교 제도는 어린이 전도와 양육, 교회의 성장에 큰 기여를 하였다. 주일학교를 통해서 수많은 불신 가정의 아이들이 교회에 나와서 복음을 받아들였으며, 이 아이들의 가족들까지 전도가 되는 경우도 많았다. 그러나 주일학교 제도가 발달할수록 아이들이 공예배에서 멀어졌다. 물론 일부 교단의 예배 모범에서는 아이들의 공예배 참여를 장려하지만, 개교회의 현실적인 문제로 아이들이 참여하지 못하는 상황이 이어져 왔다. 그러다 보니 아이들은 어른들이 듣고 부르는 설교와 찬송가를 점점 낯설어하게 되었고, 공예배의 분위기에 적응할 기회를 잃어버렸다. 그리고 그들만의 독특한 예배를 드리기 시작하였다.

대표적인 예가 "경배와 찬양 운동"과 함께 발전하였던 "열린 예배"이다. 젊은이들의 문화적 성향을 고려하고 복음을 쉽게 접하게 하려고 도입하였던 이 열린 예배로 인해 젊은이들과 어른들의 예배에 대한 세

---

[1] John H. Westerhoff, III, *Will Our Children Have Faith?*, revised edition (New York: Morehouse Publishing, 2000).

대 차이(generational gap)가 심화되었다. 젊은이들은 전통 찬송가를 더 이상 부르지 않고, 강렬한 비트와 리듬으로 이루어진 현대 복음성가(contemporary christian music)를 주로 부른다. 또한 시각적인 도구를 이용한 설교에 익숙하기에 공예배의 말씀 선포 시간을 견디지 못하고 힘들어한다.

사실 기독교는 책의 종교이다. 하나님의 말씀인 성경을 읽고 이를 선포하는 순서는 예배의 가장 중요한 요소이므로, 시간을 충분히 들여 강론해야 한다. 그러나 어린 시절부터 공예배를 경험하지 못하고, 자신들의 지적, 문화적 취향에 적합한 인스턴트 메시지만 들어 온 젊은 세대들은 성경을 읽고 듣는 것에 거부감을 느낀다. 그리고 세례와 성찬의 의미도 알지 못하고, 예배 의식이 줄 수 있는 신앙 형성의 유익도 경험하지 못하고 있다. 즉 어린 시절부터 어른들과 떨어져 예배를 드리게 하는 교회의 시스템이 세대 차이를 심화시키고 어린이들에게서 여러 배움의 기회를 빼앗고 있다.[2]

미국의 개혁주의 교단, 특히 북미 개혁교회(Christian Reformed Church)에서는 이러한 난국을 타개할 수 있는 가장 좋은 방법으로 성경에 나오는 예배를 추구하자고 제안한다. 그들은 성경이 모든 세대가 함께하는 예배의 형태를 강조하고 있다고 주장한다.[3]

---

[2] Holly Catterton Allen and Christine Lawton Ross, *Intergenerational Christian Formation: Bringing the Whole Church Together in Ministry, Community and Worship* (Downers Grove: InterVarsity Press, 2012), 31.
[3] 그들이 협력하여 작성한 대표적인 책은 다음과 같다. Howard Vanderwell, ed. *The Church of All Ages* (Herndon: Alban Institute, 2008).

세대 통합 예배를 지지하는 성경적 근거

성경에는 세대 통합 예배를 지지하는 구절이 많다. 칼빈 신학교의 기독교 교육학 교수였던 다윈 글래스포드(Darwin K. Glassford)의 글을 보라.

구약에 나타난 이스라엘의 예배는 세대 통합적이었다. 어린이들은 장막절 (레 23:33-43) 동안 부모와 함께 캠프 생활을 했다; 그들은 유월절의 의미를 부모에게 질문하였다(출 12:1-28; 신 16:1-8). 어린이들은 희생 제의의 광경들, 소리와 냄새를 예배 공동체의 구성원으로서 경험하였다(레 16장; 신 15, 19장).[4]

예배와 제사를 묘사하는 구약 본문을 보면 아이들도 그 자리에 함께 했음을 알 수 있다. 특히 절기를 지키는 모습을 그리는 본문에서는 가족이 함께 절기를 준수하면서 아이들이 자연스럽게 절기의 절차와 정신을 배울 수 있었고, 질문을 통해서 더 정확하게 그 의미를 알게 되었다고 묘사한다. 유월절의 경우, 아이들은 하나님이 어떻게 이스라엘을 인도하셨는지를(narrative) 부모에게 들었고, 모르는 부분은 질문을 해서 새롭게 알거나 교정해 나갔다. 이것은 참여를 통한 배움이 신앙 형성에 얼마나 효과적인지를 잘 보여 준다. 구약에는 아이들을 포함한 모든 세대가 하나님 앞에서 언약을 갱신하는 장면들이 자주 나온다.

하워드 반더웰은 신명기 29:10-11, 여호수아 8:35, 역대하 20:13, 느

---

[4] Darwin Glassford, "Fostering an Intergenerational Culture", in *The Church of All Ages: Generations Worshiping Together* (Herndon: Alban Institute, 2008), 71.

느헤미야 8:3, 시편 148:12-13을 보면 언약을 갱신할 때 모든 회중이 하나님 앞에 모여서 부르심에 합당하게 살겠다고 서약했다고 주장한다.[5] 모든 회중에는 어린이와 젖먹이, 외국인도 포함되었다. 반더웰은 예배는 일종의 언약을 갱신하는 것으로, 그 자리는 모든 세대가 함께할 수 있는 환경이 되어야 한다고 주장한다.

신약 성경에도 어린이들의 예배 참여를 그리는 본문이 많다. 마가복음 10:13-16에서는 예수님이 어린이들에게 큰 관심을 보이셨고, 그들에게 복을 주셨다. 사도행전 2:38-39을 보면 오순절 성령 강림이라는 역사 속에서도 어린이들은 약속의 수혜자였다. 여러 가족의 세례 장면(행 16:15, 31-34; 고전 1:16)에서도 초대교회 때부터 어린아이들도 세례를 함께 받았을 것이라고 추정할 수 있다. 반더웰은 이러한 근거들을 바탕으로, 어린아이들도 공예배에 참석해야 한다고 주장한다.[6]

성경의 여러 본문은 하나님의 백성이 공적으로 하나님께 나아갈 때 연령에 상관없이 모두 나아갔다고 증언한다. 사실 연령대에 따라 예배를 분리해서 드린 역사는 그리 길지 않다. 청소년 예배, 젊은이 예배 등은 교회의 상황에 의해 생겨난 형식이다. 이는 젊은 세대들을 교회로 유

---

5 Howard Vanderwell, "Biblical Values to Shape the Congregation", in *The Church of All Ages* (Herndon: Alban Institute, 2008), 22.

6 Vanderwell, "Biblical Values to Shape the Congregation", 23. 가족 세례에 아이들도 포함되었는지에 대해 학자들 간에 논쟁이 있었다. 신약학자 Joachim Jeremias는 아이들이 포함되었다고 주장한다. Joachim Jeremias, *The Origins of Infant Baptism: A Further Study in Reply to Kurt Aland* (Naperville: A. R. Allenson, 1963), 9-32. 그러나 Kurt Aland는 그의 견해에 반박한다. Kurt Aland, *Did the Early Church Baptize Infants?*, trans. G. R. Beasley Murray (Eugene: Wipf and Stock Publishers, 2004).

입하려는 시도 중 하나였는데, 이렇게 특정 세대의 취향만 고려하다 보면 예배의 본질을 놓칠 수도 있다.

어린이들의 공예배 참여 시행을 주저하는 이유

성경적 근거가 있는데도 교회가 세대 통합 예배의 시행을 주저하는 데는 여러 가지 이유가 있다.

첫째, 아이들의 인지 능력과 논리, 그리고 언어 능력이 성인들의 설교를 듣고 이해하기에는 부족할 것이라는 일반적인 인식 때문이다.[7] 사실 어린이들은 자신들의 생각을 논리적으로 잘 표현하지 못한다. 그러나 이것이 지식이 없음을 나타내지는 않는다. 마이클 폴라니가 주장하듯, "우리는 우리가 말할 수 있는 것보다 더 많이 알고 있다."[8] 바꾸어 말하면, 어른을 만족시킬 만한 논리적 설명을 할 수 없다고 해서 아이들이 배우지 못한다거나 지식이 없다는 뜻은 아니라는 말이다. 아이들은 참여를 통해 배운다. 아이들에게는 종교적 잠재력이 있으며, 참여함으로써 이해의 폭이 넓어질 수 있다.[9]

둘째, 아이들이 때때로 떠들고 울고 하는 것들이 예배의 경건한 분위

---

7 John D. Witvliet, "Barriers to Full Participation of Children in Worship", in *A Child Shall Lead: Children in Worship: A Sourcebook for Christian Educators, Musicians and Clergy* (Dallas: Choristers Guild, 2000): 31.

8 Thomas F. Torrance, ed. *Belief in Science and in Christian Life: The Relevance of Michael Polanyi's Thought for Christian Faith and Life* (Edinburgh: Handsel Press, 1980), 145.

9 Sofia Cavalletti, *The Religious Potential of the Child: Experiencing Scripture and Liturgy with Young Children*, trans. Patricia M. Coulter and Julie M. Coulter (Chicago: Liturgy Training Publications, 1992).

기를 헤친다는 걱정도 큰 이유이다.[10] 예배 시간에 아이들이 울거나 보챌 때 눈치를 주거나 아이들이 예배에 오는 것 자체를 꺼려하는 교회도 많다. 진정한 경건함이란 무엇인가? 고요함 자체를 경건함이라고 볼 수 있는가? 구약 시대에 드려진 제사의 모습을 생각해 보라. 짐승을 예물로 드릴 때 과연 조용하기만 했을까? 아이가 고의적으로 예배를 방해하는 경우라면 다른 문제이겠지만, 아이들이 울고 웃는 소리야말로 교회가 생명력이 있음을 나타내는 증거가 아니겠는가?

셋째, 아이들이 예배에 방해가 된다고 생각하기 때문이다. 이것은 철저하게 어른 위주의 생각이다. 하워드 반더웰이 지적하듯이 "예배에서는 모든 세대가 동등하게 중요하다."[11] 어린이, 젊은이, 장년, 노년 모두가 그리스도의 한몸이요, 하나님의 한 백성이다. 그러므로 교회는 어린이들을 공예배의 자리에 참여시키는 것을 주저하지 말고, 주님 앞에서 모든 백성이 함께 예배드리도록 지혜를 모아야 한다.

세대 통합 예배의 장점

첫째, 어린이부터 노인까지 하나님의 모든 언약의 백성이 함께 예배를 드리는 것은 가시적으로 교회의 한몸 됨을 나타낼 수 있다. 세대 통합 예배를 통해서 성도들은 주님 안에서 우리 모두가 한 가족임을 암묵

---

10 Joan Huyser-Honig, "All Ages Needed to Intergenerational Worship", *Calvin Institute of Christian Worship*, June 11, 2007. http://worship.calvin.edu/resources/resource-library/all-ages-needed-for-intergenerationalworship (2015년 9월 29일 검색).

11 Howard Vanderwell, "A New Issue for a New Day", in *The Church of All Ages* (Herndon: Alban Institute, 2008), 11.

적으로 배우고 느낀다.

둘째, 존 웨스터호프가 지적했듯이 모든 세대가 함께하는 예배는 한 세대의 신앙을 다음 세대로 자연스럽게 이어 줄 수 있는 중요한 매개체가 될 수 있다. 교육에는 의도적인 가르침(intentional teaching)과 비의도적인 가르침(unintentional teaching)이 있다. 의도적인 가르침이란 교실에서 행해지는 가르침이고, 비의도적인 가르침이란 참여를 통해 보고 배우는 차원에서의 교육을 말한다.[12] 공예배에 참여하는 어린이는 어른들이 예배드리는 모습을 보면서 기독교 신앙이 무엇인지, 예배를 어떤 자세로 드려야 하는지, 예배 요소와 순서에는 어떤 의미가 있는지를 배운다.

셋째, 교회의 교육적 사명을 깨달을 수 있다. 아이들의 교육은 부모의 사명일 뿐 아니라 교회 전체의 사명이다. 아이들은 부모와 교사들, 다른 어른들에게 사랑으로 교육받으면서 하나님의 백성으로 성장해 간다.

넷째, 세대 통합 예배는 어린이와 어른 모두에게 유익을 준다. 흔히 세대 통합 예배는 아이들에게만 좋은 예배이고 어른들은 아이들의 교육을 위해 희생한다고 생각하기 쉽다. 그렇지 않다. 어린이들이 어른들의 예배를 보며 배우는 것도 많지만 어른들 역시 아이들의 신앙의 모습에서 여러 가지를 배울 수 있다. 예를 들면, 순수한 호기심을 품고 신앙의 본질에 대해 질문하는 것, 경이를 느끼는 것, 충성심, 정직성, 신뢰 등이다.[13]

---

12 Thomas J. La Belle, "Formal, Nonformal and Informal Education: A Holistic Perspective on Lifelong Learning", *International Review of Education* 28 (1982): 159.
13 John D. Witvliet, "A New Vision for Children in the Worshiping Community", in *A Child Shall Lead: Children in Worship: A Sourcebook for Christian Educators, Musicians and Clergy* (Dallas: Choristers Guild, 2000): 8.

세대 통합 예배를 기획할 때 주의할 점들

첫째, 다양한 연령이 회중석에 앉아 있다고 해서 세대 통합 예배의 유익을 저절로 얻을 수 있는 것은 아니다. 모든 회중이 적극적으로 참여할 수 있도록 예배 요소와 순서를 유기적으로 구성해야 한다.[14] 아이들이 능동적으로 참여할 수 있는 예배를 기획하라.

둘째, 세대 통합 예배 시행을 주저하는 가장 큰 이유는 아이들이 설교를 이해할 수 있을까 하는 문제 때문이다. 아이들은 어른들의 생각을 뛰어넘는 이해력을 가지고 있다. 그렇다고 해서 아이들을 배려하지 않고 어른들만 이해할 수 있는 어려운 설교를 하라는 말은 아니다. "유치부 설교를 잘하면 성인 설교도 잘할 수 있다"라는 말도 있듯이, 좋은 설교는 많은 사람이 이해할 수 있는 설교이다. 세대 통합 예배의 설교는 가능한 한 많은 청중이 이해할 수 있는 어휘를 사용하고, 전달 방법도 쉬워야 한다. 쉬운 설교와 유치한 설교는 명백히 다르다.[15]

셋째, 세대 통합 예배를 특정한 날이 아니라 매주 공예배에 시행한다고 할 때 고려해야 할 점은 어린아이들이 예배의 어느 부분까지 참여해야 할까 하는 것이다. 세대 통합 예배를 드릴 때 많은 교회가 예배의 시작을 아이들을 위한 설교로 한다.[16] 담임 목사나 어린이 담당 사역자가 설교를 마

---

14 James D. Whitmire, "Intergenerational Worship," https://www.mabtsne.edu/sites/all/themes/midamerica/uploads/Whitmire—Intergenerational-Worship[1].pdf.

15 John D. Witvliet, "Perspectives on the Role of Children in Worship", in *A Child Shall Lead: Children in Worship: A Sourcebook for Christian Educators, Musicians and Clergy* (Dallas: Choristers Guild, 2000): 9.

16 Kelly A. Clem, "Worship: For Adults Only?", in *A Child Shall Lead: Children in Worship: A Sourcebook for Christian Educators, Musicians and Clergy*, ed. John D. Witvliet (Dallas:

치면 아이들은 다른 장소로 이동해서 주일학교 모임을 한다. 로마 가톨릭에서는 어린이들이 공예배의 시작 부분에 참여했다가 다른 곳에서 교리교육을 받은 후 성찬을 받기 전 다시 예배당으로 와서 예배의 끝까지 참여한다. 어떤 개혁교회에서는 처음부터 끝까지 어린이가 가족석에 앉아서 부모와 함께 예배를 드린다. 각 교회마다 상황이 다르고 예배와 교육에 대한 견해가 다르기 때문에 특정한 형식만 옳다고 주장할 수는 없다.

넷째, 어린이가 처음부터 끝까지 참여한다고 했을 때, 아이들이 예배의 방관자나 구경꾼이 아니라 능동적 참여자(active participation)이자 온전한 예배자가 되도록 교회는 지혜를 모아야 한다. 악기 연주팀에 어린이들을 소속되게 할 수도 있고, 찬양대를 어른과 함께할 수도 있다. 때로 어린이 찬양대가 특송을 해도 좋다. 또는 안내팀에 소속되어 예배당 입구에서 인사를 하며 주보를 건네 줄 수도 있다. 미국 개혁교회에서는 아이들을 성경 봉독에 참여시키기도 한다. 이 경우 아이들이 말씀에 더 친숙하게 다가갈 수 있을 뿐 아니라, 자신들이 맡은 역할에 대한 인식도 높아진다.

다섯째, 세대 통합 예배와 주일학교를 어떻게 조화시킬 것인가에 대한 연구도 필요하다. 주일학교 제도도 장점이 많다. 연령과 발달 단계에 맞추어 학급을 구성하기 때문에 아이들의 흥미와 수준에 맞는 교육을 할 수 있다. 또한 또래 집단과의 교제를 통해 교회에 소속감을 느낄 수도 있다. 그러므로 세대 통합 예배만 옳고 주일학교를 없애야 한다거나, 아니면 세대 통합 예배는 현시대에 불가능하다는 편협한 견해를 가지기보다

Choristers Guild, 2000), 11.

는, 각 교회의 사정과 구성원들의 특성에 맞게 예배와 교육 체계를 점진적으로 발전시켜 나가는 것이 필요하다.

세대 통합 예배의 기획

먼저 각 세대를 대표할 수 있는, 어린이, 젊은이, 장년, 노인에 이르는 다양한 사람들이 예배 기획팀에 포함되어야 한다.[17] 바꾸어 말하면, 세대 통합 예배를 기획할 때는 세대별로 사고적, 문화적, 언어적 특징과 수준을 파악해야 한다. 그리고 어떤 찬양을 좋아하는지, 잘 알지 못하는 찬양은 무엇인지 조사해 보아야 한다.

둘째, 어린이 찬양대를 잘 활용하여 성인 찬양을 이끌 수 있다.[18] 최근 우리나라에서는 시편 찬송에 대한 관심이 확대되고 있는 추세이다. 시편 찬송의 곡조를 많이 현대화해서 부르기도 하지만, 낯선 곡조도 많다. 어린이들은 새로운 것을 흥미로워하며 잘 받아들인다. 어린이 찬양대에서 시편 찬송을 선창하고 어른들이 따라 부르는 식으로 배움의 시간을 갖는 것도 좋은 방법이다.

셋째, 어린이들을 위한 주보(children's bulletin)를 준비하라.[19] 미국의 어떤 교회에서는 예배의 순서와 의미를 그림으로 표현한 어린이 예배 안내서를 제공한다. 아이들은 그것을 보고 예배에 대해 배울 수 있고, 모르는 것은 부모에게 물어볼 수도 있다. 한 시간이 넘는 예배 시간 동안

---

17 마르바 던, 『고귀한 시간 '낭비' - 예배』, 87-99.
18 Greg Scheer, *The Art of Worship* (Grand Rapids: Baker, 2006), 83.
19 Kelly A. Clem, "Worship: For Adults Only?", 12.

어린이들이 지루해하지 않도록 세심하게 배려한 것이다. 이러한 배려가 아이들을 더 적극적인 예배의 참여자로 성장하게 하는 밑거름이 된다. 눈이 어두운 어르신들을 위해 활자가 큰 주보를 만드는 것도 좋은 방법이다. 미국의 많은 교회에서는 어린이 주보와 활자가 큰 주보를 같이 만들어서 비치해 둔다.

넷째, 진정한 세대 통합이 이루어지려면 교인들에게 모든 세대가 함께하는 예배의 중요성을 적극적으로 가르치고 강조해야 한다. 담임 목사가 몇 주에 걸쳐 말씀 선포를 통해 이를 설명하거나, 주보 안에 별지를 넣어 교인들의 인식을 고양시킬 수도 있다.

다섯째, 세대 통합 예배는 가정 예배와의 상호 작용을 통해서 신자들의 영적 생활에 큰 유익을 줄 수 있다. 예를 들어, 매일 가정 예배를 드린다면, 월요일부터 수요일까지는 지난주 예배의 성경 말씀과 찬송을 읽고 부르고, 목요일부터 토요일까지는 이번 주일에 부를 찬송을 부르고 기도하면서 주일 예배를 기다리는 것이다. 세대 통합 예배는 가정 예배에 활력을 줄 수 있도록, 가정 예배는 자녀들에게 예배를 훈련할 수 있도록 기획해야 한다.[20]

나가면서

백오십여 년 전 찰스 스펄전(Charles Haddon Spurgeon)은 이렇게 말했다.

---

20 John D. Witvliet, "Worship at Home: Some Patterns to Connect Church and Home", in *A Child Shall Lead: Children in Worship: A Sourcebook for Christian Educators, Musicians and Clergy* (Dallas: Choristers Guild, 2000): 69.

"나는 어린이들을 회중들에게서 분리시키는 것이 큰 실수라고 느낀다."[21] 스펄전은 시대를 꿰뚫어 보는 통찰이 있었던 것 같다. 현대의 교회는 너무나도 세분화된 예배로 인해 예배 문화에 있어서 세대 간의 격차가 심하며, 성도들이 예배 공동체로서의 진정한 하나 됨을 경험하지 못한다.

예배는 하나님의 백성이 모여 함께 하나님을 찬양하는 행위이다. 예배를 드리러 오는 모든 사람이 환영받아야 한다. 공예배 참여 강조는 주일학교의 역할을 폄하하거나 불필요하게 만들지 않는다. 주일학교에서 시행하는 눈높이에 맞는 교육도 중요하다. 그러나 이것은 이차적인 부분이다. 교회교육의 일차적인 목표는 바른 예배를 드리는 성도를 양성하는 것이다.[22]

어린이들은 공예배에 참여하여 어른들이 예배드리는 모습을 보면서 예배의 정신, 요소, 순서를 암묵적으로 배운다. 예배 후에도 가정에서, 또는 다른 어른들에게 많은 것을 묻고 배울 수 있다. 세대 통합 예배의 유익은 어린이들만 누리는 것이 아니다. 어른들도 어린이들과 함께 예배드리면서 자신들의 신앙을 되돌아보게 된다. 아이들의 순수한 모습을 보면서 어린아이와 같은 마음으로 하나님을 예배하고자 하는 열망을 품고, 때때로 아이들의 미숙한 모습을 보면서 나 자신은 부족한 점이 없는지를 살핀다. 세대 통합 예배는 일시적으로 유행하는 예배 형태가 아니라 성경에 충실하며 본질에 충실한 예배임이 분명하다.

---

21 Allan Harkness, "Intergenerational Corporate Worship as a Significant Educational Activity", *Christian Education Journal* 7.1 (2003): 13.
22 Jason Postma, "Some Thoughts On Intergenerational Worship", *Rooted and Radica*(blog), August 26, 2010. https://rootedradical.wordpress.com/2010/08/26/some-thoughts-on-intergenerational-worship (2019년 4월 15일 검색).

Q&A

1. 주일학교가 공예배와 분리되는 현상이 젊은 세대의 신앙의 본질에 미치는 영향은 무엇입니까?

2. 다음 성경 본문에 나오는, 세대 통합 예배를 지지하는 근거는 각각 무엇입니까?

    a. 출애굽기 12:1-28; 레위기 23:33-43; 신명기 16:1-8

    b. 신명기 29:10-11; 여호수아 8:35; 역대하 20:13; 느헤미야 8:3; 시편 148:12-13

    c. 사도행전 16:15, 31-34; 고린도전서 1:16

3. 어린이들과 공예배를 함께 드릴 때 어떤 고민거리가 생길 수 있나요?

4. 세대 통합 예배가 교회와 다음 세대, (청)장년 성도에게 끼치는 좋은 점은 무엇일까요?

5. 세대 통합 예배를 드릴 때 설교자는 어떤 점을 고려해야 하나요?

6. 세대 통합 예배를 위한 예배 기획팀은 어떤 이들로 구성해야 합니까?

7. 세대 통합 예배를 기획할 때 특별히 유의해야 할 사항들은 무엇인가요?

부록

•

지적 장애인들이 성찬에 참여할 수 있을까?[1]

지적 장애인들이 성찬에 참여할 수 있는가? 1979년에 Catholic Church in America National Apostolate with Mentally Retarded Persons(NAMRP)가 지적 장애인들의 성례 문제에 관심을 보인 후, 1980년대부터 미국 복음주의 루터교회(Evangelical Lutheran Church in America, ELCA), 북미 개혁교회(Christian Reformed Church, CRC), 미국 개혁교회(Reformed Church in America, RCA), 미국 연합감리교회(United Methodist Church, UMC), 그리고 미국 연합장로교회(Presbyterian Church in the USA, PCUSA) 등 북미의 주요 교단들이 지적 장애인들의 성찬 참여 문제에 대

---

1 이 장은 미국의 Wipf and Stock Publishers의 허락을 받아 필자의 책 *Engraved upon the Heart* (Eugene: Wipf and Stock Publishers, 2015)의 4장을 요약하여 정리한 것이다.

한 신학적 논의를 시작하였다.[2]

특히 미국의 대표적인 장로 교단인 미국 연합장로교회와 개혁 교단인 북미 개혁교회, 미국 개혁교회는 교단적인 차원에서의 관심을 표명하면서, 개교회의 위원회(committee)와 부모, 가족의 판단과 도움 속에서 지적 장애인들이 공예배와 성례에 참여할 수 있다는 긍정적이고 실제적인 지침을 제시하였다.[3] 한국 교회는 이 문제에 대해, 미국 연합장로교회와 긴밀한 신학적 유대를 맺고 있는 통합 교단과 지적 장애인들의 세례 문제를 다루었던 고신 교단 외에는 아직 범교단 차원의 논의와 관심이 많이 부족한 실정이다.[4]

근래에 지적 장애인들에 대한 사회적 관심이 높아지고 있다고는 하지만, 여전히 교회 내에서는 공예배 참석을 환영받지 못하거나, 다른 성도들과 교제를 나눌 기회가 거의 없다. 에릭 카터(Erik Carter)는 각 교회가 진정으로 지적 장애인들에게 관심이 있는지를 분별할 수 있는 예를 제

---

2 Edward Foley, "Introduction", in *Developmental Disabilities and Sacramental Access : New Paradigms for Sacramental Encounter*, ed. Edward Foley (Collegeville: Liturgical Press, 1994), 5. 각 교단의 연구 문서 목록은 Pathways to Promise Ministry & Mental Illness, "Faith Group Statements on Mental Illness." https://www.pathways2promise.org//pdf/resolutionsoffaithgruops.pdf (2013년 8월 31일 검색)을 보라.

3 Presbyterians for Disabilities Concerns, "Inclusion from the Inside Out: Welcoming God's Children of All Abilities." http://www.phewacommunity.org/images/disability-inclusion-packet-2011.pdf (2013년 11월 11일 검색); Christian Reformed Church of North America, *Acts of Synod 2013* (Grand Rapids: Christian Reformed Church, 2013), 612.

4 대한예수교장로회(통합) 사회봉사부, 『총회사회선교정책 문서자료집』(서울: 한국장로교출판사, 2007); 고려신학대학원 교수회, "정신지체우들의 세례 문제에 대한 교회의 답변", 『60회 총회 보고서』(서울: 대한예수교 장로회 출판국, 2010), 180-186. 2019년 총회에서 고신 교단은 지적 장애인의 세례를 허락하였다. 2009년에 한국 장로교 연합회는, 교단 차원의 결의는 아니지만, 지적 장애인들의 성례 문제에 대한 실제적인 지침을 제시하였다. 김해용, 『발달장애인 성례지침서』(서울: 한장연, 2009).

시한다. 그의 조사에 따르면, 사백 명의 회중이 참석하는 교회라면, 사회 속 지적 장애인들의 비율을 고려할 때 최소 열두 명의 지적 장애인들을 볼 수 있어야 한다. 천 명이 참석한다면 서른 명 이상을 볼 수 있어야 한다.[5] 그러나 지적 장애인들을 위한 전담 부서가 있는 교회를 제외하고는 예배의 현장에서 그들의 참여를 보기가 쉽지 않다. 이것은 그동안 교회가 그들에게 충분한 사랑과 관심을 주지 않았음을 단적으로 보여 준다.

사실, 성경에는 지적 장애라는 용어 자체가 나오지 않고, 그들의 성례 참여 문제도 전혀 다루지 않는다.[6] 교회의 역사를 살펴볼 때도, 개혁주의 신앙고백서들도 이 사안을 다루지 않았다. 1552년에 작성된 "미크론 소요리문답"(Micron's Shorter Catechism)이 유일하게, 지적 장애인들이 어린아이나 청각 장애인들과 같이 특수한 상황에 처해 있음을 고려해서 하나님의 주권적 능력을 의지하며 그들에게 세례를 수여해야 한다고 주장하지만, 성찬 참여에 대해서는 침묵한다.[7] 한국 교회의 신학에 큰 영향을 미치는 존 칼뱅 역시 지적 장애인의 성찬 참여 문제를 언급하지 않았다. 다만 어린이의 성찬 참여 언급을 통해 그의 입장을 추측할

---

[5] Erik W. Carter, *Including People with Disabilities in Faith Communities: A Guide for Service Providers, Families, and Congregations* (Baltimore: Paul H. Brookes Publishing, 2007), 54.

[6] Amos Yong, *Theology and Down Syndrome: Reimagining Disability in Late Modernity* (Waco: Baylor University Press, 2007), 21. KJV에서는 살전 5:14의 "마음이 약한 자"를 "feebleminded"로 번역하였다. 원문에 사용된 "ὀλιγόψυχος"를 대다수의 신학자는 "낙심한 자들"(the disheartened)로 이해한다. Gordon D. Fee, *The First and Second Letters to the Thessalonians* (Grand Rapids: Eerdmans, 2009), 210; Gregory K. Beale, *1-2 Thessalonians*, IVPNTC, ed. Grant R. Osborne (Downers Grove: InterVarsity Press, 2003), 165. 필자는 이 구절이 지적 장애인들을 가리키는 것이 아니라고 생각한다.

[7] Willem van 't Spijker, *The Church's Book of Comfort* (Grand Rapids: Reformation Heritage Books, 2009), 142.

뿐이다. 그는 "성찬은 이미 유아의 시기를 지나 딱딱한 음식을 취할 수 있는 성인들에게 베풀어지는 것이다"라고 주장하였다.[8] 또한 고린도전서 11:28-29을 언급하면서, "그리스도의 거룩한 몸을 올바로 분별할 줄 아는 자들만이 성례에 합당하게 참여할 수 있다면, 유아들에게 생명을 주는 양식이 아니라 독이 되는 것을 줄 이유가 어디에 있는가?"라는 견해를 피력한다.[9] 이처럼 『기독교 강요』에 나타난, 어린이의 성찬 참여에 대한 칼뱅의 견해는 부정적이다. 이와 비슷하게, "하이델베르크 교리문답서"를 작성했던 우르시누스(Ursinus)는 "유아들은 성찬으로 나아갈 수 없다. 그들은 실지 믿음을 소유하지 못하기 때문이다"라고 주장했다.[10] 이로 보아 칼뱅과 개혁주의 전통은 지적 장애인들의 성찬 참여에 부정적이었을 것이라고 추측할 수 있다.

지적 장애인들의 성찬 참여의 적절성을 논의할 때 가장 중요한 과제는 바로 그들의 인지 능력에 대한 연구이다. 과연 그들은 기독교 신앙의 핵심을 알 수 있고, 성찬의 의미를 이해하여 성찬에 참여할 수 있는가? 꼭 뛰어난 인지 능력이 있어야만 종교적 개념(religious concept)을 가질 수 있는가? 인지 능력이 부족해도 기독교의 진리를 이해하고, 단순한 형태일지라도 신앙을 표현하는 사례들도 있지 않은가? 다음으로는 지적 장애인들은 어떻게 배우고, 어떻게 생각하는지를 연구해 보아야 한다. 신학적 숙고와 교단 차원의 결의 이전에 직접 그들과 함께 시간을

---

8   Calvin, *Institutes*, IV.xvi.30.
9   Calvin, *Institutes*, IV.xvi.30.
10 Zacharias Ursinus, *The Commentary of Dr. Zacharias Ursinus on the Heidelberg Catechism*, trans. G. W. Willard (Grand Rapids: Eerdmans, 1954), 425.

보내며, 그들의 사고와 학습 발달 과정과 특징을 살펴보아야 한다. 최근에는 인지 과학과 특수 교육의 발달로 말미암아 지적 장애인들이 어떻게 배우고 생각하는지를 연구한 결과가 많이 나왔다.

인지 능력과 종교적 개념과의 관계

지적 장애인들의 성찬 참여를 반대하는 가장 큰 이유 중 하나는, 그들이 비장애인들의 기대를 충족시킬 만큼 논리적으로 신앙을 고백하지 못하므로, 믿음에 대하여 바른 개념을 가지고 있지 않다고 간주하기 때문이다. 물론 종교에 대한 깊고 복잡한 이해에는 어느 정도의 인지 능력(cognitive ability)이 필요하다. 예를 들어, 발달 단계에 따른 하나님의 이미지에 대한 연구에서 어린이들은 분명히 하나님을 이른 시기부터 알고 있었지만, 성경적인 하나님의 개념을 발달시키는 데에는 시간이 소요되었다.[11] 그러나 어떤 연령의 아이들이든지 그들 나름대로의 종교적 이해(understanding)와 논리(logic)가 있다.

지적 능력은 신앙을 형성하고 종교적인 개념을 가지는 데 필요한 유일한 요소는 아니다.[12] 인간의 이성 외에도 많은 요소가 필요하다. 비록 우리가 신앙의 형성 과정을 다는 설명할 수 없을지라도, 하나님의 은혜가 신앙의 형성과 성숙 과정을 주관하신다는 사실은 안다. 이 은혜는 때때로 인간의 행동, 메시지, 음악, 참여들을 통해 역사한다. 예를 들어, 송

---

11 Kenneth E. Hyde, *Religion in Childhood and Adolescence: A Comprehensive Review of the Research* (Birmingham: Religious Education Press, 1990), 118.
12 Margaret A. Krych, *Teaching the Gospel Today: A Guide for Education in the Congregation* (Minneapolis: Augsburg, 1987), 16.

영(doxology)에 대해 생각해 보자. 송영은 신학적 논문이 아니라 예배 중에 하나님의 영광을 목도한 사람이 보이는 주관적인 반응이다.[13] 지능과 관계없이 사람은 하나님을 찬양할 수 있다. 왜냐하면 존재 자체가 예배하는 인간(*homo adorans*)이기 때문이다. 예배에서 하나님을 만나는 것은 인간의 인지 능력과 상태를 초월한다.

역사적으로 교회는 신앙 형성의 과정 속에서 인간의 이성과 인지의 역할을 강조해 왔다. 그래서 말로 설명하는 것(oral articulation)과 논리적인 측면에만 초점을 맞추다 보니 믿음의 심오한 측면을 간과해 버렸다. 카렌 마리 유스트(Karen Marie Yust)는 "믿음이란 일련의 신념이 아니고, 영적인 것들에 대한 잘 발전된 인지적 이해도 아니다"라고 말한다.[14] 그녀의 주장에 따르면, 믿음은 하나님께서 인간에게 베푸시는 은혜이며, 하나님과 인간의 관계 속에서 발전한다. 그래서 믿음(faith)은 이해(understanding)와 동일하지 않고, "인지적 이해"(cognitive understanding)의 차원으로 제한할 수 없다고 주장한다.[15] 즉, 개인의 인지적 능력에 따라 믿음의 상태가 결정되는 것이 아니라는 뜻이다. 믿음은 하나님의 은혜로운 선물이며, 예배에서 하나님을 만나고 경험하면서 신앙을 가지게 된다는 것이다.[16] 예배에 참여하면서 사람은 종교적인 감정(affection)과 이해

---

13 Catherine M. LaCugna, *God for Us: The Trinity and Christian Life* (San Francisco: HarperOne, 1993), 361.
14 Karen Marie Yust, *Real Kids, Real Faith: Practices for Nurturing Children's Spiritual Lives* (San Francisco: Jossey-Bass, 2004), 4.
15 Yust, *Real Kids, Real Faith: Practices for Nurturing Children's Spiritual Lives*, 4.
16 Yust, *Real Kids, Real Faith: Practices for Nurturing Children's Spiritual Lives*, 6.

를 발전해 나간다. 그러므로 믿음이란 인간의 인지와 개인적인 이해를 초월한다. 예배에 참여하는 것은 신앙 형성의 출발점이자 핵심이다.

지적 장애인들은 어떻게 배우는가?

지적 장애인들은 개인별로 인지 능력의 차이가 크며, 비슷한 지능을 가졌다 할지라도 어떤 환경에서 살아가느냐에 따라 적응 능력에 편차가 크다. 그러므로 지적 장애인들의 배움과 발달의 특징을 일반화하는 것은 쉽지 않다.[17] 바벨 인헬더(Barbel Inhelder)의 연구에 따르면, 지적 장애인들은 평범한 어린이들과 동일한 발달 단계와 과정에 따라 성장한다. 그러나 발달의 최종 단계는 그들의 개인적인 잠재력의 정도에 따라 결정된다. 중도 장애인(severely retarded children)들은 감각 운동기(sensorimotor stages)까지 도달할 수 있으며, 경도 장애인(mildly retarded children)들은 구체적 조작(concrete operation) 단계까지 도달할 수 있다고 한다.[18] 이 연구

---

[17] 일반적으로 지적 장애는 지능 지수(IQ)의 범위에 따라 4단계로 분류된다. 경도 지적 장애(mild mental retardation)는 IQ 50-55부터 70까지이며 지적 장애 인구의 약 85%를 차지한다. Barbara Tylenda, Jacqueline Beckett, and Rowland P. Barrett, "Assessing Mental Retardation Using Standardized Intelligence Tests", *International Review of Research in Mental Retardation* 34 (2007): 31. 중등도 지적 장애(moderate range)는 IQ 35-40에서 50-55까지이며 지적 장애인의 10%가 이 범주에 속한다. 중도 지적 장애(severe range)는 IQ 20-25에서 35-40에 속하며 전체 지적 장애의 3%에 달한다. 마지막으로 최중도 지적 장애(profound range)는 IQ 20-25이고 2%가 이 범주에 속한다. American Psychiatric Association, *Diagnostic and Statistical Manual of Mental Disorders* (Washington D.C.: American Psychiatric Association, 2004), 43-44.

[18] Barbel Inhelder, *The Diagnosis of Reasoning in the Mentally Retarded* (New York: John Day, 1968), 285. 같은 입장에 있는 최근의 연구는 다음과 같다. Edward Ziegler, "The Individual with Mental Retardation as a Whole Person", in *Personality Development in Individuals with Mental Retardation*, eds. Edward Ziegler and D. Bennett-Gates (Cambridge: Cambridge University Press, 1999), 1-16.

는 지적 장애인들의 발달에 대해 긍정적인 관점을 가지게 한다. 실제로 경도 장애인 중에는 직업을 가지고 사회생활을 하는 이들도 있다.[19] 그들의 인지 능력이 인헬더의 연구처럼 어느 정도까지는 발달이 가능한 것이다. 이와 대조적으로, 크레인(Lynda Crane)은 지적 장애인들은 단순히 발달이 지체되었다기보다는 비장애인들과 인지 발달의 구조와 과정이 다르다고 주장한다.[20] 즉, 지적 장애인들의 발달을 비관적으로 바라본다.

두 입장은 현재까지 첨예한 대립각을 세우고 있다. 그들의 논쟁점은 다음과 같다. 바벨 인헬더의 "발달적 접근"(developmental approach)의 관점에서는 비장애인들과 지적 장애인들의 인지 기능에 근본적인 차이가 없다고 주장한다.[21] 에드워드 지글러(Edward Ziegler)의 연구에 따르면, 만약 지적 장애인들이 "문화 친화적인"(cultural-familial) 환경에서 자란다면, 인지 수준이 비장애인과 동일하게 발달할 수 있다고 한다.[22] 비록 속도는 느릴지라도 발달 단계의 특징은 같다는 것이다. 즉 지적 장애인들이 처한 가정 환경과 교육 환경에 따라서 발달 수준에 차이가 생긴다. 이것은 근대 특수교육의 토대를 놓았던 레프 비고츠키(Lev Vygotsky)의 견해와 일맥상통하는데, 그는 경험(experience)과 연습(practice)을 발달의 필수 요인으로 본다.

---

19 Mary Beirne-Smith, James R. Patton, and Shannon H. Kim, *Mental Retardation: An Introduction to Intellectual Disabilities* (Upper Saddle River: Pearson, 2005), 262.
20 Lynda Crane, *Mental Retardation: A Community Integration Approach* (Belmont: Wadsworth, 2002), 32.
21 Peter Cole, "Developmental Versus Difference: Approaches to Mental Retardation: A Theoretical Extension to the Present Debate", *American Journal on Mental Retardation* 102 (1998): 379.
22 Edward Ziegler, "Developmental Versus Difference Theories of Mental Retardation and the Problem of Motivation", *American Journal of mental Deficiency* 73 (1969): 551.

그러나 크레인의 "차별화된 접근"(difference approach)에서는 지적 장애인들이 인지 능력이 떨어지며(deficits) 질적으로도 차이가 난다고 주장한다.[23] 로버트 카일(Robert Kail)은 "지적 장애인의 일반적으로 느린 정보 처리"(General Slowing of Information-Processing by Persons with Mental Retardation)라는 연구를 통해서, 지적 장애인들이 비장애인들과 인지 수준에서 큰 차이가 있음을 보여 준다.[24]

지적 장애인들의 인지는 비장애인들보다 더 경직되어 있고, 학습 전략도 떨어진다.[25] 특히 언어의 발달이 느리며, 새로운 정보를 배우고 적용하는 것을 어려워한다.[26] 그러나 이런 연구들이 지적 장애인들의 학습과 발달의 가능성을 부정하는 것은 아니다. 그들에게도 학습의 잠재력이 있다.

첫째, 지적 장애인들도 기억과 학습을 위한 전략들을 가지고 있다. 쾽(A. K. W. T. Kwong)은 사춘기 연령의 경도 지적 장애인들이 학습 전략을 가지고 있으며, 비장애인과 다른 방식으로 무언가를 기억한다는 사실을 확인했다. 경도 지적 장애인에게도 기억 및 학습 능력이 있다는 것이

---

23 Peter Cole, "Developmental Versus Difference: Approaches to Mental Retardation: A Theoretical Extension to the Present Debate", 379.
24 Robert Kail, "General Slowing of Information-Processing by Persons with Mental Retardation", *American Journal on Mental Retardation* 97 (1992): 333.
25 Beirne-Smith, Patton, and Kim, *Mental Retardation: An Introduction to Intellectual Disabilities*, 298.
26 Sheldon Rosenberg and Leonard Abbenduto, *Language and Communication in Mental Retardation: Development, Process, and Intervention* (Hillsdale: Lawrence Erlbaum Associates, 1993), 8.

다.[27] 그들은 단지 초인지(자신이 어떻게 생각하고 있는지에 대한 자기 인식)가 일반 청소년에 비해 부족할 뿐이다.[28] 복잡한 개념을 이해하고 배우는 일을 어려워하는 것처럼 보일지라도, 이들에게 맞는 초인지 발달 훈련을 제공한다면 기억과 학습 능력을 개발할 수 있다.[29]

둘째, 중등도 지적 장애인들도 학습 능력을 발전시킬 수 있다. 바바라 타일렌다(Barbara Tylenda), 재클린 베킷(Jacqueline Beckett), 그리고 롤랜드 배럿(Rowland P. Barrett)은 중등도 장애인들이 특수 교육의 도움으로 초등학교 2학년에서 4학년 정도의 수준으로 청소년기까지 학습 기술을 발전시킬 수 있음을 실험을 통해 확인하였다.[30] 이들은 중등도 장애인들이 비숙련공(unskilled workers)의 일들을 할 수 있다고 주장한다. 또한 준 다우닝(June Downing)은 중등도 장애인들이 책을 펴고, 본문을 가리키고, 질문을 이해하고, 단어를 학습하는 능력을 보였음을 실험을 통해 밝혔다.[31] 그러므로 최중도 장애인들의 경우는 학습 능력의 발전 상태를 증명하기가 쉽지 않지만, 지적 장애인들의 절대 다수를 차지하는 경도, 중등도 장애인들은 교육 친화적인 환경과 특수 교육의 도움을 받으면 어느 정도의

---

27 A. K. W. T. Kwong, "Memory Strategy Assessment with Adolescents with Mild Mental Disabilities" (Ph. D. dissertation, University of Alberta, 1994), 122-128.
28 Amanda Boutot and Brenda Smith Myles, *Autism Spectrum Disorders: Foundations, Characteristics, and Effective Strategies* (Upper Saddle River: Pearson, 2010), 26.
29 Tylenda, Beckett, and Barrett, "Assessing Mental Retardation Using Standardized Intelligence Tests", 171.
30 Tylenda, Beckett, and Barrett, "Assessing Mental Retardation Using Standardized Intelligence Tests", 31.
31 June E. Downing, *Academic Instruction for Students with Moderate and Severe Intellectual Disabilities in Inclusive Classrooms* (Thousand Oaks: Corwin, 2010), 21.

수준까지 인지와 학습 능력이 발달할 수 있음을 알 수 있다.

물론 경도 지적 장애인들과 중등도, 중도, 최중도 장애인들은 각기 인지 능력과 적응도에 있어서 차이가 크다. 새로운 것을 배우기 위해 많은 시행과 반복을 필요로 하며, 종종 반복 학습이 성공적이지 않을 수도 있다. 그러나 그들은 발달의 다른 측면들, 예를 들면 예술적 표현(artistic expression)으로 다양하게 잠재력을 보여 준다. 앙리 비소니에(Henri Bissonnier)는 볼맷(Volmat)의 연구를 통해 지적 장애인들의 그림을 분석한 결과, 그들이 비록 정신 수준(mental level)과 표현 능력이 연약할지라도, 그림과 음악으로 개인의 감정과 생각을 나타내고 있음을 발견하였다.[32] 브렛 웹 미첼(Brett Webb-Mitchell)은 지적 장애인들이 음악과 춤 등을 통해서 그들의 예술적 재능을 보여 주는 사례들을 그의 책에서 열거한다.[33] 지적 장애인들은 비록 의사소통이 어렵기는 하지만 소통 자체가 불가능하지는 않으며 다양한 방법으로 소통이 가능하다.[34] 한 가지 예로, 자폐증(autism)을 가진 아이들이 사용하는 반향 언어(echolalia)가 있다. 과거에는 이를 비기능적으로 생각했지만 지금은 자폐증 아이들이 주변인들과 소통하는 방법으로 인정한다.[35] 지적 장애인들의 보호자와

---

[32] Henri Bissonnier, "Religious Expression and Mental Deficiency", in *From Religious Experience to a Religious Attitude*, ed. Andre Godin (Chicago: Loyola University Press, 1965), 146.
[33] Brett Webb-Mitchell, *Beyond Accessibility: Toward the Full Inclusion of People with Disabilities in the Faith Community* (New York: Church Publishing, 2010), 45-48.
[34] Boutot and Myles, *Autism Spectrum Disorders: Foundations, Characteristics, and Effective Strategies*, 16.
[35] Boutot and Myles, *Autism Spectrum Disorders: Foundations, Characteristics, and Effective Strategies*, 16.

주변 사람들은 인내하면서, 비언어적인 다양한 방법을 사용하여 그들을 이해하려고 노력해야 한다. 시간을 함께 보내고, 행동 패턴을 관찰하여, 그들이 제공하는 정보의 파편들을 모두 종합해서 그들의 내면과 의도, 학습 능력을 판단해야 한다.[36]

지적 장애인들에게는 다양한 경험과 감각(시각, 청각, 촉각)을 활용한 학습 방법을 사용하면 효과적이다. 다운증후군 아동의 연구에서 폰 호프스텐(von Hofsten)은 5-6살 아이들 사이에서는 시각적 정보가 가장 중요한 정보 인식 방법임을 밝혔다.[37] 바르다 카르멜리(Varda Carmeli)와 엘리 카르멜리(Eli Carmeli)는 강의식 교육이나 음성 정보보다는 시각적 매체를 통한 교육이 더 효과적이라고 보고한다.[38] 지적 장애인들의 교육 커리큘럼을 작성할 때는 학습 특성을 고려하고 특수 교육에 대한 이해가 우선되어야 한다. 이들이 학습 전략을 배울 수 있도록 동기를 부여하면서 집중 수준을 증가시킬 수 있는 교육을 해야 한다.[39]

지적 장애인들의 인지 발달은 공동체 안에서 더 효과적으로 일어난다.[40] 이것은 비고츠키가 말한 "근접 발달 영역"(zone of proximal

---

[36] John Swinton and Harriet Mowat, *Practical Theology and Qualitative Research* (London: SCM Press, 2006), 239-240.

[37] N. Virji-Babul and D. Weeks, "Perception, Cognition, and Action: New Perspectives on Down's Syndrome", *International Review of Research in Mental Retardation* 38 (2009): 154.

[38] Varda Carmeli and Eli Carmeli, "Teaching Jewish Mentally-Retarded Youngsters Holiday Awareness through Symbols", in *Spirituality and Intellectual Disability: International Perspectives on the Effect of Culture and Religion on Healing Body, Mind and Soul*, eds. William C. Gaventa, Jr. and David L. Coulter (New York: The Haworth Press, 2001), 124.

[39] Tylenda, Beckett, and Barrett, "Assessing Mental Retardation Using Standardized Intelligence Tests", 154.

[40] Crane, *Mental Retardation: A Community Integration Approach*, 27-28.

development) 이론과 밀접한 연관이 있다. 그에 따르면, 동료와 남들의 도움을 받으면 개인은 자기의 실제 발달 단계보다 더 상위 단계의 문제를 해결할 수 있다.[41] 그리고 이 과정들이 학습자에게 내재화되면, 발달 성취의 한 부분이 된다. 이것이 예배에도 적용된다. 피아제(Piaget)와 같은 발달론자(developmentalist)의 영향으로, 일반적으로 사람들은 지적 장애인들이 그들의 발달 단계를 뛰어넘는 무언가를 경험할 수 없고 알 수도 없다고 생각한다. 그러나 예배의 참여(liturgical participation)는 그 이상의 효과를 줄 수 있다. 예배 요소들을 실천함으로써 그들은 인지 심리학자들의 기대를 뛰어넘는 행동을 한다. 특히 성찬은 그리스도의 고난과 사랑, 신자 간의 사랑을 배울 수 있는 기회이다. 시각, 청각, 촉각, 미각 등을 자극하는 예배 요소와 거기에 담긴 메시지는 단순한 설명 이상의 생생한 교육적 효과를 준다. 무엇보다 모든 성도가 함께하는 공동체의 예배에 참여하며 서로 교류하는 것을 통해 지적 장애인들은 그들의 인지 능력 이상의 것들을 경험할 수 있다.

경험의 중요성

인간은 경험을 통해 하나님에 대한 이해와 생각이 깊어진다. 유스트와 앤더슨은 경험 없이 "신비적 지식"(mystical knowledge)을 가르칠 수 없다고 주장한다.[42] 특히 신앙은 공적 예배의 현장을 떠나서는, 즉 가르침

---

[41] L. S. Vygotsky, *Mind in Society: The Development of Higher Psychological Process*, ed. Michael Cole (Cambridge: Harvard University Press, 1978), 86.
[42] Karen Marie Yust and E. Byron Anderson, *Taught by God: Teaching and Spiritual Formation* (St. Louis: Chalice Press, 2006), 136.

만으로는 설명할 수도 없고 경험할 수도 없다. 이해의 성장은 경험과 밀접한 관계가 있다.[43] 그러므로 신앙 형성을 위해서는 어린 시절부터 예배와 성례 참여의 기회가 충분히 제공되어야 한다. 제럴딘 도슨(Geraldine Dawson)과 줄리 오스털링(Julie Osterling)은 초기 개입(early intervention)이 장애인들의 행동 변화에 큰 도움을 준다고 보고한다.[44] 구랄닉(Guralnick)은 조기 교육이 지적 장애인들의 인지 발달을 촉진한다고 주장한다.[45] 즉 어린 시절부터 경험한 것들이 발달과 성숙에 큰 영향을 미친다는 것이다.

그러나 경험 자체가 학습 효과를 보장하지는 않는다. 바꾸어 말하면, 단순한 참여 이상의 것이 필요하다. 경험은 의미의 형성과 연결될 때 학습 효과가 있다. 만약 경험이 생각과 선택의 과정을 포함하지 않는다면 지식을 얻는 데 그리 효과적이지 않다.[46] 그러므로 지적 장애인들에게 참여와 교육의 기회를 줄 뿐 아니라, 그들이 직접 행동할 수 있도록 학습과 실천의 장도 마련해 주어야 한다. 그들은 시행착오를 겪으면서 의미의 그물을 엮어 나갈 것이다. 시각과 청각, 언어의 장애를 가졌던 헬렌 켈러가 어떻게 배움의 첫 단계를 통과했는지에 대한 증언은 우리에게 많은 것을 시사한다. 설리번 선생은 헬렌에게 '물'을 가르치려고 수많은 방법으로 노력했지만 쉽지 않았다. 결국 헬렌은 손으로 물을 만지는 경험

---

43 D. W. Hamlyn, *Experience and the Growth of Understanding* (London: Routledge, 2012), 12.
44 Geraldine Dawson and Julie Osterling, "Early Intervention in Autism", in *The Effectiveness of Early Intervention: Second Generation Research*, ed. Michael J. Guralnick (Baltimore: Paul H. Brookes, 1997), 307-326.
45 Michael J. Guralnick, "Effectiveness of Early Intervention for Vulnerable Children: A Developmental Perspective", *American Journal on Mental Retardation* 102 (1998): 319-345.
46 Hamlyn, *Experience and the Growth of Understanding*, 6.

을 한 후에야 물이라는 단어의 개념을 이해할 수 있었다. 이것이 시발점이 되어, 일상생활에서 다양한 감각적 경험으로 단어의 의미와 일반적인 개념들을 배워 나갔다.[47] 이것은 직접 경험하는 것이 이해와 개념의 형성에 얼마나 큰 영향을 미치는지를 여실히 보여 주는 단적인 예이다. 아무리 심한 장애를 가지고 있더라도 배움의 가능성은 여전히 열려 있다.

때때로 지적 장애인들은 특정 주제에 대한 인과성(causality)을 이해하지 못하기도 한다. 하지만 반복된 경험과, 남들과의 상호 행동은 이해를 성장하게 하고, 반응 유형을 만들어 낸다. 즉 반복된 행동을 함으로써 지적 장애인들은 논리적으로 사고를 연결해 볼 수 있다. 그러므로 교회에서는 이들을 예배에 참여하게 하고, 특별히 성례도 지속적으로 경험해 보도록 기회를 주어야 한다. 예배의 경험은 몸과 마음에 축적된다. 예배 요소들과 순서는 인간의 몸과 마음에 축적되며, 이를 통해 하나님을 만난다. 예배 안에서 예전의 참여는 인간과 하나님 사이의 접촉점을 형성한다. 물론 이것은 인간의 행동이 하나님의 사역을 촉진한다는 말이 아니다. 그러나 예배는 하나님과 인간 사이의 교통의 장소이기 때문에 언약 공동체에 속한 누구에게라도 참여가 허락되어야 한다.

예배의 자리에서 지적 장애인들은 하나님의 임재를 경험한다. 이것은 어린 시절부터 가능하다. 사람은 언어뿐 아니라, 움직임, 상호 간의 유대 속에서도 신앙을 배울 수 있다.[48] 예배는 찬양, 몸의 움직임, 하나

---

47 Horst Ruthrof, *The Body in Languages* (London: Horst Ruthrof, 2000), 65.
48 Howard Gardner, *Frames of Mind: The Theory of Multiple Intelligences* (New York: Basic Books, 2011), 350.

님과 성도, 그리고 성도들끼리의 상호 간의 교제로 구성되어 있다. 이러한 요소들이 인간의 전인에 영향을 미친다. 반복(repetition)과 참여(participation)는 특히 지적 장애인들에게 중요하다. 앙리 비소니에가 말하듯이, 지적 장애인들은 예전적 행동(liturgical act)과 성례가 반복적으로 시행되는 것에 깊은 관심을 가진다.[49] 실제 예배의 현장에서 무리 없이 그 순서와 과정에 적응하는 지적 장애인들도 많다. 그러므로 인지 능력이 부족한 이들을 위해 다양한 의사소통과 교육의 방법들을 고려해야 한다. 비장애인과 동일한 설교와 강의 방법으로는 온전한 이해를 기대할 수 없다. 시각적, 다감각적 방법들(multisensory methods)을 통해 교회는 이들의 이해를 높일 수 있다.

일반적으로 우리는 지적 장애인들을 인지적 능력과 발달 단계에 따라 나누고, 그들의 공예배와 성례 참여를 제한한다. 그러나 믿음은 경험과 밀접한 관계가 있다.[50] 사람은 경험하지 못한 것을 이해할 수 없다. 예배를 드리면서 사람은 하나님을 경험하고 그분의 은혜의 선물인 믿음을 받는다. 떡을 떼고 포도주를 마시는 성례의 실천과 그와 관련된 찬송을 부르면서 사람은 그리스도의 사랑과 희생을 더 생생히 떠올리며 배운다. 그렇다면 비장애인들의 판단으로 지적 장애인들의 참여를 제한하는 것은 그들에게 배움과 성장의 기회를 빼앗아 버리는 것일지도 모른다.

---

49 Bissonnier, "Religious Expression and Mental Deficiency", 149.
50 Friedrich Schweitzer, *Lebensgeschichte und Religion* (München: Gutersloher Verlagshaus, 2007), 241.

종교적 잠재력

신앙을 가진다는 것은 종교에 대한 내용들을 인지하는 것 이상의 차원이다. 그것은 하나님에 대한 인간의 인격적인 반응과 그분과의 교제를 포함한다.[51] 모든 사람은 종교적 경험을 받아들일 수 있는 능력(capacity)이 있다.[52] 즉 신의 존재를 깨닫고 의지하려는 속성이 모든 사람의 마음속에 내재되어(innate) 있다.[53] 종교나 성별, 능력과 나이에 상관없이 종교심은 모든 인간이 지닌 공통된 특성이다.[54] 이것은 종교심이 지적 능력이 성숙한 뒤에만 나타나는 것이 아니라, 인생의 어느 시점이든지 발현되고 경험될 수 있음을 뜻한다.

존 웨스터호프는 이 점을 설득력 있게 논증하였다. 예를 들어, 나무의 몸통(trunk)을 생각해 보라. 나이테는 세월의 흐름에 따라 하나씩 더해진다. 그런데 나이테가 하나만 있는 것도 나무이고, 나이테가 여러 개 있는 것도 나무이다.[55] 나이테의 숫자와 관계없이 나무는 나무이다. 믿음도 마찬가지이다. 어린아이나 어른의 믿음의 본질은 동일하다. 다만 신앙의 표현 능력과 논리의 수준에 차이가 있을 뿐이다. 어른들은 자신들의

---

51 H. Derroitte, "Towards a Catechesis Where Children Are Not Accepted?", in *Children's Voices: Children's Perspectives in Ethics, Theology and Religious Education*, eds. Annemie Dillen and Didier Pollefeyt (Leuven: Uitgeverij Peeters, 2010), 428.
52 Calvin, *Institutes*, I.iii.1.
53 G. Butter, "Where Do Children Get Their Theology From?", in *Children's Voices: Children's Perspectives in Ethics, Theology and Religious Education*, eds. Annemie Dillen and Didier Pollefeyt (Leuven: Uitgeverij Peeters, 2010), 372.
54 Robert Coles, *The Spiritual Life of Children* (Boston: Houghton Mifflin, 1990), 277-305.
55 John H. Westerhoff, III, *Bringing up Children in the Christian Faith* (Minneapolis: Winston Press, 1980), 24.

관점과 수준에서 어린아이들의 신앙의 상태를 판단한다. 그러나 인생의 어떤 발달 단계이든지 사람은 하나님을 만나며 경험할 수 있다. 즉 인지 능력에 관계없이 누구든지 하나님을 믿을 수 있고, 그 믿음을 고백할 수 있다. 삶의 어떤 단계에서도 하나님을 경험할 수 있다.[56] 월터 웨인저린(Walter Wangerin)은 다음과 같이 주장한다. "어린이가 언제부터 하나님과 춤을 추기 시작하는지 말할 수 있는 사람이 어디에 있는가? 아무도 없다. 하나님과의 관계는 안개 속에서 시작한다."[57] 하나님을 만나고, 신앙을 가지게 되는 시기는 사람마다 다르다. 아마도 독실한 기독교 가정에서 태어난 아이들은 언어 소통의 기술을 익히기 전부터 경험할 수도 있을 것이다. 스코티 메이(Scottie May)는 "심지어 두세 살 된 어린아이들도 찬양하고 감사를 표현할 수 있다"라고 말한다.[58]

지적 장애인들의 경우도 어린이와 비슷하다. 그들의 삶에서도 영성이 중요한 역할을 감당한다.[59] 브렛 웹 미첼은 수십 년에 걸친 장애인 사역과 연구를 통해 지적 장애인들도 종교적 생각들과 감정을 표현할 수 있다고 보고한다.[60] 존 허얼스(John Huels)도 지적 장애인들이 어린아이들과 아주 비슷하게, 가족과 공동체의 도움을 받아, 상징과 거룩함에 대

---

56 Schweitzer, *Lebensgeschichte und Religion*, 242.
57 Walter Wangerin, *The Orphean Passages* (Grand Rapids: Zondervan, 1996), 20.
58 Scottie May, Beth Posterski, Catherine Stonehouse, and Linda Cannell, *Children Matter: Celebrating Their Place in the Church, Family, and Community* (Grand Rapids: Eerdmans, 2005), 219.
59 Swinton and Mowat, *Practical Theology and Qualitative Research*, 230.
60 Brett Webb-Mitchell, *God Plays Piano, Too: The Spiritual Lives of Disabled Children* (New York: Crossroad, 1993), 11.

한 개념을 "초기 단계 수준"(primitive level) 또는 "전(前)개념적 수준"(pre-conceptual level)으로 이해할 수 있었으며, 종교적인 감정을 가질 수 있었다고 밝힌다.[61] 바르다와 엘리 카르멜리는 유대인 지적 장애인들에 대한 연구에서, 지적 장애인들이 유대 절기를 논리적으로 설명할 수는 없었지만, 절기의 종교적 상징을 이해하고 있었다고 보고한다.[62]

그런데 문제는 교회의 지도자들이 지적 장애인들을 인지 발달의 지체(retardation)나 부족의 관점에서 대한다는 것이다. 지적 장애인들의 종교적 잠재력(religious potential)과 학습 능력을 신뢰하지 않는다. 그래서 공예배나 성례의 자리에서 이들을 환영하지 않는다. 잠재력과 능력은 실제로 이들과 긴 시간을 함께 보내며 생활할 때 비로소 알 수 있다. 그동안 많은 교회가 지적 장애인들과의 간세대적 경험(inter-generation experience)이나 교제 없이 신학적으로 성찰하고(theological reflection) 교회 정치(church polity)를 결정하였다. 그러니 피상적으로만 접근할 수밖에 없다. 근래에 들어 인지 과학(cognitive science)과 심리학이 발달함으로써 이제는 지적 장애인들을 더 잘 이해할 수 있게 되었다. 그러므로 신학적 결정을 내리기 전에 이들을 위해 더 많은 시간을 투자하고, 신뢰 관계를 형성해 가는 것이 중요하다.

웹 미첼에 따르면, 신뢰 관계가 형성될 때 상호 간의 의사소통과 이해

---

61 John M. Huels, "Canonical Rights to the Sacraments", in *Developmental Disabilities and Sacramental Access: New Paradigms for Sacramental Encounters* (Collegeville: Liturgical Press, 1994), 107.
62 Carmeli and Carmeli, "Teaching Jewish Mentally Retarded Youngsters Holiday Awareness Through Symbols", 136.

가 수월해진다.63 헨리 나우웬(Henri Nouwen)은 아담이라는 최중도 지적 장애인과 수년 동안 공동체 안에서 같이 생활했는데, 아담이 그의 종교심을 비록 말로 표현할 수는 없었지만 그에게는 분명히 종교적인 잠재력이 있었다고 언급한다.64 프랜시스(Mark R. Francis)는 지적 장애인들마다 개인차는 있지만 그들도 성찬의 의미를 어느 정도 이해하고 있다고 보고한다.65 지적 장애인들과의 상호 교류가 없었을 때 교회 지도자들은 그들의 종교적 잠재력과 학습 능력을 의심했다. 그러나 충분히 대화하고, 예배를 함께 드리면서 잠재력과 능력을 지각하게 되었다. 그들은 단순히 잠재력만 가진 것이 아니라 예배의 참여자도 될 수 있다.

웹 미첼은 교회의 성도들과 지도자들이 지적 장애인들은 언어적 말(verbal word) 외에도 다양한 수단으로 감정과 생각을 표현할 수 있음에 주목해야 한다고 지적한다.66 즉 지적 장애인들은 표정과 시선, 고개를 끄떡이거나 고함을 치는 것으로도 감정과 생각을 표현한다고 한다. 훈련받은 개인이나 가족들은 지적 장애인들의 생각과 감정을 쉽게 읽을 수 있다. 비록 비장애인들의 언어적 표현과는 다를지라도 그들은 자신만의 생각과 감정을 여전히 표현하고 있으며, 이것은 지적 장애인들의 마음이 활동하고 있음을 보여 준다.

---

63 Webb-Mitchell, *God Plays Piano, Too: The Spiritual Lives of Disabled Children*, 15.
64 Henri J. M. Nouwen, *Adam: God's Beloved* (New York: Orbis Books, 1997), 49-50.
65 Mark R. Francis, "Celebrating the Sacraments with Those with Developmental Disabilities: Sacramental/Liturgical Reflections", in *Developmental Disabilities and Sacramental Access: New Paradigms for Sacramental Encounters*, ed. Edward Foley (Collegeville: Liturgical Press, 1994), 91.
66 Webb-Mitchell, *God Plays Piano, Too: The Spiritual Lives of Disabled Children*, 15.

무엇보다 우리는 지능과 종교적 능력이 비례하지 않음에 주목해야 한다. 앙리 비소니에는 높은 지능이 언제나 높은 종교적 능력을 수반하지는 않는다는 사실을 연구를 통해 밝혔다. 그에 따르면, 종교적 감각(religious sentiment)이 "정신 연령"(mental age)보다 훨씬 더 발달할 수 있다. 그리고 종교적 감각은 지능(intelligence)과 상관이 없을 때도 있다. 그는 두 명의 지적 장애 어린이(oligophrenic children)를 대상으로 연구했는데, 더 경미한 장애를 가졌다는 것이 반드시 종교적 감각이 더 발달했음을 나타내지는 않는다고 보고했다.[67]

그러므로 사회적으로 지적 장애로 분류되었고 의사소통이 제대로 안 된다고 해서 교회는 긴 시간의 관찰과 교육 없이 그들의 신앙을 성급하게 판단해서는 안 된다. 오히려 그들이 예배의 순서와 내용에 익숙해지도록 도와주어야 한다. 해링턴(Mary T. Harrington)은 다음과 같이 말한다. 사람들은 종교생활을 하려면 추상적 지식(abstract knowledge)이나 형식적 조작적 사고(formal operational reasoning)가 필요하다고 주장하지만 사실 종교적 실천은 매우 구체적(concrete)이다.[68] 교회에서 지적 장애인들이 예배를 드리는 모습을 떠올려 보라. 비록 그들이 논리적인 명제로 스스로의 신앙을 표현할 수 없을지라도 예배 의식에 능동적으로 참여하고 있지 않은가! 그들의 신앙 표현의 양태가 단순하고 때로 유치해 보일 수도 있지만, 그들과 오랫동안 함께 생활해 온 주변 사람들은 그것을 믿음의 반응이라고 생각한다.

---

67 Bissonnier, "Religious Expression and Mental Deficiency", 152.
68 Mary Therese Harrington, *A Place for All: Mental Retardation, Catechesis, and Liturgy* (Collegeville: Liturgical Press, 1992), 34.

예배의 실천은 추상적이기보다는 구체적이다. 다운증후군을 가진 어린이들은 찬양을 열광적으로 한다. 손뼉을 치기도 하고 손을 높이 들기도 한다. 성도들은 이 모습이 음악 자체에 대한 반응이라고 생각할 수 있지만 부모는 일종의 종교적 감정(religious affection)의 표현이라고 생각한다. 회중 기도를 할 때도 지적 장애인들이 "아멘"이라고 말하거나, 최중도 장애인들은 "아멘"이라고 말은 못 해도 동의를 나타낸다는 뜻으로 고개를 끄덕이기도 한다. 그렇다면 우리는 사고를 전환할 필요가 있다. 우리 신앙은 우리에게 종교적 지능이 있고 없고를 요구하지 않고 우리의 입술의 고백을 요구한다. 예배의 본질도 하나님에 관한(about) 지식이 아니라, 하나님을 아는 지식(knowledge of God)에 있다. 침례교 예배학자인 프랭클린 세글러는 우리가 예배 속의 음악, 예술, 드라마, 그리고 상징적인 행동에 단순히 인지적으로 반응하는 것이 아니라, "초의식의 수준"(super-conscious level)에서 반응하고 있다고 지적한다.[69]

교리는 예배의 실천 속에서 나왔다. 그러므로 예배의 자리에는 신앙을 성장시키는 힘(formative power)이 있다. 신앙의 내용과 교리는 예배의 자리에서 먼저 나왔지, 학자들의 모임에서 나온 것이 아니다. 그러므로 예배의 기본적인 요소들, 예를 들면 찬양과 기도 등을 진행할 때, 지적 장애인들도 참여하여 그것을 직접 행하면서 예배의 의미를 배울 수 있다.[70] 인간은 예배하는 존재이다(homo adorans). 그러므로 장애인들도

---

69 Franklin M. Segler, *Christian Worship: Understanding, Preparing for, and Practicing* (Nashville: Broadman, 1996), 64.
70 Brett Webb-Mitchell, *Dancing with Disabilities: Opening the Church to All God's Children* (Eugene: Wipf and Stock Publishers, 2008), 7.

그들의 행동과 실천을 통해 예배를 배울 수 있는 기회를 가져야 한다.[71] 물론 엉뚱하게 행동할 수도 있지만, 예배 가운데 공동체와 함께하는 행동들이 그들의 마음에 신실함을 키우고 기독교의 진리를 배우게 할 가능성도 충분히 존재한다. 비장애인들의 성급한 판단으로 그들의 예배 참석을 막지 말고 함께 행함을 통해 그들이 예배를 배우고 하나님을 만날 수 있도록 기회를 주는 것이 더 지혜로운 결정일 것이다.

삼위 하나님과의 교제로의 참여와 경험을 통한 배움의 가능성

지적 장애인들이 공예배와 성찬에 참여해야 하는 근거는 예배의 현장에 삼위 하나님이 임재하시기 때문이며, 하나님께서 교제의 자리로 사람을 초청하시기 때문이다.[72] 전능하신 하나님은 예배와 성례 중에 사람의 영을 성령으로 충만히 채우신다. 사람은 예배 중에 하나님을 경험하고 신앙이 성장한다.

라쿠나(Catherine M. Lacugna)가 말하듯이, 삼위일체 교리는 하나님의 본질이 "관계적"(relational)임을 나타낸다.[73] 삼위 하나님의 이러한 자기 계시의 모습은 하나님께서 인간을 교제의 자리로 초청하시는 기초가 된다.[74] 동방 신학자 존 지지울라스(John D. Zizioulas)에 따르면 하나님은 "존재 그 자체"(being-in-itself)가 아니라 "관계 안에 있는 존재"(being-in-relation)

---

71 Constance Tarasar, "Taste and See: Orthodox Children at Worship", in *The Sacred Play of Children*, ed. Diane Apostolos-Cappadona (New York: Seabury Press, 1983), 44.
72 James F. White, *Sacraments as God's Self Giving*, 24.
73 LaCugna, *God for Us: The Trinity and Christian Life*, 243.
74 Roger Haight, "The Point of Trinitarian Theology", *Toronto Journal of Theology* 4 (1988): 200.

이시다.[75] 삼위 하나님을 이해하는 중요한 개념이 바로 "페리코레시스"(perichoresis)이다. 페리코레시스는 삼위 안에서의 상호 내주(being-in-one-another)를 의미한다. 삼위 하나님의 각 위격 간의 교제는 하나님이 사람을 교제의 자리로 초대하시는 데 유비가 된다. 즉 삼위 하나님의 위격이 사랑으로 연합하신 것은 이 사랑이 사람을 하나님과의 인격적 만남의 자리로 이끄는 근거가 된다는 것이다. 이런 측면에서 사람도 하나님과, 타인과의 관계 속에서 자기 정체성을 발견한다. 그러므로 지지울라스에 의하면 인간의 구원은 하나님의 인격적 존재에 참여함을 의미한다.[76]

지지울라스는 이렇게 말한다. "사람은 교제(communion) 없이는 존재할 수 없다."[77] 하나님과의 관계 속에서 인간성이 보존된다. 그러므로 하나님의 형상은 하나님과의 관계 속에서 발견된다. "사람은 사랑의 교제 바깥에서는 독특성을 잃어버린다."[78] 진정한 인간성은 인간이 하나님과, 또한 하나님의 사람들과 교제를 나눌 때 회복된다는 것이다. 그러므로 교제라는 것은 상호 간의 포괄성(inclusiveness)이 있을 때 가능하다. 모든 사람은 차별 없이 교제의 자리로 들어갈 수 있어야 한다. 하나님과의 교제(fellowship), 다른 신자들과의 교제 가운데 사람은 그리스

---

75 John D. Zizioulas, "The Contribution of Cappadocia to Christian Thought", in *Sinasons in Cappadocia*, eds. Frosso Pimenides and Stelios Roades (National Trust for Greece: Agra Publications, 1986), 34.
76 John D. Zizioulas, *Being as Communion* (New York: St. Vladimir's Seminary Press, 2004), 49-50.
77 Zizioulas, *Being as Communion*, 18.
78 Zizioulas, *Being as Communion*, 49.

도인의 정체성(christian identity)과 앎의 방법(a way of knowing)을 발전시킨다. 미로슬라브 볼프(Miroslav Volf)는 "기독교인은 다른 기독교인과의 관계 속으로 들어가기 전까지 기독교인으로 존재할 수 없다"라고 말한다.[79] 다른 신자들과 교류가 없으면 진정한 신앙을 갖기가 어렵다는 것이다. 공동체의 교제에 참여하면서 개인은 하나님과 사람들에 대해 배운다. "의미는 관계 속에서 형성된다."[80]

예배에 참여하면서 성도는 하나님과의 교제 속에 거하며, 성도의 주관적(subjectivity) 신앙이 하나님의 객관적 진리(objective truth)와 상호 교류(intercommunicate) 한다. 이 과정에서 성령 하나님은 참여자들에게 하나님을 아는 지식을 제공해 주신다. 그래서 하나님과 또한 성도들과 교제하는 장소인 예배 속에서 신자 개인은 신앙을 배우고 그리스도인의 정체성을 유지하게 된다.

예배와 성례에 참여하면서 성도는 하나님을 만나며 하나님에 대한 지식을 얻는다. 교제를 통해서 성도의 주관이 하나님의 진리 안에 내주(indwelling)하게 된다. 그 내주로 말미암아 지식을 체득한다. 이것은 마이클 폴라니의 "암묵적 지식"(tacit knowing) 이론과 연결된다. 암묵적 지식은 "우리는 우리가 말할 수 있는 것 이상으로 안다"라는 명제로 요약된다. 즉, 우리는 참여와 행함을 통해서, 설령 논리적으로 설명할 수 없

79　Miroslav Volf, *After Our Likeness: The Church as the Image of the Trinity* (Grand Rapids: Eerdmans, 1998), 178.
80　Jerome W. Berryman, "The Rite of Anointing and the Pastoral Care of Sick Children", in *The Sacred Play of Children*, ed. Diane Apostolos-Cappadona (New York: Seabury Press, 1983), 63.

다 할지라도, 일종의 지식을 몸과 마음에 새길 수 있다는 것이다.[81] 때때로 우리는 알고 있는 것을 말로 설명하지 못하기도 한다. 그렇다고 그것이 지식의 부재를 의미하지는 않는다. 예를 들어, 두발 자전거를 탈 때를 생각해 보자. 옆에서 아무리 균형 잡는 법을 설명해 주어도 직접 타 보지 않으면 그 말이 무슨 뜻인지 잘 이해하지 못한다. 하지만 몸의 참여를 통해 균형(balance)을 체득한 사람은 비록 그 원리를 잘 설명할 수 없을지라도 자전거를 타는 법을 알고 있다. 이렇듯이 참여를 통한 실천은 암묵적인 지식을 심어 준다.

참여와 실천을 통한 배움은 기독교 교리를 아는 과정에서도 동일하게 발생한다. 삼위일체 교리를 잘 이해하지 못하고 설명도 잘 할 수 없을지라도 우리는 예배에 참여하고 하나님과 또한 성도들과 교제함으로써 삼위 하나님에 대해 알아 가고 배워 간다. 인격적인 참여(personal participation)를 통해서 하나님의 진리를 대면하게 되고, 이 진리가 개인의 주관(subjectivity)을 움직인다. 이 과정은 성령의 사역을 통해 수행되는데, 성도는 예배의 환경에 내주함으로써 성령이 주시는 지식을 얻는다.

제임스 로더(James Loder)는 인간의 영은 성령과의 교제 가운데 성령에 의해 변화된다고 말한다. 더불어 이 성령을 통해 인간은 하나님이 다스리시는 거룩한 실재(divine reality) 세계를 살아가는 하나님의 형상(human figure)이 된다고 주장한다.[82] 그러므로 예배와 예전으로의 참여

---

[81] Michael Polanyi, *The Tacit Dimension* (Garden City: Anchor Books, 1967), 4.
[82] James E. Loder and W. Jim Neidhardt, *The Knight's Move: The Relational Logic of the Spirit in Theology and Science* (Colorado Springs: Helmers, 1992), 47-48.

자체는 하나님의 임재 앞에서 일종의 내주(indwelling)가 된다. 예배 가운데 사람은 하나님의 진리 앞에 서고, 성령의 영향을 받으며 신앙의 결단을 한다. 사실 우리의 감정과 결단에 상관없이 하나님은 두세 사람이 모인 곳에 임재해 계신다. 인간의 의지와는 상관없이 하나님은 예배와 성례 가운데 함께하신다.[83] 교회가 예배 의식을 행할 때, 성도는 하나님의 임재를 경험하며, 단순히 하나님을 기억하는 차원을 넘어 신약성경에 나오는 기억(anamnesis, 눅 22:19; 고전 11:24)의 의미처럼 원사건(original event)에 참여하게 된다.[84]

가브리엘 피바닉(Gabriel Pivarnik)은 "성례적-예전적 참여는 예배자를 하나님과 더 밀접한 연합으로 인도한다"라고 주장한다. 즉 예배의 참여는 삼위 하나님과 함께하는 삶을 지향한다는 것이다.[85] 그러므로 예배는 "단순히 예전적 경축"(liturgical celebration)이 아니라, 창조자 하나님과의 교제 속에서 예배자의 변화를 목적으로 한다.[86] 예전을 행하면서 성도는 삼위 하나님과 조우(encounter)하고 교제한다.

사람을 하나님의 백성으로 만드는 것은 하나님과의 교제이다. 단순한 인지적 능력만으로는 하나님과의 관계가 유지될 수 없다. 한스 라인더스(Hans Reinders)는 사람을 소유의 관점이 아니라, 관계의 측면에서 바

---

83 D. G. Hart and John R. Muether, *With Reverence and Awe: Returning to the Basics of Reformed Worship* (Phillipsburg: P&R Publishing Company, 2002), 91-95.
84 Urban T. Holms, *Spirituality for Ministry* (Harrisburg: Morehouse, 2002), 108.
85 Gabriel Pivarnik, *Toward a Trinitarian Theology of Liturgical Participation* (Collegeville: Liturgical Press, 2012), 22.
86 Pivarnik, *Toward a Trinitarian Theology of Liturgical Participation*, 5.

라보아야 한다고 주장한다.[87] 세상은 소유를 기초로 개인을 평가하지만 기독교는 개개인이 하나님과 또 사람들과의 관계 속에서 존중을 받아야 하는 존재라고 밝힌다. 하나님과의 관계는 인간의 두뇌가 기능을 멈춘다 할지라도 지속된다. 하나님은 인자하시고 언약에 신실하시다.[88] 치매에 걸렸거나 사고로 기억을 잃었다고 해도 그는 여전히 하나님의 은혜 안에 거한다. 하나님과의 관계의 핵심은 하나님의 은혜와 약속에 있지, 내가 얼마나 많이 가졌는지, 얼마나 지능이 좋은지에 있지 않다. 하나님께서는 자기 백성을 한 명 한 명 다 기억하신다. 하나님의 은혜는 신앙 공동체를 통해서 역사한다.

참여와 교제를 통해 지적 장애인들은 하나님을 대면하고 기독교의 진리를 배울 수 있다. 그러므로 공예배와 성례의 참여는 매우 중요하다. 예배를 통해 사람은 하나님을 만나고, 하나님과의 관계를 발전시키며, 하나님께 배우고 훈련받는다. 예배에 참여하면서, 기독교인의 실천(christian practice)이 궁극적으로 우리의 실천이 아니라, 하나님의 실천 안에서의 참여의 형태임을 깨닫는다.[89] 그러므로 참여 자체는 배움을 위해 가장 필요하며 가장 중요한 요소이다.

교회는 성도들을 지적 수준에 따라 나누거나 일정한 교육과 시험을 마

---

87 Hans S. Reinders, *Receiving the Gift of Friendship: Profound Disability, Theological Anthropology, and Ethics* (Grand Rapids: Eerdmans, 2008), 201.
88 Yong, *Theology and Down Syndrome: Reimagining Disability in Late Modernity*, 190.
89 Don C. Richter, "Embodied Wisdom: Faith Formation through Faith Practices", in *Shaped by God: Twelve Essentials for Nurturing Faith in Children, Youth, and Adults*, ed. Robert J. Keely (Grand Rapids: Faith Alive, 2010), 35.

친 후에 공예배에 참석하도록 하는 것보다는 참여와 관계(engagement)의 힘을 먼저 고려해야 한다. 이것은 교리 교육(catechism)이나 성례의 권위를 해치는 것이 아니다. 참여(participation)와 교리 교육이 조화를 이룰 때 신앙의 감정(religious affection)이 더 효과적으로 형성되고 성장할 수 있다. 참여하면서, 경험하면서, 예배를 이해하는 가운데 영적 유익을 얻을 수 있다.

나가면서

지적 장애인들의 성찬 참여 문제는 학제 간 연구(interdisciplinary research)를 통해 포괄적이고 종합적인 신학적, 실천적 숙고를 요구한다. 한국의 여러 교단이 이 문제를 논의하기 시작한다면, 장애와 관련된 여러 성경 본문의 신학적 주해, 교회사 속에서의 신학자들의 언급과 신학적 숙고 연구, 성례론 자체에 대한 조직신학적인 고찰 등 종합적인 연구와 토론이 필요하다. 그러나 필자는 이 장에서 신학적 연구와 결정에 앞서 무엇보다 지적 장애인들의 사고와 학습, 발달의 특성에 대한 교육학적 고찰이 필요함을 주장하였다.

지적 장애인들의 성찬 참여를 반대하는 이유 중 하나는 그들이 논리적으로 기독교 신앙을 표현할 수 없으므로 믿음이 있는지 없는지 의구심을 불러일으키기 때문이다. 필자는 카렌 마리 유스트의 견해에 근거하여, 믿음은 단순히 종교적 명제를 논리적인 언어로 풀어 내는 능력이 아니라 하나님께서 주시는 선물이며, 인지 능력과 종교적 감각이 늘 일치하지는 않음을 논증하였다. 존 웨스터호프의 나이테 비유처럼 지적 장애인들도 믿음을 가질 수 있으며, 브렛 웹 미첼을 비롯한 학자들의 증언처럼, 그들도 종교적 잠재력과 능력을 가지고 있다. 무엇보다 인지 과학과 특수 교육의 발달, 또한 인내심 있는 교사와 가족들의 돌봄을 통해 경도, 중도 지적 장애인들이 상당한 수준의 학습 능력을 나타냄을 살펴보았다.

예배의 현장에는 하나님의 임재가 있다. 지적 장애인들 역시 예배 중에 하나님을 만나며 경험한다. 공동체와 함께 매주 반복적으로 드리는 예배는 지적 장애인들의 마음에 예배에 대한 의미의 그물을 치도록 돕는다. 공예배와 성찬 참여 자체가 학습과 변화의 중요한 동기를 제공한다. 마이클 폴라니의 "암묵적 지식" 이론을 적용한다면, 비록 지적 장애인들이 그들의 신앙과 기독교 교리에 대해 논리적으로 설명하지 못한다 할지라도, 그것이 지식의 부재를 의미하지는 않으며, 참여를 통한 내주(indwelling)는 몸에 새겨지는(inscribed) 지식을 제공한다. 그러므로 지적 장애인들의 접근 자체를 막는 것은 그들의 신앙 형성에 큰 장애가 된다.

예배 요소들은 각각 특정한 메시지를 내포하고 있다. 성도들은 그 요소들을 실천함으로 그 메시지 앞에 자신을 노출시킨다. 지적 장애인들은 언어적 가르침보다 시각, 청각, 촉각 등의 다양한 감각을 동원할 때 더 잘 배우는 특성이 있다. 이런 다감각적 요소들로 이루어진 성찬은 더 확실한 학습 효과를 줄 수 있다. 물론 성찬 참여에 앞서 신앙고백의 중요성을 간과해서는 안 된다. 획일적으로 지적 장애인들의 성찬 참여를 찬성하는 것은 결코 유익한 결정이 아니다. 동시에 그들의 접근 자체를 막는 것도 지혜롭지 못한 결정이다. 교회는 지적 장애인들이 개개인의 능력차에 맞는 신앙고백(ability-appropriate profession of faith)을 할 수 있도록 돕고, 부모와 교사, 담당 교역자와 담임 목사의 종합적인 판단 아래서 성찬과 공예배의 참여를 결정하는 것이 좋다.

Q&A

1. 예배하는 인간(*homo adorans*)이란 무슨 뜻입니까?

2. "하나님께 예배하는 것"과 "지능의 발달"은 어떤 관계가 있습니까?

3. "하나님을 깊이 이해하고 믿기 위해서는 어느 정도의 인지 능력이 필요하다"라는 입장에 대해 어떻게 생각하십니까?

4. 지적 장애인의 학습 잠재력을 일깨울 수 있는 학습 전략과 환경 조성 방법에는 어떤 것들이 있습니까? 공예배와 성례 참여가 그들에게 어떤 교육적 효과가 있을까요?

5. 지적 장애인이 예배와 성례에 반복적으로 참여하는 것이 왜 신앙 형성에 중요할까요? 그리고 영적으로 어떤 유익이 있는지 토론해 보세요.

6. 삼위 하나님은 인간이 공예배와 성찬에 참여하는 동안 어떤 종류의 지식을 주시며, 인간과 어떤 관계를 형성하십니까?

참고 문헌

권진관. 『예수, 민중의 상징. 민중, 예수의 상징』. 서울: 동연, 2009.
김경재. "민중신학의 신학사적 의미와 그 평가." 『한국 민중신학의 조명』. 서울: 대화출판사, 1984.
김균진. "민중신학의 신학사적 위치와 의의." 『서남동과 오늘의 민중신학』. 죽재 서남동 기념 사업회 엮음. 서울: 동연, 2009.
김영재. 『한국교회사』. 고양: 이레서원, 2004.
김용복. "민중의 사회전기와 신학." 『민중과 한국신학』. 서울: 한국신학연구소, 1982, 369-389.
김지방. 『정치교회』. 서울: 교양인, 2007.
대한예수교장로회(통합) 사회봉사부. 『총회사회선교정책 문서자료집』. 서울: 한국장로교출판사, 2007.
문화랑. 『예배, 종교개혁가들에게 배우다』. 서울: CLC, 2017.
안병무. "마가복음에서 본 역사의 주체." 『민중과 한국신학』. 서울: 한국신학연구소, 1982, 151-184.
이문균. 『포스트모더니즘과 기독교 신학』. 서울: 대한기독교서회, 2000.
이원규. 『한국교회 어디로 가고 있나』. 서울: 대한기독교서회, 2000.
―――. 『기독교의 위기와 희망』. 서울: 대한기독교서회, 2003.
정강길. "21세기에도 민중신학은 여전히 표류할 것인가?" http://www.freeview.org/bbs/board.php?bo_table=d001&wr_id=2 (2013년 10월 31일 검색).
한진환. "대한예수교 장로회 예배지침에 나타난 세례예식." 「개혁신학과 교회」 제6호 (1996): 169-192.

Ahn, Byung-Mu. "Jesus and the Minjung in the Gospel of Mark." in *Minjung Theology*. New York: Orbis Books, 1983, 138-152.

―――. "Jesus and People." In *Asian Faces of Jesus*, ed. R. S. Sugirtharajah. New York: Orbis Books, 1993.

Aland, K. *Did the Early Church Baptize Infants?* Translated by G. R. Beasley Murray. Eugene: Wipf and Stock Publishers, 2004.

Allen, H. C., and C. L. Ross. *Intergenerational Christian Formation: Bringing the Whole Church Together in Ministry, Community and Worship*. Downers Grove: InterVarsity Press, 2012.

Allen, H. T. *A Handbook for the Lectionary*. Philadelphia: Geneva Press, 1980.

American Psychiatric Association. *Diagnostic and Statistical Manual of Mental Disorders*. Washington D.C.: American Psychiatric Association, 2004.

Anderson, E. B. *Worship and Christian Identity*. Collegeville: Liturgical Press, 2003.

Assmann, A. *Erinnerungsraume: Formen und Wandlungen des Kulturellen Gedachtnisses*. München: C. H. Beck, 1999.

Atkins, P. *Memory and Liturgy: The Place of Memory in the Composition and Practice of Liturgy*. Aldershot: Ashgate Publishing, 2004.

Barth, K. *The Knowledge of God and the Service of God according to the Teaching of the Reformation*. Translated by James L. M. Haire and Ian Henderson. London: Hodder and Stoughton Publishers, 1938.

Bavinck, H. *Reformed Dogmatics*, Vol. 4. Grand Rapids: Baker, 2008.

Beale, Gregory K. *1-2 Thessalonians*, IVPNTC, ed. Grant R. Osborne. Downers Grove: InterVarsity Press, 2003.

Beirne-Smith, M, J. R. Patton, and S. H. Kim. *Mental Retardation: An Introduction to Intellectual Disabilities*. Upper Saddle River: Pearson, 2005.

Bell, C. *Ritual: Perspectives and Dimensions*. New York: Oxford University Press, 1997.

Berryman, J. W. "The Rite of Anointing and the Pastoral Care of Sick Children." In *The Sacred Play of Children*, ed. Diane Apostolos-Cappadona, 63-77. New York: Seabury Press, 1983.

Birch, B. C. "Memory in Congregational Life." In *Congregations: Their Power to Form and Transform*, ed. C. Ellis Nelson, 20-47. Atlanta: John Knox Press, 1988.

Bissonnier, H. "Religious Expression and Mental Deficiency." In *From Religious Experience to a Religious Attitude*, ed. Andre Godin, 143-54. Chicago: Loyola University Press, 1965.

Bonhoeffer, D. *Ethics*. New York: A Touchstone Book, 1995.

Bossy, J. *Christianity in the West 1400-1700*. Oxford: Oxford University Press, 1985.

Bourdieu, P. *The Logic of Practice*. Translated by Richard Nice. Stanford: Stanford University Press, 1990.

──────. *Pascalian Meditations*. Translated by Richard Nice. Stanford: Stanford University Press, 1997.

Boutot, A., and B. S. Myles, *Autism Spectrum Disorders: Foundations, Characteristics, and Effective Strategies*. Upper Saddle River: Pearson, 2010.

Bradshaw, P. F., M. E. Johnson, and L. E. Phillips. *The Apostolic Tradition*. Minneapolis: Fortress Press, 2002.

──────. *The New Westminster Dictionary of Liturgy & Worship*. Louisville: John Knox Press, 2002.

Brilioth, Y. *Eucharistic Faith and Practice*. London: Society for promoting Christian knowledge, 1930.

Browning, Don S. *A Fundamental Practical Theology: Descriptive and Strategic Proposals*. Minneapolis: Fortress Press, 1996.

Brunner, P. *Worship in the Name of Jesus*. Translated by M. H. Bertram. St. Louis: Concordia, 1968.

Butter, G. "Where Do Children Get Their Theology From?" In *Children's Voices: Children's Perspectives in Ethics, Theology and Religious Education*, eds. Annemie Dillen and Didier Pollefeyt, 357-72. Leuven: Uitgeverij Peeters, 2010.

Calvin, J. *Institutes of Christian Religion*. Translated by Ford Lewis Battles. Louisville: Westminster John Knox Press, 2011.

Calvin, J., and H. Beveridge. *Commentary upon the Acts of the Apostles*, Vol. 1. Bellingham: Logos Bible Software, 2010.

Carmeli, V., and E. Carmeli. "Teaching Jewish Mentally-Retarded Youngsters Holiday Awareness through Symbols." In *Spirituality and Intellectual Disability: International Perspectives on the Effect of Culture and Religion on Healing Body, Mind and Soul*, eds. William C. Gaventa, Jr. and David L. Coulter, 123-139. New York: The Haworth Press, 2001.

Carter, E. W. *Including People with Disabilities in Faith Communities: A Guide for Service Providers, Families, and Congregations*. Baltimore: Paul H. Brookes Publishing, 2007.

Cavalletti, S. *The Religious Potential of the Child: Experiencing Scripture and Liturgy with Young Children*. Translated by Patricia M. Coulter and Julie M. Coulter. Chicago: Liturgy Training Publications, 1992.

Cavanaugh, W. T. *Torture and Eucharist: Theology, Politics, and the Body of Christ*. Oxford: Blackwell Publishing, 1998.

Chan, S. *Spiritual theology: A systematic study of the Christian life*. Downers Grove: InterVarsity Press, 1998.

Chapell, Bryan. 『그리스도 중심적 예배』. 윤석인 역. 서울: 부흥과개혁사, 2011.

Cherry, Constance M. 『예배 건축가』. 양명호 역. 서울: CLC, 2015.

Cole, P. "Developmental Versus Difference: Approaches to Mental Retardation: A Theoretical Extension to the Present Debate." *American Journal on Mental Retardation* 102 (1998): 379-91.

Coles, R. *The Spiritual Life of Children*. Boston: Houghton Mifflin, 1990.

Connerton, P. *How Societies Remember*. Cambridge: Cambridge University Press, 1989.

Crane, L. *Mental Retardation: A Community Integration Approach*. Belmont: Wadsworth, 2002.

d'Aquili, E., and A. B. Newberg. *The Mystical Mind: Probing the Biology of Religious Experience*. Minneapolis: Fortress Press, 1999.

Dawn, M. J. *A Royal Waste of Time: The Splendor of Worshiping God and Being Church for the World*. Grand Rapids: Eerdmans, 1999.

―――. 『고귀한 시간 '낭비'-예배』. 김병국·전의우 역. 고양: 이레서원, 2004.

Dawson, G., and J. Osterling. "Early Intervention in Autism." In *The Effectiveness of Early Intervention: Second Generation Research*, ed. Michael J. Guralnick. Baltimore: Paul H. Brookes, 1997.

De Clerck, P. "Lex orandi, lex credendi: Original Sense and Historical Avatars of an Equivocal Adage." *Studia Liturgica* 24 (1994): 178-200.

De Kroon, M., and W. van 't Spijker. *Martin Bucer: Collected Studies on his Life, Work, Doctrine, and Influence*. Göttingen: Vandenboeck & Ruprecht, 2018.

Derroitte, H. "Towards a Catechesis Where Children Are Not Accepted?" In *Children's Voices: Children's Perspectives in Ethics, Theology and Religious Education*, eds. Annemie Dillen and Didier Pollefeyt. Leuven: Uitgeverij Peeters, 2010.

Downing, J. E. *Academic Instruction for Students with Moderate and Severe Intellectual Disabilities in Inclusive Classrooms*. Thousand Oaks: Corwin, 2010.

Driver, T. F. *Liberating Rites: Understanding the Transformative Power of Literature*. Charleston: Book Surge Publishing, 2006.

Dykstra, C., and D. C. Bass. "A Theological Understanding of Christian Practice." In *Practicing Theology: Beliefs and Practices in Christian Life*, eds. Miroslav Volf and Dorothy C. Bass, 13-32. Grand Rapids: Eerdmans, 2002.

Erickson, C. D. *Participating in Worship: History, Theory and Practice*. Louisville: John Knox Press, 1989.

Fee, G. D. *The First and Second Letters to the Thessalonians*. Grand Rapids: Eerdmans, 2009.

──────. *The First Epistle to the Corinthians*, The New International Commentary on the New Testament. Grand Rapids: Wm. B. Eerdmans Publishing Co., 1987.

Flannery, A. P. "Constitution on the Sacred Liturgy of the Roman Catholic Church." In *Vatican Council II: The Conciliar and Post Conciliar Documents*. Collegeville: Liturgical Press, 1975.

Foley, E. "Introduction." In *Developmental Disabilities and Sacramental Access : New Paradigms for Sacramental Encounter*, ed. Edward Foley, 5-12. Collegeville: Liturgical Press, 1994.

Forrester, D. B. *Theology and Practice*. London: Epworth Press, 1990.

Francis, M. R. "Celebrating the Sacraments with Those with Developmental Disabilities: Sacramental/Liturgical Reflections." In *Developmental Disabilities and Sacramental Access: New Paradigms for Sacramental*

Encounters, ed. Edward Foley, 73-93. Collegeville: Liturgical Press, 1994.

Fulkerson, M. McClintock. *Places of Redemption: Theology for a Worldly Church*. Oxford: Oxford University Press, 2007.

Gardner, H. *Frames of Mind: The Theory of Multiple Intelligences*. New York: Basic Books, 2011.

Gluck, M. A., E. Mercado, and C. E. Myers. *Learning and Memory: From Brain to Behavior*. New York: Worth Publishers, 2008.

Guralnick, M. J. "Effectiveness of Early Intervention for Vulnerable Children: A Developmental Perspective." *American Journal on Mental Retardation* 102 (1998): 319-345.

Haight, R. "The Point of Trinitarian Theology." *Toronto Journal of Theology* 4 (1988): 191-204.

Hamlyn, D. W. *Experience and the Growth of Understanding*. London: Routledge, 2012.

Harkness, A. "Intergenerational Corporate Worship as a Significant Educational Activity." *Christian Education Journal* 7.1 (2003): 5-21.

Harrington, M. T. *A Place for All: Mental Retardation, Catechesis, and Liturgy*. Collegeville: Liturgical Press, 1992.

Hart, D. G., and J. R. Muether. *With Reverence and Awe: Returning to the Basics of Reformed Worship*. Phillipsburg: P&R Publishing Company, 2002.

Hauerwas, S., and W. H. Willimon. *Resident Alien*. Nashville: Abingdon Press, 1989.

Hodge, C. *The Way of Life*, ed. Mark A. Noll. New York: Paulist Press, 1987.

Hollinger, D. P. *Head, Heart, Hands: Bringing together Christian Thought, Passion and Action*. Downers Grove: InterVarsity Press, 2005.

Holms, U. T. *Spirituality for Ministry.* Harrisburg: Morehouse, 2002.

Huels, J. M. "Canonical Rights to the Sacraments." In *Developmental Disabilities and Sacramental Access: New Paradigms for Sacramental Encounters,* 94-115. Collegeville: Liturgical Press, 1994.

Huyser-Honig, J. "All Ages Needed to Intergenerational Worship." Calvin Institute of Christian Worship. June 11, 2007. http://worship.calvin.edu/resources/resource-library/all-ages-needed-for-intergenerationalworship (2015년 9월 29일 검색).

Hyde, K. E. *Religion in Childhood and Adolescence: A Comprehensive Review of the Research.* Birmingham: Religious Education Press, 1990.

Hyun, Young-Hak. "A Theological Look at the Mask Dance in Korea." In *Minjung Theology.* New York: Orbis Books, 1983, 47-54.

Inhelder, B. *The Diagnosis of Reasoning in the Mentally Retarded.* New York: John Day, 1968.

Jeremias, J. *The Origins of Infant Baptism: A Further Study in Reply to Kurt Aland.* Naperville: A. R. Allenson, 1963.

Joo, Seung-Joong and Kyeong-Jin Kim. "The Reformed Tradition in Korea." In *The Oxford History of Christian Worship,* eds. Geoffrey Wainwright and Karen B. Westerfield Tucker, 484-491. New York: Oxford University Press, 2006.

Justin, M. *St. Saint Justin Martyr: The First and Second Apologies,* ed. Walter Burghardt, John Dillon, and Dennis McManus. Translated by Leslie William Barnard. Ancient Christian Writers, Vol. 56. New York: Paulist Press, 1997.

Kail, R. "General Slowing of Information-Processing by Persons with Mental Retardation." *American Journal on Mental Retardation* 97 (1992): 333-

341.

Kalat, J. W. *Biological Psychology*, 8th edition. Belmont: Wadsworth Publishing, 2003.

Kavanagh, A. *On Liturgical Theology*. Collegeville: Liturgical Press, 1992.

Keidel, C. L. "Is the Lord's Supper for Children?" *Westminster Theological Journal* 37 (1975): 301-41.

Kim, Kyeong-Jin. "The Formation of Presbyterian Worship in Korea 1879-1934." Th. D. dissertation, Boston University School of Theology, 1999.

──────. "The Context, Contour and Contents of Worship of the Korean Church: Focused on the Presbyterian Church." Korea Presbyterian Journal of Theology 44.3 (2012): 65-92.

Kim, Yong-Bok. "Messiah and Minjung." In *Minjung Theology: People as the Subjects of History*, ed. CTC-CCA. New York: Orbis Books, 1983, 183-193.

Kingdon, R. M. "Calvin and the Family: The Work of the Consistory in Geneva." In *Calvin's Work in Geneva*, ed. R. D. Gamble, 93-106. New York: Garland, 1992.

Kolb, R., and T. J. Wengert, ed. *The Book of Concord: The Confessions of the Evangelical Lutheran Church*. Minneapolis: Fortress Press, 2000.

Krych, M. A. *Teaching the Gospel Today: A Guide for Education in the Congregation*. Minneapolis: Augsburg, 1987.

Kwong, A. K. W. T. "Memory Strategy Assessment with Adolescents with Mild Mental Disabilities." Ph. D. dissertation, University of Alberta, 1994.

La Belle, T. J. "Formal, Nonformal and Informal Education: A Holistic Perspective on Lifelong Learning." *International Review of Education* 28 (1982): 159-175.

LaCugna, C. M. *God for Us: The Trinity and Christian Life*. San Francisco: HarperOne, 1993.

Lathrop, G. W. *Holy Things*. Minneapolis: Fortress Press, 1998.

Loder, J E., and W. J. Neidhardt. *The Knight's Move: The Relational Logic of the Spirit in Theology and Science*. Colorado Springs: Helmers, 1992.

Luther, M. "The Babylonian Captivity of the Church." In *Luther's Works*, Vol. 36. Philadelphia: Muhlenberg Press, 1959.

―――. "The German Mass and Order of Service." In *Luther's Works*, Vol. 53. Minneapolis: Fortress Press, 1965.

Malefyt, N. de Waal, and H. Vanderwell. *Designing Worship Together: Models and Strategies for Worship Planning*. Herndon: Alban Institute, 2005.

May, S., B. Posterski, C. Stonehouse, and L. Cannell. *Children Matter: Celebrating Their Place in the Church, Family, and Community*. Grand Rapids: Eerdmans, 2005.

McGrath, A. E. *Christian Theology: An Introduction*. Oxford: Blackwell, 1994.

Mercer, J. A. *Welcoming Children: A Practical Theology of Childhood*. St. Louis: Chalice Press, 2005.

Merleau-Ponty, M. *Phenomenology of Perception*. Translated by Colin Smith. New York: Routledge, 2002.

Moon, H. *Engraved upon the Heart*. Eugene: Wipf and Stock Publishers, 2015.

―――. "A Liturgical Comparison of the Conservative and Liberation Churches in South Korea and Their Impact on Korea Society." *Worship* 89.3 (2015): 214-237.

Moore-Keish, M. L. "Eschatology." In *A More Profound Alleluia*, ed. Leanne Van Dyk, 109-132. Grand Rapids: Eerdmans, 2005.

Motlmann, J. *God in Creation: A New Theology of Creation and the Spirit of God*.

Minneapolis: Fortress Press, 1993.

Mouw, R. J. *The God who Commands*. Notre Dame: University of Notre Dame Press, 1991.

Murray, J. "Definitive Sanctification." *Calvin Theological Journal* 2 (1967): 5-21.

Nevin, J. W. *The Mystical Presence and Other Writings on the Eucharist*. Philadelphia: United Church Press, 1966.

Niederwimmer, K. *The Didache*. Minneapolis: Fortress Press 1998.

Nissiotis, N. A. "Worship, Eucharist and Intercommunion: An Orthodox Reflection." *Studia Liturgica* 2 (1963): 193-222.

Nolland, J. *Luke 18:35-24:53*, Vol. 35C, Word Biblical Commentary. Dallas: Thomas Nelson Inc., 1993.

Nouwen, H. J. M. *Adam: God's Beloved*. New York: Orbis Books, 1997.

Ormrod, J. E. *Human Learning*, 5th edition. Columbus: Pearson, 2007.

Park, Sam-Woo. "A Study on the Renewal of the Presbyterian Worship in Korea." D. Min dissertation, Covenant Theological Seminary, 1992.

Pathways to Promise Ministry & Mental Illness. "Faith Group Statements on Mental Illness." http://www.pathways2promise.org//pdf/resolutionsoffaithgruops.pdf (2013년 8월 31일 검색).

Paulsell, S. "Honoring the Body." In *Practicing our Faith: A Way of Life for a Searching People*, ed. Dorothy C. Bass, 13-27. San Francisco: Jossey-Bass, 2010.

Peter, R. "The Geneva Primer, or Calvin's Elementary Catechism." In *Calvin Studies*, ed. John H. Leith, 135-161. Davidson: Colloquium on Calvin Studies, 1990.

Pivarnik, G. *Toward a Trinitarian Theology of Liturgical Participation*. Collegeville: Liturgical Press, 2012.

Polanyi, M. *Personal Knowledge: Toward a Post-Critical Philosophy*. Chicago: University of Chicago Press, 1962.

─────. *Science, Faith and Society*. Chicago: University of Chicago Press, 1964.

─────. *The Tacit Dimension*. Chicago: University of Chicago Press, 1966.

─────. *The Tacit Dimension*. Garden City: Anchor Books, 1967.

Ponticus, E. *The Praktikos: Chapters On Prayer*. Translated by John Eudes Bamberger. Spencer: Cistercian Publications, 1970.

Postma, J. "Some Thoughts On Intergenerational Worship." *Rooted and Radica*(blog). August 26, 2010. https://rootedradical.wordpress.com/2010/08/26/some-thoughts-on-intergenerational-worship (2019년 4월 15일 검색).

Ramshaw, G. *The Three-Day Feast: Maundy Thursday, Good Friday, Easter*. Minneapolis: August Fortress, 2004.

Reinders, H. S. *Receiving the Gift of Friendship: Profound Disability, Theological Anthropology, and Ethics*. Grand Rapids: Eerdmans, 2008.

Richter, D. C. "Embodied Wisdom: Faith Formation through Faith Practices." In *Shaped by God: Twelve Essentials for Nurturing Faith in Children, Youth, and Adults*, ed. Robert J. Keely, 23-35. Grand Rapids: Faith Alive, 2010.

Rosenberg, S., and L. Abbenduto. *Language and Communication in Mental Retardation: Development, Process, and Intervention*. Hillsdale: Lawrence Erlbaum Associates, 1993.

Ruthrof, H. *The Body in Languages*. London: Horst Ruthrof, 2000.

Saliers, D. E. "Prayer and the Doctrine of God in Contemporary Theology." *Interpretation* 34 (1980): 265-278.

─────. *Worship as Theology: Foretaste of Glory Divine*. Nashville: Abindon Press, 1994.

Scheer, G. *The Art of Worship*. Grand Rapids: Baker, 2006.

Schillebeeckx, E. *Christ the Sacrament of the Encounter with God*. Lanham: Sheed & Ward, 1987.

Schweitzer, F. *Lebensgeschichte und Religion*. München: Gutersloher Verlagshaus, 2007.

Searle, M. "Ritual" in *Foundations in Ritual Studies*, eds. Paul Bradshaw and John Melloh. Grand Rapids: Baker, 2007.

Segler, F. M. *Christian Worship: Its Theology and Practice*. Nashville: Broadman Press, 1967.

――――. *Christian Worship: Understandings, Preparing for, and Practicing*. Nashville: Broadman, 1996.

Senn, F. C. *Christian Liturgy: Catholic and Evangelical*. Minneapolis: Fortress Press, 1997.

――――. *Introduction to Christian Liturgy*. Minneapolis: Fortress Press, 2012.

Shepherd, M. H. *The Worship of the Church*. New York: Seabury Press, 1952.

Smith, J. K. A. *Who's Afraid of Postmodernism? Taking Derrida, Lyotard, and Foucault to Church*. Grand Rapids: Baker, 2006.

――――. *Desiring the kingdom: Worship, Worldview, and Cultural Formation*. Grand Rapids: Baker, 2009.

――――. *Imagining the Kingdom: How Worship Works*. Grand Rapids: Baker, 2013.

Smith, J. Z. *To Take Place: Toward Theory in Ritual*. Chicago: University of Chicago Press, 1992.

Solms, M., and O. Turnbull, *The Brain and the Inner World: An Introduction to the Neuroscience of Subjective Experience*. New York: Other Press, 2013.

Stookey, L. H. *Baptism: Christ's Act in the Church*. Nashville: Abingdon, 1982.

Suh, Nam-Dong. "Historical References for a Theology of Minjung." In *Minjung Theology*. New York: Orbis Books, 1983, 155-181.

Swinton, J., and H. Mowat. *Practical Theology and Qualitative Research*. London: SCM Press, 2006.

Tarasar, C. "Taste and See: Orthodox Children at Worship." In *The Sacred Play of Children*, ed. Diane Apostolos-Cappadona, 43-54. New York: Seabury Press, 1983.

Thiselton, A. C. *The First Epistle to the Corinthians: A Commentary on the Greek Text*, New International Greek Testament Commentary. Grand Rapids: Wm. B. Eerdmans Publishing Co., 2000.

Thompson, B. "The First Apology of Justin Martyr." In *Liturgies of the Western Church*. Minneapolis: Fortress Press, 1980.

Torrance, J. B. *Worship, Community, and the Triune God of Grace*. Carlisle: Paternoster Press, 1996.

Torrance, T. F. ed. *Belief in Science and in Christian Life: The Relevance of Michael Polanyi's Thought for Christian Faith and Life*. Edinburgh: Handsel Press, 1980.

Tylenda, B. J. Beckett, and R. P. Barrett. "Assessing Mental Retardation Using Standardized Intelligence Tests." *International Review of Research in Mental Retardation* 34 (2007): 27-97.

Ursinus, Z. *The Commentary of Dr. Zacharias Ursinus on the Heidelberg Catechism*. Translated by G. W. Willard. Grand Rapids: Eerdmans, 1954.

Van de P. G. I. *Martin Bucer's Liturgical Idea*. Assen: Van Gorcum, 1954.

Vanderwell, H. ed. *The Church of All Ages*. Herndon: Alban Institute, 2008.

van 't S, W. *The Church's Book of Comfort*. Grand Rapids: Reformation Heritage Books, 2009.

Virji-Babul, N., and D. Weeks. "Perception, Cognition, and Action: New Perspectives on Down's Syndrome." *International Review of Research in Mental Retardation* 38 (2009): 147-170.

Volf, M. *After Our Likeness: The Church as the Image of the Trinity.* Grand Rapids: Eerdmans, 1998.

―――. "Theology for a Way of Life." In *Practicing Theology: Beliefs and Practices in Christian Life*, eds. Miroslav Volf and Dorothy C. Bass, 245-63. Grand Rapids: Eerdmans, 2002.

Vygotsky, L. S. *Mind in Society: The Development of Higher Psychological Process*, ed. Michael Cole. Cambridge: Harvard University Press, 1978.

Wainwright, G. *Doxology.* Oxford: Oxford University Press, 1980.

Wangerin, W. *The Orphean Passages.* Grand Rapids: Zondervan, 1996.

Webber, R. E. *Worship Old & New: A Biblical and Practical Introduction.* Grand Rapids: Zondervan, 1994.

―――. *Blended Worship: Achieving Substance and Relevance in Worship.* Peabody: Hendrickson, 1996.

―――. *Ancient-Future Time: Forming Spirituality through the Christian Year.* Grand Rapids: Baker, 2004.

Webb-Mitchell, B. *God Plays Piano, Too: The Spiritual Lives of Disabled Children.* New York: Crossroad, 1993.

―――. *Christly Gestures: Learning to Be Members of the Body of Christ.* Grand Rapids: Eerdmans, 2003.

―――. *Dancing with Disabilities: Opening the Church to All God's Children.* Eugene: Wipf and Stock Publishers, 2008.

―――. *Beyond Accessibility: Toward the Full Inclusion of People with Disabilities in the Faith Community.* New York: Church Publishing, 2010.

Weil, L. "Growth in Faith through Liturgical Worship." In *Handbook of Faith*, ed. James Michael Lee, 203-20. Birmingham: Religious Education Press, 1990.

Weima, J. A. D. "Children at the Lord's Supper and the Key Text of 1 Corinthians 11:17-34." Calvin Theological Seminary Forum 14 (2007): 17-34.

Westerhoff, III, J. H. *Will our Children Have Faith?* New York: Seabury Press, 1976.

―――. *Bringing up Children in the Christian Faith*. Minneapolis: Winston Press, 1980.

―――. *Will Our Children Have Faith?*, revised edition. New York: Morehouse Publishing, 2000.

Westerhoff III, J. H., and W. Willimon. *Liturgy and Learning throughout the Life Cycle*. New York: Seabury Press, 1980.

White, J. F. *Protestant Worship*. Louisville: John Knox Press, 1989.

―――. *Documents of Christian Worship: Descriptive and Interpretive Sources*. Louisville: Westminster John Knox Press, 1992.

―――. *A Brief History of Christian Worship*. Nashville: Abingdon Press, 1993.

―――. *Introduction to Christian Worship*. Nashville: Abingdon Press, 2000.

―――. *Sacraments as God's Self Giving*. Nashville: Abingdon, 2003.

Whitmire, J. D. "Intergenerational Worship." https://www.mabtsne.edu/sites/all/themes/midamerica/uploads/Whitmire―Intergenerational-Worship[1].pdf.

Wilkinson, J. *Egeria's Travels*. London: S.P.C.K, 1971.

Witvliet, J. D. *A Child Shall Lead: Children in Worship: A SourceBook for Christian Educators, Musicians and Clergy*. Dallas: Choristers Guild, 2000.

―――. *Worship Seeking Understanding: Windows into Christian Practice*. Grand Rapids: Baker, 2003.

―――. "On Three Meanings of the Term 'Worship.'" Reformed Worship 56 (2000).

─────. "Worship-Taking a Closer Look." *Reformed Worship* 56 (2000).

─────. "The Opening of Worship: Trinity." In *A More Profound Alleluia: Theology and Worship in Harmony*, ed. Leanne Van Dyk, The Calvin Institute of Christian Worship Liturgical Studies Series. Grand Rapids: Wm. B. Eerdmans, 2005.

─────. "So You've Been Asked to Plan Worship." *Calvin Institute of Christian Worship*. November 11, 2014. https://worship.calvin.edu/resources/resource-library/so-you-ve-been-asked-to-plan-worship.

World Council of Churches. "Baptism, Eucharist, and Ministry." *Faith and Order Paper* 111 (1982).

Yoder, J. H. "A People in the World: Theological Interpretation." In *The Concept of the Believer's Church*, ed. James Leo Garrett, Jr., 250-83. Scottsdale: Herald Press, 1969.

Yong, A. *Theology and Down Syndrome: Reimagining Disability in Late Modernity*. Waco: Baylor University Press, 2007.

Yust, K. M. *Real Kids, Real Faith: Practices for Nurturing Children's Spiritual Lives*. San Francisco: Jossey-Bass, 2004.

Yust, K. M., and E. B. Anderson. *Taught by God: Teaching and Spiritual Formation*. St. Louis: Chalice Press, 2006.

Ziegler, E. "Developmental Versus Difference Theories of Mental Retardation and the Problem of Motivation." *American Journal of mental Deficiency* 73 (1969): 163-168.

─────. "The Individual with Mental Retardation as a Whole Person." In *Personality Development in Individuals with Mental Retardation*, eds. E. Ziegler and D. Bennett-Gates, 1-16. Cambridge: Cambridge University Press, 1999.

Zizioulas, J. D. *Being as Communion*. New York: St. Vladimir's Seminary Press, 2004.

―――. "The Contribution of Cappadocia to Christian Thought." In *Sinasons in Cappadocia*, eds. Frosso Pimenides and Stelios Roades, 23-37. National Trust for Greece: Agra Publications, 1986.